Susanne Aernecke

SEPTEMBERKINDER

Susanne Aernecke

SEPTEMBERKINDER

Eine Kapitänstochter
auf den Spuren ihres Vaters

FSC
www.fsc.org
MIX
Papier aus ver-
antwortungsvollen
Quellen
FSC® C083411

Erste Auflage 2015
© 2015 DuMont Buchverlag, Köln
Alle Rechte vorbehalten
Lektorat: Heike Gronemeier
Umschlag: Lübbeke Naumann Thoben, Köln
Umschlagabbildung: © plainpicture/Folio Images
Satz: Fagott, Ffm
Gesetzt aus der Garamond MT
Druck und Verarbeitung: CPI books GmbH, Leck
Gedruckt auf säurefreiem und chlorfrei gebleichtem Papier
Printed in Germany
ISBN 978-3-8321-9791-9

www.dumont-buchverlag.de

Für Peter, Petra, Christa,
Heiner und Tina

INHALT

Prolog

EIN GANZ BESONDERES FAMILIENTREFFEN

Sommer 1984. Strahlend blauer Himmel, nicht eine Wolke war zu sehen. Die Sonne brannte vom Himmel und Travemünde, die schöne Tochter Lübecks, die Perle der Ostsee, zeigte sich von ihrer prächtigsten Seite. Ich lief vom Bahnhof durch schnuckelige Altstadtgassen und dann entlang der Trave weiter in Richtung Hafen. Über mir das durchdringende Gekreische der Möwen, die sich immer wieder ins glitzernde Wasser stürzten, um einen Fisch zu fangen. Auf meinen Lippen lag ein salziger Geschmack, die Luft roch nach Meer. Ein Tag zum Heldenzeugen, hätte mein Vater wohl gesagt.

Es fiel mir immer noch schwer zu glauben, dass ich mich gerade auf dem Weg zu seiner Beerdigung befand. Alles war so schnell gegangen. Die gemeinsame Zeit mit ihm an Bord lief noch einmal wie im Schnelldurchlauf vor meinem geistigen Auge ab. Von mir aus hätte es ewig so weitergehen können. Von einem Hafen zum nächsten, sich um nichts kümmern müssen und nach 19 Jahren endlich jenen Mann kennenlernen zu dürfen, der mein Vater war. Unsere Reise dauerte nur ein halbes Jahr. Eine verschwindend geringe Zeit in seinem Leben. Der Satz, dass man immer dann aufhören soll, wenn es am schönsten ist, hat für mich noch nie Sinn gemacht. Mein Vater war eindeutig zu früh gegangen. Und irgendwie fand ich das nicht fair.

Travemünde ist Deutschlands größter und wichtigster Ostseehafen; von hier starteten auch Fähren nach Finnland, Schweden, Lettland und Norwegen. Und an diesem Tag würde von hier die Fähre in die »Anderswelt« ablegen. Es war die erste Seebestattung, an der ich teilnahm, meine erste Beerdigung überhaupt. Ich hatte keine Routine in diesen Dingen. Vielleicht tat ich mich deshalb schwer, in die »richtige« Stimmung zu kommen. Ich habe nicht einmal geweint, als Friedgund mich angerufen und mir die traurige Nachricht vom Tod meines Vaters verkündet hatte.

Der Fährableger befand sich am Ostpreußenkai. Dort entdeckte ich die *Luna,* einen mittelgroßen, schmucken, blau-weißen Kutter, auf dem mein Vater seine letzte Fahrt antreten sollte. Die schwarz-rot-goldene Fahne stand auf Halbmast.

Als ich über die schwankende Gangway an Bord ging, streckte sich mir eine helfende Hand entgegen. Das musste Friedgund sein, die mich für meinen Geschmack ein wenig zu überschwänglich begrüßte. Schließlich war sie gerade erst seit zwei Wochen meine neue Stiefmutter und außer jenem Telefonat hatten wir bisher keinerlei Verbindung zueinander gehabt. Die letzte Ehefrau meines Vaters war Altenpflegerin und damit aus seiner Sicht sicher eine gute Wahl. Ich schätzte sie auf Mitte vierzig, also gute dreißig Jahre jünger als meinen Vater. Vollständig in schwarz gekleidet, gab sie die perfekte Witwe. Nur das zerknüllte Taschentuch, das sie in der Hand hielt, war weiß.

Ich war ihr gegenüber einerseits skeptisch, andererseits dankbar, dass sie während seiner Krankheit und bis ganz zum Schluss an seiner Seite war. Meist sind Menschen, die in ihrem Leben oft den Partner gewechselt haben, am Ende allein. Mein Vater hatte gerade noch einmal die Kurve gekriegt.

Die Frau, mit der er eher die guten als die schlechten Zeiten geteilt hatte, ging als nächste an Bord. Eine filigrane, hübsche Person im dunklen Trenchcoat, mit einer langstieligen Rose in der

Hand. Ich kannte sie von dem Foto, das er immer in seiner Brieftasche bei sich hatte. »Mücke«, wie er sie nannte, war über viele Ehen hinweg die Vertraute und Geliebte meines Vaters. Friedgund würdigte sie nicht eines Blickes.

Ein lautes Lachen riss mich aus meinen Gedanken. Ich drehte mich um und blickte in ein offenes, fröhliches Gesicht, umrahmt von schulterlangen blonden Haaren. Ich musste schlucken. Das war ja ich, nur 15 Jahre älter. Es konnte sich nur um Petra handeln, die älteste Tochter meines Vaters. Sie begrüßte mich herzlich: »Barbara, lass dich umarmen!« Es war ungewohnt, wenn jemand mich mit diesem Namen ansprach. Einer der zahlreichen Streits während der zweijährigen Ehe meiner Eltern war um meinen Vornamen gegangen. In meinem Pass steht als erster Name tatsächlich Barbara, mein Vater hatte das durchgesetzt. Doch da er schon früh aus unserem Leben verschwunden war und meine Mutter das Sagen hatte, hieß ich fortan Susanne.

Petra entstammte der zweiten Ehe unseres Vaters und war mir wirklich sehr ähnlich, sogar was die Klamotten betraf. Auch sie trug einen dunkelblauen Blazer und Jeans, als hätten wir uns abgesprochen. Ganz anders dagegen jene Frau, auf die mich Petra als nächstes aufmerksam machte. Christa, die Tochter aus der dritten Ehe unseres Vaters. In ihrer abgewetzten schwarzen Lederjacke und den Cowboystiefeln wirkte sie auf den ersten Blick wie eine coole Rockerbraut. Sie hockte ganz allein im schlichten, dem Anlass entsprechend dezent dekorierten Salon der *Luna*. Auf einem Tisch in der Mitte des Raums stand die Urne, daneben ein Strauß weißer Lilien und ein gerahmtes Portrait unseres Vaters in Kapitänsuniform. An der Seite des Salons waren auf einem weiteren Tisch verschiedene Getränke und Knabbergebäck bereitgestellt. Niemand hatte sie bislang angerührt.

Als Petra mich ihr vorstellte, wich die Traurigkeit auf ihrem Gesicht langsam der Neugier. Was mich daran erinnerte, dass wir hier nicht nur zu einer Beerdigung zusammenkamen, sondern auch zu einem Familientreffen der ganz besonderen Art. Es war das erste Mal, dass ich alle Kinder unseres Vaters treffen würde. Die anderen kannten sich schon, nur ich war außen vor geblieben. Meine Mutter hatte ganze Arbeit geleistet. Mein Vater muss sie so verletzt haben, dass sie mit ihm und seinem Clan nichts mehr zu tun haben wollte. Wie sehr, hatte sie mir gegenüber auch immer wieder unverblümt zum Ausdruck gebracht. Was allerdings genau vorgefallen war, darüber würde der Mantel des Schweigens gebreitet. Vielleicht auch, um mich zu schonen.

Als Petra und ich wieder an Deck kamen, stießen wir auf unseren jüngeren Halbbruder Heiner. Ein lässiger Typ, groß, schlank, mit den gleichen straßenköterblonden Haaren wie ich, allerdings mit einer weißen Strähne durchsetzt. Er entstammte der fünften Ehe und trug den gleichen Vornamen wie unser Vater. Und noch etwas hatte er von ihm: Heiner war ein Charmebolzen, einer, vor dem sich die Frauen in Acht nehmen mussten. Braune, tiefgründige Augen, ein gewinnendes Lächeln. Als er sich auch noch eine Zigarette anzündete, den Ellenbogen auf die Reling stützte und versonnen aufs Meer blickte, kam er mir vor wie James Dean.

Weitere Menschen, die mir ähnlich sahen, konnte ich vorerst nicht ausmachen. Petra erzählte mir, dass man »unserer Jüngsten«, Tina, erspart hatte, hier zu erscheinen. Außer uns, Friedgund und Mücke standen noch ein paar ältere Menschen an Deck, die sich gedämpft unterhielten. Darunter auch ein Kapitän in Uniform, wahrscheinlich ein Freund unseres Vaters, der ihm die letzte Ehre erweisen wollte.

Offenbar waren wir vollzählig, denn zwei der Besatzungsmitglieder begannen bereits, die Taue zu lösen. Das Schiffsmotorengeräusch ertönte und brachte das Boot leicht zum Vibrieren. Zum letzten Mal ging ich gemeinsam mit meinem Vater auf eine Reise. Ich platzierte mich neben Heiner an der Reling, Christa stand zu seiner Linken, Petra rechts neben mir. Aufgereiht wie die Perlen einer Kette starrten wir in Richtung Hafenausfahrt. Ich hing meinen Gedanken nach, wie die anderen wahrscheinlich auch. Keiner sagte ein Wort. Wir waren uns zu fremd, verbunden nur durch *ihn*.

Nach einer Weile ertönte die Stimme des Kapitäns mit typisch norddeutschem Akzent – spitzer Stein und so. Er begrüßte die Trauergäste und gab einen Überblick über den Ablauf der Fahrt. So, wie er die einzelnen Stationen vortrug, hätte es sich auch um eine Hafenrundfahrt oder einen Betriebsausflug handeln können. Alles sehr nüchtern. Vielleicht war gerade das angemessen. Nicht dem Anlass, aber den Menschen entsprechend, die hier zusammengekommen waren. Weder wir Kinder noch die letzte Ehefrau hatte eine wirklich lange und enge Beziehung zu dem Verstorbenen. Aus Beerdigungsszenen in Filmen kannte ich jedenfalls durchaus emotionalere Szenen als die, die sich hier an Bord abspielten. Von Schreikrämpfen über nicht versiegen wollende Tränen bis zu Ohnmachtsanfällen, wie das Hollywood aufbietet, waren wir hier viele Seemeilen weit entfernt. Ich empfand keinerlei Nähe zwischen uns, keine gegenseitige Anteilnahme, wie man sie in einer solchen Situation erwarten könnte. Nicht einmal zwischen Christa, Heiner und Petra. Ich fragte mich, ob sich das in Zukunft ändern würde. Ob meine Halbgeschwister Teil meines Lebens würden. Wenn ja, würde das sicher nicht von heute auf morgen passieren.

Nach einer knappen Stunde erreichten wir die Beisetzungs-Position in der Lübecker Bucht. Der Kapitän, der mit seinem weißen Bart aussah wie Captain Iglo aus der Werbung, stellte den Motor ab, und die kleine Barkasse tanzte nun heftig auf den Wellen. Hoffentlich wird keinem schlecht, dachte ich, und hoffentlich fiel die Urne nicht um und rollte über Deck. Doch der Kapitän trug sie bereits nach achtern, und wir folgten ihm.

Nachdem die Schiffsglocke erklungen war, hielt er nach Seemannsbrauch eine kurze Abschiedsrede, in der er die Tugenden meines Vaters hervorhob. Bei den Worten »Verantwortung« und »Zuverlässigkeit« sah ich, wie meine Halbgeschwister und auch Mücke kurz zusammenzuckten.

Ich selbst verzog keine Miene. Auch wenn er beinahe zwanzig Jahre lang nur durch Abwesenheit geglänzt hatte, war es mir immerhin vergönnt gewesen, mit ihm an Bord seines Schiffes eine wunderbare Zeit zu verbringen. Und diese schöne Erinnerung wollte ich mir in diesem Moment nicht kaputt machen lassen. Er war mein Vater. Aus. Amen. Basta.

Schließlich war alles gesagt und die Urne wurde an einem Tampen ins Wasser gelassen, wo sie augenblicklich versank. Aus einem Lautsprecher ertönte sein Lieblingslied »Goodbye Johnny«, gesungen von Freddy Quinn. Mein Vater liebte Shanties, das wusste ich. Trotzdem empfand ich den Song irgendwie als peinlich. Aus den Blicken meiner Geschwister las ich, dass es ihnen ähnlich ging. Nur Friedgund war ergriffen und hatte Tränen in den Augen. Fast gleichzeitig mit Mücke warf sie eine Rose ins Wasser, an die Stelle, an der die Urne ins Meer gelassen worden war. Petra hatte den Blumenstrauß aus dem Salon geholt und reichte uns je eine Lilie, die wir einer nach dem anderen folgen ließen. Einen Moment lang glaubte ich, das würde uns irgendwie vereinen, aber das war natürlich Unsinn. Eine Äußerlichkeit, kein inneres Band.

Nachdem jeder sich auf seine Weise verabschiedet hatte, ließ der Kapitän die Schiffsmotoren an und drehte eine letzte Runde um das inzwischen mit Blumen übersäte »Bestattungsfeld«. Beim letzten Passieren der Position wurde die Flagge gedippt und dann auf Vollmast gezogen. Die Schiffshupe ertönte drei Mal lang – das Signal für »Gute Reise«.

Gute Reise, Papa!

1

DIE ZÜNDENDE IDEE

Seit der Beerdigung unseres Vaters sind dreißig Jahre vergangen. Der Kontakt zu meinen Geschwistern, denen ich dort zum ersten Mal begegnete, war nur langsam enger geworden. Mit noch nicht einmal zwanzig Jahren hatte mein eigenes Leben ja gerade erst so richtig begonnen. Ich wollte durchstarten und mich nicht damit aufhalten, Menschen kennenzulernen, die zufällig denselben Erzeuger hatten wie ich. Erst später habe ich begriffen, dass uns viel mehr miteinander verband.

Ich lernte zwar meine jüngere Schwester Tina kennen und zog mit Heiner, der mir vom Alter her am nächsten stand, ein paar mal abends in München um die Häuser. Aber das war es auch schon. Die beiden blieben für mich lange eher gute Bekannte. Christa traf ich erst viel später wieder – und das nur auf Drängen von Petra. Sie war diejenige, die versuchte, uns zusammenzuhalten, die regelmäßig anrief und uns auf dem Laufenden hielt. Wann immer ich in Hamburg oder Umgebung zu tun hatte, besuchte ich sie und ihre Familie. Petra war bereitwillig in die Rolle der älteren Schwester geschlüpft, wollte immer wissen, was ich gerade so anstellte, und machte sich mitunter ganz schön Sorgen um mich. Nicht ganz zu Unrecht, denn ich ließ es damals oft richtig krachen und fegte mit Höchstgeschwindigkeit durchs Leben. Petra wurde schnell zu meiner Vertrauten. Bei Problemen im Studium, bei Liebeskummer und bei allen wichtigen Entscheidungen stand sie mir mit Rat und Tat zur Seite.

Tina und ich kamen uns erst in den letzten 15 Jahren näher. Ich schaute regelmäßig bei ihr im Allgäu vorbei, und auch ihre drei Kinder sind mir inzwischen ans Herz gewachsen. Ihre Tochter ist mein Patenkind. Bei den zahllosen »Gassirunden«, die wir gemeinsam mit Tinas Hund drehten, kamen wir natürlich immer wieder auch auf unseren gemeinsamen Erzeuger zu sprechen. In diesen Gesprächen ging mir auf, wie viel uns miteinander verband. Wie sehr wir alle von der weitgehenden Abwesenheit unseres Vaters während unserer Kindheit geprägt wurden. Wir fragten uns häufig, ob und wenn ja sich das zum Beispiel auf unser Selbstwertgefühl ausgewirkt hat. Auf unsere emotionale Stabilität, auf die Art, wie wir Beziehungen führten.

Diese Fragen ließen mich nicht mehr los. Ich begann, mehr über unseren Vater in Erfahrung zu bringen und nach Gemeinsamkeiten und Parallelen in den Lebenswegen meiner Geschwister und auch denen unserer Mütter zu suchen. Ich wollte in die Tiefe gehen, in Bereiche vordringen, die mir bisher verschlossen geblieben waren. Auch wenn ich dabei auf Geschichten stoßen würde, die nicht unbedingt gute Laune auf einer Party verbreiten würden.

Lange Zeit wusste ich allerdings nicht, wie ich das anpacken sollte. Jedes Jahr, wenn der Todestag unseres Vaters näherrückte, oder wenn ich in meiner Wahlheimat, den Kanaren, mit der Fähre von einer Insel zur anderen fuhr und den ganz speziellen Geruch eines Hafens einatmete, wurde ich an mein Vorhaben erinnert. Auch wenn ich jemanden neu kennenlernte und ein wenig von mir erzählte, kam das Gespräch meist schnell auf ihn: meinen Vater, den Kapitän, den Mann von Welt, blendend aussehend, sechsmal verheiratet, sechs Kinder, beinahe jedes mit einer anderen Frau, beinahe alle im September geboren. Weil er Weihnachten immer auf Landurlaub war oder seine jeweiligen Ehefrauen an Bord holte.

Eine tolle Familiengeschichte. Ein spannender Typ, zumindest auf den ersten Blick. Wenn ich von ihm erzählte, konnte ich mir sicher sein, immer die volle Aufmerksamkeit meiner Zuhörer zu haben. Aber war sein Leben wirklich so toll, so aufregend, so abenteuerlich, wie ich es schilderte? Tat ich das vielleicht nur, weil ich ihn so sehen *wollte* und weil es einfach so unglaublich gut ankam? Ich wusste, dass mein Vater gerne Seemannsgarn spann, gerne übertrieb und die Dinge fantastischer darstellte, als sie in Wirklichkeit waren. Tat ich das auch? Besser etwas dicker auftragen, als eine langweilige Geschichte erzählen? Was wusste ich überhaupt von ihm? Ich konnte nur einen Bruchteil der ganzen Geschichte erzählen, weil ich den Rest schlicht nicht kannte.

Während des halben Jahres, das ich mit ihm auf einem Frachter verbracht hatte, war keine tiefere Vater-Tochter-Beziehung zwischen uns entstanden. Dafür war die Zeit zu kurz, waren die gemeinsamen Erlebnisse zu flüchtig gewesen. Aus diesem dürftigen Fundus schöpfte ich meine Geschichten und aus dieser Zeit weiß ich, dass ich ihm nicht nur optisch, sondern auch in manchen Reaktionen und Gesten gleiche.

Wenn ich diesen Fundus vergrößern wollte, musste ich alle Puzzlestücke zusammenfügen. Die seines Lebens, die seiner Frauen, die von uns Kindern. Eines Abends bei einem Glas Rotwein kam mir die zündende Idee: Unser Vater war vierzig Jahre lang zur See gefahren. Das hatte ihn geprägt und indirekt auch uns. Die Seefahrt an sich kennt ja schon viele Ausdrücke, die sich gut auf das Leben übertragen lassen: Anker lichten, den Kurs ändern, seinen Hafen gefunden haben, eine Welle vor sich herschieben, jemanden im Schlepptau haben, Land in Sicht, Tiefgang haben oder etwas über Bord werfen … Das konnte kein Zufall sein. Leben bedeutet unterwegs sein. Wenn ich das meines Vaters, das meine und das meiner Halbgeschwister ergründen wollte, wäre ein Schiff vielleicht der richtige Ort dafür. Ich würde mich auf eine Reise begeben, nicht nur äußerlich, sondern vor allem auf eine Reise in die Vergangenheit und nach innen.

Allerdings wollte ich auf keinen Fall alleine fahren. Und wer wäre geeigneter, mich zu begleiten als meine älteste, lebenserfahrene Schwester Petra? Also fragte ich sie, ob sie nicht Lust hätte, sich mit mir auf dieses Abenteuer einzulassen. Sie war überrascht, sagte aber ja. Während unseres Gesprächs kam uns die Idee, mit einem Frachter zu fahren, so wie unser Vater. Damit würde sich ein weiterer Kreis schließen.

Ich schrieb also eine Mail an die Reederei, für die er zuerst als Offizier und später als Kapitän gearbeitet hatte.

Erste Schritte

Die Oldendorff Carriers GmbH & Co. KG ist die größte deutsche und zugleich eine der weltgrößten Stückgut-Reedereien. Sie betreibt rund 500 eigene und gecharterte Schiffe mit einer Tragfähigkeit von etwa 14 Millionen Tonnen und einem jährlichen Umsatz von 8 Milliarden Dollar. Die Flotte wird von über 2000 Seeleuten in Bewegung gehalten, läuft jährlich rund 11.000 Häfen in 125 Ländern an und transportiert dabei etwa 110 Millionen Tonnen Güter. Hauptsächlich Schüttgutladung wie Eisenerz, Kupfer, Kohle oder Kunstdünger.

Die Megazahlen, auf die ich im Internet gestoßen bin, schüchtern mich fast ein wenig ein und ich frage mich, ob man bei Oldendorff überhaupt ein Ohr für mein Non-Profit-Anliegen haben wird. Ich bin überrascht, als ich nur wenige Tage nach meiner Mail eine Antwort erhalte: Man lädt mich zu einem persönlichen Gespräch mit Henning Oldendorff ein. Donnerwetter.

Sein Vater Egon hatte das Unternehmen 1921 gegründet. Bei Ausbruch des Zweiten Weltkriegs besaß er 13 Dampfschiffe, an dessen Ende nur noch zwei. In den Jahren des Wiederaufbaus konzentrierte er sich auf den Ostseehandel, insbesondere auf den mit Holz, und stockte seine Flotte mit Massengutschiffen aus, die mit der Zeit zum wichtigsten Standbein der Lübecker Reederei wurden. 1980 hatte Henning mit 23 Jahren den Posten des CEO von seinem achtzigjährigen Vater übernommen, der drei Jahre später starb.

Der Hauptsitz der Reederei befindet sich noch immer in Lübeck, inzwischen jedoch standesgemäß unter drei mächtigen Glaskuppeln in der obersten Etage des Radisson Blue, einem Luxushotel direkt am Stadtkanal.

Nach einem Besuch bei meiner Schwester in Hamburg mache ich mich auf den Weg. Die Fahrt mit dem Zug nach Lübeck dauert eine knappe Stunde. Und vom Bahnhof sind es nur ein paar Schritte bis zum Radisson. Ein gläserner Außenaufzug trägt mich die acht Stockwerke hinauf zum Olymp des Reedergottes.

So beeindruckend wie die Zahlen ist auch das »Headquarter«. Hier mieft es nicht nach Büro, hier inhaliert man den Duft der großen weiten Welt. Der Boden erinnert an polierte Schiffsplanken, die großzügigen offenen Räume, die schmucken Haltestangen aus Messing an den Wänden und der Blick durch die vielen Fenster hinaus aufs Wasser vermitteln einem das Gefühl, auf der Brücke eines riesigen Dampfers zu stehen. Und irgendwie ist es ja auch so. Denn von hier aus wird das gigantische Transportunternehmen schließlich gesteuert.

Es dauert nicht lange, bis der »oberste Steuermann« vor mir steht. Etwas älter als ich, silbernes volles Haar, mindestens 1,90 Meter groß, stahlblaue Augen. Ein hanseatischer Firmenpatriarch wie man ihn nicht besser hätte casten können. Allerdings leger gekleidet in Jeans und rotem Polohemd. Ich mag ihn auf Anhieb.

Er bietet mir sofort das Du an und schlägt vor, eine kleine Tour durch »the dorff« zu machen, wie sein Reich von den Mitarbeitern liebevoll genannt wird.

Da gibt es einen »Ship Management Pier«, einen »Commercial Pier« oder auch einen »Administrational Pier«. 250 Mitarbeiter aus 25 verschiedenen Nationen sorgen hier vor ihren Monitoren dafür, dass die Flotte läuft. Und das 24 Stunden am Tag. Bei Oldendorff, so heißt es, geht die Sonne nie unter, denn der Kontakt mit 15 weiteren Büros von Singapur über Tokio bis Rio und Kapstadt darf natürlich nicht abreißen. Schiffscargo ist ein schnelles Business, das viel Flexibilität erfordert, denn die Konkurrenz ist groß und schnell kann einem ein Großauftrag von einer anderen Reederei weggeschnappt werden.

Nach unserem Rundgang habe ich eine Viertelstunde Zeit, um Henning mein kleines Vorhaben zu schildern. Zwischendurch klingelt immer wieder sein Handy. Da muss ein Termin für eine Schiffstaufe in China vereinbart und Minuten später die Frage geklärt werden, ob er einen bestimmten Frachter nicht besser abstoßen und stattdessen ein anderes, effizienteres Modell leasen soll. Dem guten Mann brennt es sichtlich unter den Nägeln, wieder an seinen Schreibtisch zu kommen.

Ich nutze den nächsten Moment ohne Telefonklingeln, um rasch das Wichtigste loszuwerden. Hennig erinnert sich sogar noch an meinen Vater – offenbar positiv –, denn er will gar keine größeren Erklärungen hören, sondern ist sofort damit einverstanden, dass meine Schwester Petra und ich unsere Reise auf einem seiner Frachter antreten können. Dann übergibt er mich einem Mitarbeiter, der alles Weitere arrangieren soll, verabschiedet sich höflich und eilt von dannen.

Da Oldendorff eine sogenannte Trampreederei ist, die kaum regelmäßige Linienstrecken bedient, gestaltet es sich gar nicht so einfach, ad hoc ein Schiff zu finden, das in nächster Zeit richtung Brasilien unterwegs ist. Diese Route hatte ich mir in den Kopf gesetzt, weil ich in diesem Land meinen Vater kennengelernt hatte.

Geduldig durchforstet der Senior Marine Personnel Manager seinen Computer: drei Schiffe kommen in Frage. Die *May Oldendorff*, die *John Oldendorff* und die *Beate Oldendorff*, der größte Frachter der Flotte. Doch da man nie genau wisse, wie lange das Ab- und Beladen in den Häfen dauere, könnten sich die Termine verschieben. Der Manager verspricht, mich per E-Mail auf dem Laufenden zu halten. Über den Daumen gepeilt sollten wir uns vom kommenden Monat an bereithalten und darauf vorbereitet sein, binnen ein paar Tagen an irgendeinem europäischen Hafen zu erscheinen. Ich hätte nicht gedacht, dass alles so gut klappen würde und sage begeistert: »Kein Problem, das kriegen wir hin.« Hoffentlich sieht Petra das genauso …

Aufbruch

Und dann geht alles ganz schnell. Ich bin noch auf der Kanareninsel La Palma, wo ich seit einigen Jahren in einem gemütlichen Häuschen mit 180 Grad Meerblick den deutschen Winter vermeide, als ich folgende E-Mail des Senior Marine Personnel Manager der Reederei Oldendorff bekomme:

Guten Morgen Frau Aernecke,
ich habe mir soeben nochmals die aktuellen Schiffs-
positionen angesehen. Am besten sieht derzeit die
geplante Anschlussreise der MS May Oldendorff *aus. Das*
Schiff wird morgen in Rotterdam anlegen und dort
voraussichtlich bis zum 21.3. auf Reede liegen, so dass
Sie – Stand heute – spätestens am 20.3. anreisen sollten.

23

Von Rotterdam ist die Überfahrt nach Ponta Da Madeira bei Itaqui in Brasilien vorgesehen, mit einer Liegezeit vom 7.4. bis zum 11.4. Voraussichtlich am 26.4. werden Sie wieder in Rotterdam eintreffen. Hinsichtlich Ihrer Anreise müssten sie aber bitte flexibel sein, da sich die geplanten Liegezeiten auf Reede immer verändern können. Es kann passieren, dass der Liegeplatz schneller frei wird und Sie dann kurzfristig früher anreisen müssen. Ich halte Sie auf dem Laufenden und wünsche Ihnen einen schönen Tag.

Na prima, heute ist der 12. 3. Ich habe also nicht einmal eine Woche, um zurück nach München zu fliegen, meinen Seesack zu packen, genauer gesagt meinen orangefarbenen Hartschalenrollkoffer, mich von meinen Lieben zu verabschieden und gen Rotterdam aufzubrechen. Eine Mischung aus Vorfreude und Nervosität überfällt mich. Aufbruch ins Unbekannte. Sollte ich ja eigentlich gewohnt sein. Immerhin war ich zwanzig Jahre als Dokumentarfilmerin für verschiedene Sender des Deutschen Fernsehens unterwegs. Auf entlegenen Südseeinseln, im Himalaya, in der Taklamakan. Ich habe Wochen mit einem Stamm im Amazonas zugebracht, den Iran unter einem Kopftuch überlebt und mich in der Mongolei von vergorener Kamelmilch ernährt. Dagegen ist dieses Vorhaben doch ein Witz. Zumindest was das Risiko und die Verantwortung betrifft. Ich muss weder sensationelles Filmmaterial nach Hause bringen noch mich um die Wehwehchen einer Filmcrew kümmern. So ein riesiges Frachtschiff würde kaum untergehen, die Versorgung an Bord war gesichert, der Kahn würde auch ohne mein Zutun fahren, wozu also die Aufregung?

Sie rührt natürlich daher, dass es diesmal nicht um irgendeinen wichtigen Menschen geht, den ich porträtieren, oder um einen vom Aussterben bedrohten Stamm, dessen Lebensgewohnheiten ich dokumentieren soll. Es geht um *mich*, um *meine* Wurzeln, um *meine* Familie. Etwas, das mir fremder und ungewohnter ist als vieles, dem ich bisher hinterhergejagt bin.

Ich komme mir vor wie ein Maler, der zum ersten Mal nicht eine Auftragsarbeit abzuliefern hat, sondern nur für sich selbst malt und in seiner eigenen Seele nach dem Motiv, den Farben und der Form suchen muss. Diese Reise soll nämlich am Ende nicht nur die Seiten eines Buches füllen, sondern auch so manche bislang weiße Flecken auf der Landkarte meines Lebens.

Für einen kurzen Moment fühle ich mich zurückversetzt in die 19-jährige Susanne, die sich auf den Weg macht, ihren Vater kennenzulernen. Doch diesmal ist mein Vater nicht das Ziel, jedoch die Auseinandersetzung mit ihm wird der Weg sein. Es ist mir schon öfter aufgefallen, dass die meisten Menschen um die Fünfzig, sprich nach sieben mal sieben Jahren, einen solchen oder ähnlichen Weg beschreiten, noch einmal von vorne anfangen, versuchen, sich neu zu entdecken. Da werden alte Lebensgewohnheiten über den Haufen geworfen, Partner und Wohnsitze gewechselt. Es ist, als bekomme man noch einmal eine zweite Chance. Ich bin entschlossen, sie zu nutzen.

Welch ein Segen, dass ich meine Schwester dabeihaben werde. Und noch dazu eine, die schon mittendrin steckt, in ihrem »zweiten Leben«. Ich muss sie sofort anrufen, damit sie sich seelisch und körperlich darauf einstellt, dass es jetzt bald losgeht. Sie ist ja schließlich nicht mehr die Jüngste, worauf sie mich bei jeder passenden und unpassenden Gelegenheit aufmerksam macht. Auch wenn ich ihr Gejammere überhaupt nicht nachvollziehen kann. Ich kenne kaum jemanden, der so schnell im Kopf ist wie sie. Petra ist in der Lage, sich binnen weniger Sekunden auf einen anderen Menschen einzustellen und ihm das Gefühl zu vermitteln, gehört und wahrgenommen zu werden. Eine wunderbare Gabe, die aber auch ihre Tücken hat. Da sie nur schwer nein sagen kann, wird sie gefühlte 24 Stunden am Tag von ihren Freundinnen in Beschlag genommen. Die Leinen mal für einige Zeit loszumachen, tut ihr bestimmt gut.

Nach dem Telefonat mit ihr buche ich noch am selben Tag per Internet für uns beide die Tickets nach Rotterdam – mit Umbuchungsoption, versteht sich. Und die müssen wir am Ende tatsächlich in Anspruch nehmen:

Liebe Frau Aernecke,
mit der Agentur in Rotterdam ist jetzt vereinbart, dass Ihre Schwester und Sie am 19.3. um 18.35 am Flughafen abgeholt werden. Ein Fahrer wird sie via Immigration Office zum Schiff bringen. Es wäre am einfachsten, wenn Sie die anfallenden Taxikosten bar bezahlen könnten. Für die Mitfahrt, Unterkunft und Verpflegung auf der MS May Oldendorff *entstehen keine weiteren Kosten. Bitte vergessen Sie Ihre Impfpässe nicht, sie müssen in Brasilien vorgelegt werden, Stichwort Gelbfieber. Noch mal zur Erinnerung, ganz wichtig für die Einreise in Brasilien: Bitte vergessen Sie Ihre Impfpässe mit dem Stempel für die Gelbfieberimpfung nicht. Ich wünsche Ihnen viel Spaß beim Kofferpacken und eine sichere Anreise.*
Viele Grüße!

Ich kannte die Tigermücke bereits von früheren Reisen, jene Verursacherin tückischer Erkrankungen wie Gelb- oder Denguefieber. Ich hatte bereits eine Auffrischung vorgenommen, und auch Petra hatte sich rechtzeitig spritzen lassen. Die Symptome ähneln denen einer schweren Grippe. Im schlimmsten Fall kann es zu inneren Blutungen und zum Tod kommen. Aber erstens waren wir vorbereitet und zweitens würden wir ja nur kurz an Land gehen, während das Schiff seine Ladung aufnahm.

Die *May* würde leer nach Brasilien fahren und dort vor der Rückreise mit Eisenerz befüllt werden. In einem Hafen bei Itaqui im Bundesstaat Maranhão. Gar nicht so weit von Belém entfernt, jener Stadt, in der ich meinem Vater erstmals bewusst begegnete. Es konnte kein Zufall sein, dass ich nun fast in die gleiche Gegend fuhr. Brasilien hat schließlich über 500 Häfen …

Begegnung mit einem Phantom

Auf dem Pappschild, das der junge, dunkelhäutige Mann zwischen hunderten von Abholern verzweifelt durch die Luft schwenkte, stand »Barbara Aernecke«. Damit war eindeutig ich gemeint. Ich winkte dem jungen Mann zu und drängte mich durch die Menschenmenge zu ihm. Damals hatten die Koffer noch keine Rollen und es war mühsam, das Ungetüm Richtung Ausgang zu bugsieren. Was man mit 19 doch so alles brauchte … Bevor ich unter der Last in die Knie ging, war mein Retter bei mir. Mit einem strahlenden Lächeln nahm er mir schwungvoll den Koffer ab, als würde der nur drei Kilo wiegen. »*Bem-vindo ao Brasil*«, sagte er und bahnte uns den Weg aus der Ankunftshalle des Flughafens von Belém.

Draußen schlug mir ein Schwall feucht-heißer Luft entgegen, der mir beinahe den Atem nahm. Kein Wunder, ich war noch nie zuvor so nah am Äquator gewesen. Der Chauffeur, den die Reederei geschickt hatte, hielt mir die Tür einer eindrucksvollen Limousine auf – weinrot, mit beigen Ledersitzen und natürlich Aircondition, die ich augenblicklich zu schätzen lernte.

Während der Chevrolet mit dem typisch leisen, schnurrenden Geräusch eines amerikanischen Automatikwagens dahinglitt, schloss ich für einen Moment die Augen. Ein bisschen komisch war mir schon zumute. Ich hatte dieses Kribbeln in den Pobacken, das ich bis heute bekomme, wenn mir so gar nicht klar ist, wie eine Situation ausgeht, die ich selber herbeigeführt hatte.

In wenigen Stunden sollte ich endlich meinen Erzeuger kennenlernen. Nach immerhin 19 Jahren. Ich konnte nicht einmal sagen, dass er mir gefehlt hat. Jemanden, den man nicht kennt, vermisst man auch nicht. Das einzige, was ich von ihm besaß, war ein Bild, das ich irgendwann in einem alten Album in der Wohnung meiner Großmutter entdeckt hatte. Ein Hochzeitsfoto: er in schicker Uniform mit vier goldenen Streifen am Ärmel, meine Mutter dagegen schlicht, in einem weißen Kostüm. Für sie war dieses Kapitel ihres Lebens eher unerfreulich gewesen, weshalb er mich weder besuchen durfte, noch dass sie je viele Worte über ihn verloren hätte. Er hatte bis dahin nur in meiner Fantasie existiert: der große Unbekannte, der fliegende Holländer, der Seebär, der irgendwo auf unbekannten Meeren herumschipperte.

Kurz vor dem Abitur hatte ich einen zwanzig Jahre älteren Journalisten kennengelernt, der sich in mich verliebte. Natürlich war er eine Art Ersatz-Papa. Aber er nutzte das nicht aus. Im Gegenteil: Er war derjenige, der mir half, meinen leiblichen Vater ausfindig zu machen und ihn nicht weiter nur als Konstrukt meiner Fantasie zu pflegen.

Über das Münchner Vormundschaftsgericht hatte ich den Namen seiner Reederei herausgefunden und dort reichlich nervös angerufen. Doch für die nette Dame am anderen Ende der Leitung war es offensichtlich nichts Ungewöhnliches, dass Kinder von Seeleuten nach ihren Vätern fahndeten. Sie hatte mir geraten, ihm einen Brief zu schreiben, den sie ihm anschließend kabeln wollte. Die Antwort kam prompt, inklusive eines Flugtickets nach Belém.

Und hier war ich nun, voller Erwartung und Neugier, aufgeregt wie vor einem ersten Rendezvous. Wie würde er sein? Würde er mich mögen? Würde ich ihn mögen? Und was, wenn nicht?

Als ich die Augen wieder öffnete, waren wir bereits auf dem Weg zum Hafen von Belém, einem der wichtigsten Handelsplätze Nord-Brasiliens und gleichzeitig das Tor zum Amazonas. Nach mehreren Security-Checks, die allerdings nur aus Kopfnicken und Weiterwinken bestanden, fuhren wir zwischen Ladekränen und Containern eine Hafenmole entlang, fast bis zum Ende.

Was dann kam, war filmreif. Die *Hille Oldendorff*, mehr Rostlaube als Traumschiff, wurde von einem Schlepper immer näher herangezogen und legte dann millimetergenau direkt vor meinen Augen an. Armdicke Taue wurden Richtung Land geworfen und an den Tampen vertäut. Zwei verwegen aussehende Asiaten ließen die Gangway herunter. Und dann kam ER. Zwei strahlende Augen in einem wettergegerbten Gesicht. Nicht gerade groß, eher zierlich wie ich. Kein mächtiger Seebär mit dunkelblauem Rollkragenpullover, stattdessen weißes T-Shirt, weiße Tennisshorts und schlohweiße Haare. Grinsend breitete er seine Arme aus und drückte mich an sich, zum ersten Mal in meinem Leben, zumindest soweit ich mich erinnern konnte. Das war schon ein ganz besonderes Gefühl.

Plötzlich besaß ich also einen Vater. Und er war mein Vater, da gab es kein Vertun. Er hatte den gleichen Quadratschädel wie ich, den gleichen Mund, die gleiche Nase … und irgendwie eine Mordsenergie. Die brauchte man bestimmt auch, um so eine Meute von Matrosen einigermaßen in der Spur zu halten.

Wir standen schon eine ganze Weile so da, als es plötzlich Applaus gab. Oben an der Reling des Schiffs hatten sich mindestens zwanzig neugierige Seeleute eingefunden und klatschten Beifall.

Wir lösten die Umarmung, der Chauffeur wuchtete meinen Koffer aus dem Wagen und trug ihn zum Schiff. Mein Vater gab ihm einen grünen Dollarschein, legte den Arm um meine Schultern, sodass wir fast wie ein Paar die wackelige Gangway hinaufstiegen. Ich hatte das Gefühl, dass in diesem Moment eine neue

Zeit begann. Mein langweiliges Schülerdasein bis zum Abitur und das Leben in der Reihenhaussiedlung, wo ich mit meiner Mutter und ihrem Mann lebte, war zu Ende. Ich hatte eine neue Heimat gefunden, eine, der man nicht auf Wiedersehen sagen musste, wenn man die Welt sehen wollte. Das Schiff meines Vaters sollte für das nächste halbe Jahr die Richtung vorgeben. Ich brannte darauf, mit ihm an den Küsten Südamerikas entlangzuschippern. Doch leider ging es nicht so schnell los, wie ich mir das gewünscht hätte. Es schüttete nämlich wie aus Kübeln, was alles zum Stillstand brachte. Die *Hille* hatte Zement geladen, der nur bei trockenem Wetter gelöscht werden konnte. Das Gute daran war, dass meinem Vater und mir so ein wenig Zeit geschenkt wurde, damit wir uns in Ruhe näher beschnuppern konnten. Auch wenn wir immer wieder unterbrochen wurden, da sich Vertreter verschiedener Behörden die Klinke in die Hand gaben: Zoll, Gesundheits- und Ungezieferkontrolleure, Schiffshändler, Agenten und so weiter. Eine vollständig neue, bunte Welt tat sich auf, eine, die ich noch verstehen lernen musste. Wenigstens konnte ich mich verständlich machen. Mein Englisch war ganz passabel und, wenn nötig, musste es eben mit Händen und Füßen gehen.

Gemeinsam mit meinem Vater saß ich oft bis in die frühen Morgenstunden in seiner mit dunklem Holz vertäfelten Kajüte, und lauschte den Erzählungen aus seinem Leben. Wenn wir nicht redeten, spielten wir Streitpatience, auch wenn er ein schlechter Verlierer war und sogar mogelte. Vor Mitternacht kam ich jedenfalls nie ins Bett.

Da es auf der *Hille Oldendorff* keine Passagierkabinen gab, hatte man mir die Krankenkajüte zugewiesen, die unten auf Deckhöhe schiffsmittig lag. Sie war schlicht eingerichtet, roch ein wenig nach Desinfektionsmittel, aber bei stürmischer See würde es dort am allerwenigsten schaukeln, versicherte mir mein Vater. Das klang beruhigend!

2

ENDLICH AN BORD

Dreißig Jahre später steht »Susanne Aernecke« auf dem Schild, das der Fahrer auf dem kleinen Flughafen von Rotterdam hochhält. Er schnappt sich meinen Koffer, der diesmal höchstens 15 Kilo wiegt und Rollen hat. Meine Schwester, die vor mir angekommen ist, wartet bereits vor dem Terminal beim vorbestellten Taxi. Wir sind beide ein wenig aufgeregt. Obwohl wir uns seit drei Jahrzehnten kennen, haben wir noch nie gemeinsam eine Reise unternommen, geschweige denn so viel Zeit zusammen verbracht. Während der Fahrt, die uns über das Immigration Office zum Liegeplatz der *May* führt, plappern wir unablässig. Mir ist klar, dass dies auch die nächsten Wochen so weitergehen würde. Aber das ist ja schließlich der Sinn dieser Reise. Wir wollen miteinander reden. Über unseren Vater, sein Leben, seine Frauen und seine Kinder, einfach über alles, worüber viel zu lange geschwiegen worden war.

Unter einem dramatisch roten Abendhimmel geht es über eine vierspurige Autobahn am Hafengelände entlang, das sich von der Innenstadt über eine Länge von sechzig Kilometern bis an den Hoek van Holland zieht. Rotterdam ist nach Singapur und Shanghai der drittgrößte »Port« der Welt und der wichtigste für Europa. Vor allem was Rohöl betrifft. Fast 25 Prozent des Gesamtumschlags entfallen auf Öl, das zum Teil direkt vor Ort in großen Raffinerien verarbeitet wird. Ein Pipelinesystem sorgt für den Weitertransport, etwa nach Deutschland. In Rotterdam werden Jahr für Jahr 450 Millionen Tonnen Fracht gelöscht, darunter Obst und Gemüse, vor allem aber Kohle und Stahl. Der Hafen ist einer von dreien weltweit, in denen riesige Schüttgutfrachter mit schwerer Last und entsprechendem Tiefgang von teilweise über 20 Metern anlegen können.

Die Ausfahrtsschilder an der Autobahn zeigen am Nordufer die Piere 100 bis 1000 an, am Südufer 1001 bis 9900. Wie es aussieht, scheint die *May Oldendorff* auf einer absoluten Außenposition zu liegen. Denn erst nach einer Stunde Stop and Go – auch in Holland ist zwischen 18 und 20 Uhr Rushhour – biegen wir endlich von der Autobahn ab. Das Schild weist zu Pier Nummer 9880.

Nach ein paar Metern hindert uns eine Schranke an der Weiterfahrt. Security-Check. Heute läuft nichts mehr mit Kopfnicken und Durchwinken. Seit den Anschlägen auf das World Trade Center 2011 wurden alle Sicherheitsmaßnahmen an Häfen und Flughäfen noch einmal extrem verschärft. Niemand kommt seitdem unkontrolliert ins Hafengelände hinein oder wieder heraus.

Im Hafenbüro kassiert eine dunkelhäutige Schönheit mit unzähligen kleinen schwarzen Zöpfen, die ihr bis zur Hüfte reichen, unsere Pässe ein. Immer wieder wandert ihr Blick zwischen ihnen und dem Bildschirm ihres Computers hin und her. Sie kann unsere Namen auf der Mannschaftsliste der *May* nicht finden. Wie auch? Schließlich haben wir nicht als Matrosen angeheuert. Ob eine von uns vielleicht die Gattin des Kapitäns sei? Als meine Schwester verneint und ich aus Spaß sage »noch nicht«, sieht sie uns mit einer Mischung aus Ratlosigkeit und Verzweiflung an. Zum dritten Mal geht sie ihre Liste durch, aber wir stehen immer noch nicht darauf. Inzwischen rattert draußen das Taxameter munter weiter. Es hatte beim Aussteigen schon 130 Euro angezeigt.

»Wenn Schiet wat wird«, flüstert mir Petra auf ihre unnachahmliche Art zu.

Um das ganze abzukürzen, schlage ich der Dame vor, bei der Schiffsagentur in Rotterdam anzurufen, die wüssten Bescheid. Doch dort ist längst Feierabend. Erst als ich ihr androhe, wir müssten dann eben bei ihr zu Hause übernachten, knickt sie ein und winkt uns endlich durch. Als wir zum Wagen kommen, prangen auf dem Taxameter stolze 160 Euro. Auch egal.

Schon von weitem leuchten uns die weißen Buchstaben *May Oldendorff* auf dem Heck des Schiffs entgegen. Der riesige Pott ist in helles Licht getaucht, deutlich ist die Fahne von Liberia am Mast zu erkennen. Sie sieht aus wie die amerikanische, allerdings nur mit einem Stern auf blauem Grund. Von meinem Vater weiß ich, dass die meisten Schiffe, auch wenn sie deutschen Reedereien gehören, in sogenannten Billigländern registriert sind und unter deren Landesflagge fahren. Den Schornstein des großen Frachters zieren dagegen die beiden Buchstaben EO, die Initialen von Egon Oldendorff, dem Gründer der Reederei.

Die *May* ist mindestens doppelt so breit und dreimal so lang wie damals die *Hille*. Bestimmt hat sie auch dreimal so viel Laderaum, ist dreimal so schnell und … vielleicht macht es ja auch dreimal so viel Spaß, auf ihr zu fahren.

Zwei Filipinos in orangenen Overalls kommen uns entgegen, um unsere Koffer die leider auch dreimal so lange Gangway hinauf an Deck zu schleppen. Wir sind froh über ihre Hilfe, denn wir brauchen beide Hände, um uns am Geländer festzuhalten und nicht auf den schmalen und glitschigen Stufen auszurutschen. Bloß nicht das Fangnetzt testen! Wäre echt peinlich, zumal wir von zahlreichen, hauptsächlich asiatischen Augenpaaren interessiert beobachtet werden. Ich erinnere mich, dass auch die Crew auf dem Schiff meines Vaters hauptsächlich aus Filipinos, Indern und Indonesiern bestand.

Im Gegensatz zum Hafenbüro sind sie hier auf unser Erscheinen vorbereitet. Ob sie uns als Störenfriede betrachten oder sogar froh sind, ein bisschen Weiblichkeit an Bord zu haben, ist an den Gesichtern der Männer nicht abzulesen. Früher glaubte man ja, Frauen an Bord brächten Unglück, zumindest solche aus Fleisch und Blut. Für die Pin-ups, die ich schon damals in den Mannschaftsunterkünften entdeckt hatte, schien das nicht zu gelten ...

Der Dritte Offizier, ein Ukrainer, begrüßt uns mit einem zweifachen »Wellcome Madame«. Sympathischer Kerl. Dann geht es über eine mindestens dreißig Zentimeter hohe Schwelle ins Innere des Schiffes. Wir werden uns daran gewöhnen müssen, immer ordentlich die Beine zu heben, sonst legt man sich schnell mal der Länge nach hin. Aber wenn der Kahn volllaufen sollte, sind die hohen Schwellen von Vorteil. Auf dem Weg zum Lift erzählt uns der Offizier, dass seine Zeit an Bord morgen vorbei sei. Nach über sechs Monaten auf See darf er endlich in den wohlverdienten Landurlaub. Gut, dass wir nur knappe zwei Monate unterwegs sein werden. Wobei mir das ganz schön lang vorkommt.

Er händigt uns die Schlüssel zu unseren Kabinen aus und drückt auf den Knopf für den Aufzug. Petra residiert auf dem D-Deck, was bei einem Haus ungefähr dem fünften Stock entspricht. Dort ist die Owner-Kabine mit der Nummer 502 für sie vorbereitet. Ich bin eine Etage höher untergebracht, auf Deck E. Ob das E für Edeletage steht, so wie in Luxushotels, wo sich die Suiten für Promis meist ganz oben befinden?

Nicht ganz. Meine Kabine mit der Nummer 602 liegt direkt über der von Petra und ist eigentlich für den Lotsen gedacht, falls der sich einmal ausruhen muss. Doch das scheint bei dieser Fahrt offenbar nicht vorgesehen zu sein.

Für »kurz mal ausruhen« ist die Kabine recht geräumig und gut ausgestattet. Ein Schrank, ein Bett, eine Kommode, ein kleiner Kühlschrank, ein Schreibtisch und ein Stuhl; bis auf letzteren ist alles fest mit dem Boden oder der Wand verschraubt, damit bei Seegang nichts verrutscht. Die Klarheit des Raums erinnert beinahe an eine Klosterzelle. Nur das Kreuz an der Wand fehlt, was nicht weiter verwunderlich ist. Schließlich ist nicht vorhersehbar, wes Glaubens Kind hier vorübergehend einzieht.

Auf dem Schrank sind Schwimmweste und ein Wärmeanzug deponiert, in dem man angeblich 24 Stunden im kalten Atlantik überleben kann. Ist bis dahin keine Hilfe eingetroffen, kommt die Leiche wenigstens einigermaßen warm an. In der Kabinentür ist eine Art überdimensionierte Katzenklappe eingebaut, durch die man herausschlüpfen kann, falls die Tür blockieren sollte. Wie man sich im Ernstfall – etwa bei einem Wassereinbruch – zu verhalten hat, ist auf verschiedenen Aushängen auf Englisch und Chinesisch nachzulesen. Die *May* ist nämlich »made in China«.

Erst der Blick aus dem rechteckigen Fenster, das man insofern kaum als Bullauge bezeichnen kann, zeigt mir, wie hoch ich hier residiere. Mindestens 15 Meter über dem Meeresspiegel und dann auch noch an der Außenseite! Die Kajüte des Kapitäns auf demselben Deck liegt da schon wesentlich günstiger in der Mitte des Schiffes. Der schlief bestimmt ruhiger, während mein Adlerhorst bei höherem Wellengang ganz schön in Bewegung geraten würde.

Ich bin sehr gespannt, was unser Kapitän für eine Type ist. Meine Mutter hatte sich ja bei ihrer ersten Atlantiküberquerung gleich volle Breitseite in den Schiffsführer verliebt. Ich kann nur sagen: Gott sei Dank, sonst gäbe es mich nicht.

Zwischen Stavanger und Wladiwostok

Damals wandelte mein Vater nach drei gescheiterten Ehen mal wieder auf Freiersfüßen. Meine Mutter – süße 24, blond und mit einer Traumfigur gesegnet – fuhr als Passagierin auf der *Hinrich*

Oldendorff von Bremen nach San Francisco. Sie sollte in die USA emigrieren und sich bei der Familie meiner Oma, einer Halbamerikanerin, ein besseres Leben aufbauen, als es einer jungen Frau in den späten Fünfzigerjahren in Deutschland möglich war. Eine Entscheidung, die über ihren Kopf hinweg getroffen wurde und über die sie alles andere als glücklich war. Schon während der Überfahrt nahm sie meinem Vater das Versprechen ab, sie auf der Rückreise wieder mit nach Europa zu nehmen, falls es ihr in Amerika nicht gefallen sollte.

Die junge Frau hatte es ihm vom ersten Augenblick an angetan. Er war mit 46 im »besten Mannesalter«, attraktiv und weltgewandt, genau der Richtige also, um einem Mädel vom Land den Kopf zu verdrehen.

Als sie ein paar Wochen später mit ihrem Koffer in der Hand tatsächlich in San Francisco am Kai stand, blieb ihm nichts anderes übrig, als Wort zu halten. Da sie keine eigene Kabine gebucht hatte, bot er ihr großzügig Platz in seiner an. Das Jawort war anschließend nur noch eine Frage der Zeit.

Meine Großmutter traf fast der Schlag, als ihre Tochter wieder auf der Matte stand, noch dazu mit einem Seemann im Schlepptau. Als selbständige und tatkräftige Frau, die zwei Weltkriege überstanden und im letzten ihren Mann verloren hatte, war es ihr ein Anliegen, dass meine Mutter zunächst auf eigenen Füßen stand, bevor sie in den Ehehafen einfuhr. Sie konnte nicht nachvollziehen, warum ihre Tochter die Chance mit Amerika so leichtfertig vertan und nun auch noch Heiratspläne im Kopf hatte. Die Sicht meiner Mutter war eine ganz andere: Der deutlich ältere Mann gab ihr wieder Sicherheit. Er schien eine Art Ersatzvater zu sein. Sie war gerade einmal zwölf Jahr alt gewesen, als ihr Vater schwer verwundet aus dem Krieg zurückkam und kurz darauf verstarb. Wenig später verlor sie auch noch ihr Zuhause. Ein traumhaftes, altes Bauernhaus am Schliersee in Oberbayern. Die erste Ehefrau meines Großvaters hatte nach seinem Tod Anspruch darauf erhoben. Da das Testament in diesem Punkt nicht eindeutig war, kam es zum Prozess – den sie gewann. Meine Oma und meine Mutter mussten ihre Sachen packen. Sie zogen nach München, wo meine Großmutter eine Altbauwohnung mit sechs Zimmern mietete und fünf davon an Studenten untervermietete. Von den Einnahmen konnten die beiden zwar einigermaßen leben, doch für ihre Tochter sollte die Zukunft rosiger sein. Deshalb Amerika, das Land der unbegrenzten Möglichkeiten, wo selbst der Tellerwäscher zum Millionär werden konnte.

Meine Mutter, die nicht mit derselben Energie gesegnet war wie meine Oma, entschied sich für den vermeintlich leichteren Weg. Geheiratet wurde 1960 in Bad Wiessee am Tegernsee. Dort entstand jenes Hochzeitsfoto, das ich mir als Kind immer so gerne angesehen habe. Danach ging es – statt klassischer Flitterwochen – gemeinsam aufs Schiff. Richtung Norden, nach Finnland und Russland, wo Holz geladen werden sollte. Und dort irgendwo in sibirischer Kälte zwischen Stavanger und Wladiwostok musste ich entstanden sein. Jedenfalls habe ich mir das als Teenager immer so vorgestellt. Eine heiße, leidenschaftliche Liebesnacht, während draußen die Eisschollen an die Bordwand krachten.

Leider hat mir meine Mutter nie erzählt, wie es wirklich war, wie so vieles andere auch nicht. Im Nachhinein kann ich das verstehen; schließlich ist die Sache nicht gut ausgegangen und wer würde da nicht lieber verdrängen, als seiner Tochter alle Einzelheiten zu berichten. Obwohl es hilfreich gewesen wäre. Denn oft genug wiederholen die Töchter die Fehler ihrer Mütter. Ich hatte zwar nie etwas mit einem Seemann, aber auch mich zogen eher freiheitsliebende Abenteurertypen in ihren Bann als Sparkassendirektoren mit festem Gehalt und Nestbautendenzen. Bis heute habe ich dieses »Beuteschema« nicht wirklich revidiert, wohl aber die Folgen manches Mal ein wenig bereut.

Von meinem Vater dürfte ich die innere Zerrissenheit geerbt haben, zwischen dem Wunsch nach Sesshaftigkeit und dem starken Drang, unterwegs zu sein. Die Sehnsucht nach Freiheit einerseits und nach Geborgenheit andererseits – was könnte gegensätzlicher sein? Beides gleichzeitig empfinden zu können, sich in Freiheit geborgen und in Geborgenheit frei zu fühlen, ist wohl eines der am schwersten erreichbaren Ziele im Leben. Das Problem fängt ja schon im Bauch der Mutter an. Da ist es zwar kuschelig warm, aber wir wachsen und irgendwann wollen wir nach draußen. Und dort ist es nicht anders. Wir gehen Beziehungen ein, weil wir den sicheren Hafen suchen, und lösen sie dann oft genug wieder auf, weil wir uns nicht frei genug fühlen, um uns weiterzuentwickeln. Meist geht dieser Kreislauf wieder und wieder von neuem los, bis man endlich bei sich selbst angekommen ist.

In dieses Lebenskarussell wurde ich allerdings nicht auf den Planken eines Schiffes bei wildem Seegang geworfen, auch nicht in Lübeck, wo mein Vater eine Wohnung für die junge Familie gemietet hatte, sondern im Kreißsaal einer Münchner Frauenklinik im Beisein meiner Großmutter. Die Ehe meiner Eltern war zu diesem Zeitpunkt schon dem Untergang geweiht. Vielleicht, weil beide im anderen dasselbe suchten: Geborgenheit und Sicherheit. Keiner von ihnen hatte dies während der eigenen Kindheit erfahren; was man nicht kennt, kann man schlecht weitergeben.

Außerdem fiel es meiner Mutter schwer, in Lübeck »festzumachen«. Die Mentalität der Menschen da oben an der Waterkant war ihr fremd und sie fand keinen Anschluss. Fatal, wenn der eigene Mann ständig auf Achse ist. Ich weiß nicht, ob sie sich darüber Gedanken gemacht hat, wie ihr Leben an der Seite eines Seemanns sein würde, als sie ihn heiratete. Oder ob sie sich hat blenden lassen vom gesellschaftlichen Status, den eine Ehe mit einem Kapitän versprach. Das war damals eine große Nummer, auf einer Stufe mit Anwälten, Apothekern oder Ärzten.

Was so glamourös klang, bedeutete aber letztlich, die meiste Zeit auf sich allein gestellt zu sein. Und das war nichts für meine Mutter. Kaum fuhr mein Vater wieder zur See, reiste sie nach Bayern zu meiner Großmutter. Nicht immer war sie gleich zur Stelle, wenn er auf Heimaturlaub kam. Die Wohnung leer, niemand da, der ihn freudig in die Arme geschlossen hätte. So hatte er sich das wohl auch nicht vorgestellt, als er ihr den Ring über den Finger streifte.

Stellt sich die Frage, warum mein Vater nicht um seine Liebe gekämpft hat. Warum er den mächtigen Schwiegerdrachen aus München, der keinen Hehl aus seiner Abneigung machte, nicht beiseitegefegt oder mit Drachenfutter (Pralinen oder Blumen) besänftigt hat? Warum er nicht Frau und Kind auf sein Schiff geholt und mit ihnen gemeinsam in den Sonnenuntergang gefahren ist? Aber so etwas gehört wohl ins Reich der Märchen und wäre auf Dauer auch kaum gut ausgegangen.

Ich weiß aus meiner eigenen Zeit als Dokumentarfilmerin, wie schwer es ist, Beziehungen – selbst ohne Kinder – aufrechtzuerhalten, wenn man dauernd auf Achse ist. Ich fing eigentlich nach jeder längeren Reise immer wieder von vorne an, denn wenigstens einer in der Partnerschaft hatte sich verändert. Einige meiner Beziehungen sind daran zerbrochen. Und da musste noch nicht einmal zwingend eine dritte Person von außen als Störenfried dazugekommen sein.

Die Ehe meiner Eltern ist sicher auch aufgrund der langen Zeiten der räumlichen Trennung gescheitert. Denn wie heißt es so schön: »Die Liebe ist eine Blume, die regelmäßig gegossen werden muss.« Da hat man als Kapitänsgattin wahrscheinlich nur als Kaktus eine Chance …

Curd Jürgens ist Ägypter

Nachdem ich meine wenigen Klamotten im Schrank verstaut habe – hier an Bord eines Frachters sind weder Abendkleid noch Bikini angesagt – klopft es auch schon an der Tür. Der nette Ukrainer streckt den Kopf herein, um mir zu sagen, dass der Kapitän uns in einer halben Stunde erwartet. Ich bin gespannt, wie es hier an Bord beziehungstechnisch aussieht. Ob die Herren auch alle mehrfach geschieden sind?

Mir bleibt noch ein wenig Zeit, um auf meinem Smartphone »Kapitän« zu googeln. Hätte ich vielleicht längst schon einmal tun sollen. Mal sehen, was Wikipedia zu diesen Kerlen sagt; Kapitän kommt vom lateinischen Wort *caput* (Kopf); vom Wortstamm *capit-* leitetet sich *capitaneus* (Anführer) ab. Der Begriff hat in alle europäischen Sprachen Einzug gehalten und bezeichnet unter anderem den Führer eines Schiffes. Als solcher ist der Kapitän der Hausherr und besitzt die absolute Bordgewalt. Im Mittelalter und noch heute im Englischen nennt man ihn *Master* und die ihm unterstellten Offiziere *Mates*. Als die Handelsschiffe zum Schutz vor Überfällen noch bewaffnet sein mussten, stellte man dem *Master* einen militärischen *Captain* zur Seite, der mit seinen Seesoldaten bei einem Angriff die Führung des Schiffes übernahm. Später wurden die *Master* und *Mates* ganz dem Militär untergeordnet und bildeten nunmehr das nautische Personal. Um die neue Doppelfunktion auch als nautische Führer zu unterstreichen, hießen sie im 18. und 19. Jahrhundert *Master and Commander*. Noch heute entsprechen die Dienstgrade an Bord denen des Militärs. Ein »Kapitän zur See« beispielsweise ist vergleichbar mit einem Oberst beim Heer oder der Luftwaffe.

Die strenge, fast militärische Hierarchie, die ich noch gut aus der Zeit an Bord mit meinem Vater erinnere, hat also historische Wurzeln. Doch wie überall, wo Menschen auf engem Raum aufeinandertreffen, treten Unterschiede zutage. Es gibt sogenannte Brüllkapitäne und solche, die ruhig und freundschaftlich mit ihrer Crew umgehen. Mein Vater war jemand, der klare Ansagen machte, aber trotzdem ein gutes Verhältnis zur Besatzung hatte. Er achtete ihre Arbeit und stellte sich menschlich nie über sie. Ich bin gespannt, wie das hier auf der *May* sein wird. Von der Reederei habe ich gehört, dass unser Kapitän ein sehr netter und umgänglicher Mensch sein soll. Also auf zu seiner Kajüte. Ein letzter Blick in den Spiegel und die Haare in Form gebracht, schließlich muss man auf alles vorbereitet sein …

Petra ist schon da. Sie hat Lippenstift und Wimperntusche aufgelegt und lässt sich gerade lächelnd einen Handkuss verpassen. Alte Schule eben. Ich bin trotzdem einen kurzen Moment enttäuscht. Unser Kapitän hat eine Glatze, ist weit über sechzig und sogar noch kleiner als ich. Das muss man erst einmal hinkriegen. Natürlich lasse ich mir nichts anmerken. Er begrüßt mich ebenfalls sehr charmant und lädt uns ein, Platz zu nehmen und ein Bier mit ihm zu trinken.

Sein Wohn- und Arbeitszimmer hat den Charme eines Mittelklassehotels. Kein Vergleich zur zirbelholzgetäfelten Kapitänskajüte meines Vaters vor dreißig Jahren. Hier sind Decken und Wände aus beige gesprenkeltem Kunststoff, der Boden ist mit senfgelbem Linoleum ausgelegt und die Möbel bestehen aus Hartfaserplatten, holzanmutend furniert. Eckbank und Sessel sind mit pflegeleichtem, dunkelrotem Stoff bezogen, auf dem goldfarbene Pünktchen glänzen. In den Ecken stehen zwei Zimmerpalmen mit kunstvoll ineinander geflochtenen Stämmen.

Der Kapitän ist Ägypter und spricht, wie die meisten Araber, ein hartes, teils etwas schwer verständliches Englisch. Als er uns erzählt, dass er – wie sein ukrainischer Offizier – bereits auf dem Sprung nach Hause ist und sein Nachfolger jeden Moment hier sein müsste, bin ich nicht wirklich traurig. Bei ihm ist wahrlich »keine Gefahr in Verzug«. Es bleibt spannend.

Komisch, dass ich immer noch die Bilder dieser Haudegen wie Curd Jürgens oder Hans Albers im Kopf habe, die früher in deutschen Filmen die Kapitäne gaben und eigentlich die Helden der Generation meiner Mutter waren. Omnipotente Vaterfiguren, die ziemlich unsensibel durch die Gegend polterten und ihre Kommandos bellten. Aber auch Hollywood-Kapitäne wie Gregory Peck in »Moby Dick« oder Marlon Brando in »Meuterei auf der Bounty« fügen sich perfekt in dieses Klischee. Der kleine Ägypter dagegen fällt ordentlich aus dem Rahmen.

Nachdem wir uns ausführlich zugeprostet haben, erzählt er uns, er habe seine Familie über ein halbes Jahr nicht gesehen und könne es kaum noch erwarten, nach Hause zu kommen. Auf Nachfrage erfahre ich, dass er seit 25 Jahren glücklich verheiratet ist. Na also, geht doch! Aber wahrscheinlich ist er damit eher die Ausnahme. Außerdem kommt er aus einer ganz anderen Kultur. Seine Frau sei ganz froh, dass er so viel unterwegs ist. Als wir ihn überrascht ansehen, fügt er beinahe prustend hinzu, dann müsse sie auf der Straße wenigstens nicht Tag für Tag drei Schritte hinter ihm laufen. Für einen kurzen Moment frage ich mich, ob sie in dieser Zeit überhaupt vor die Tür geht, ohne männliche Begleitung. Aber er ist schon beim nächsten Bonmot. Solange die Kasse stimme, sei bei seiner Frau sowieso nichts ein Problem. Tja, so einfach kann das Leben sein.

Wir sind bereits beim zweiten Bier, als endlich »unser Kapitän« auftaucht. Wieder kein Curd Jürgens, wieder kein Marlon Brando mit kantigem Gesicht und breiten Schultern! Eher schmal, schlaksig-jungenhaft, mit hellen, wachen Augen, in Jeans und blauem Wollpullover. Auf den ersten Blick halte ich ihn für höchstens Mitte dreißig und bin leicht irritiert, dass man einem so jungen

Typen das Kommando über ein so großes Schiff erteilt hat. Doch auf den zweiten Blick und bei hellerer Beleuchtung wird deutlich, dass er ungefähr mein Alter haben dürfte.

Diesmal läuft die Begrüßung ohne Handkuss ab, dafür aber nicht minder charmant. Auch er scheint kein Polterkapitän zu sein, im Gegenteil, er spricht so leise, dass ich mit meinem Stuhl näher heranrücken muss, um ihn überhaupt zu verstehen.

E., wie ich ihn hier nennen möchte, stammt aus Kroatien, genauer gesagt aus Rijeka, einer der größten Hafenstädte des Landes. Schon mit sechs Jahren habe er gewusst, dass er eines Tages Kapitän werden wolle. Und wie wir bald erfahren, hat er ganz klassisch bereits eine Scheidung hinter sich, danach allerdings nicht wieder geheiratet. Zu Zeiten meines Vaters wurden »verantwortungsvolle Posten« wie der eines Kapitäns nur an verheiratete Männer vergeben. Vielleicht mit ein Grund, warum mein Vater immer wieder von neuem dieses Wagnis eingegangen ist. Wenn heute der anderweitig verheiratete Bundespräsident mit seiner Lebensgefährtin durch die Weltgeschichte tingelt, stört das dagegen niemanden mehr.

Auf die humorvoll gemeinte Aufforderung des Ägypters, es vielleicht doch noch mal zu versuchen, reagiert E. verhalten. Seine Braut sei die See, und das würde ihm vollauf genügen. Und dann spricht er über seinen Beruf wie von einer Berufung, um nicht zu sagen, tatsächlich wie von einer großen Liebe: »Das Meer war schon immer alles für mich und die offene See lässt mein Herz schneller schlagen. Die Weite von Wasser und Himmel hat mich gelehrt, wie klein ich bin im Vergleich zur Unendlichkeit. Die Stille auf dem offenen Meer erlaubt mir, meine innere Stimme zu hören.«

Wow! Das waren beinahe schon spirituelle Aussagen. Ich bin angemessen beeindruckt. Ob die Kapitäne von heute alle so sind? Von meinem Vater jedenfalls kenne ich diese Form des Reflektierens nicht. Vielleicht hat er auch nur nie darüber gesprochen. Eine andere Generation, die überhaupt nicht viel über Emotionen gesprochen hat. Ich selbst kann mir gut vorstellen, dass man auf dem offenen Meer, fern vom Wahnsinn der Welt, besser mit seinem Geist und seiner Seele in Kontakt kommt. Wenn um einen herum nichts ist als Wasser und endlose Weite und man, verglichen mit diesen gewaltigen Dimensionen, wie in einer Nussschale über das Meer schippert, wird man auf ganz andere Weise auf sich selbst zurückgeworfen als an Land. Wer weiß, vielleicht gelingt mir diese Begegnung mit mir Selbst auch? Die Chance immerhin besteht. Wenngleich ich unsicher bin, ob ich mich darüber freuen oder Angst davor haben soll.

Inzwischen ist es spät geworden, meine Schwester hat schon zweimal gegähnt und ich würde auch gerne so langsam in meine Koje kriechen. Vorher bitte ich noch um den Wifi-Code, da das Datenpaket auf meinem Handy bereits aufgebraucht ist und ich gerne noch ein paar E-Mails an meine Lieben zu Hause schicken möchte. E.'s Antwort erwischt mich kalt: Es gibt kein Internet an Bord, und sobald wir auf See sind, auch keinen Handyempfang mehr. Via Satellit seien nur Business-Mails über die Reederei möglich.

Das konnte einfach nicht möglich sein! Wir befinden uns im Jahr 2014 und das Schiff ist so gut wie neu. Ich fühle mich wie amputiert. E. grinst mich spöttisch an, als wolle er mir sagen, dass ein bisschen Social-Media-Pause bestimmt nicht schaden könne. Sein Glück, dass er das nicht offen ausspricht. Ich weiß nicht, ob ich eine höfliche Erwiderung parat gehabt hätte. Ich hatte fest damit gerechnet, auf diese Weise mit meinem »normalen« Leben, meinen Freunden und meinen Geschäftspartnern in Verbindung bleiben zu können. Dass daraus nichts werden würde, muss ich erst einmal verdauen.

Zu Hause bestehen meine beiden ersten rituellen Handlungen jeden Morgen darin, fast gleichzeitig auf den Startknopf meiner Espressomaschine und den meines Computers zu drücken und dann beim ersten Schub Koffein meine E-Mails und die Tagespresse zu checken. Das würde jetzt definitiv ausfallen. Auch den Blog, den mir ein Freund noch schnell eingerichtet hat, kann ich nun nicht mit Beweisfotos und täglichen Berichten füllen. Andererseits hatte E. vielleicht Recht, was die Pause anging. Ich habe meist viel zu viel im Kopf, sause eher mit 24 Knoten über die Wellenberge und -täler des Lebens, anstatt mich von einem sanften Wind treiben zu lassen. Aber kann ein Medienjunkie wie ich das überhaupt aushalten, sechs Wochen nur Wasser und Himmel? Wird mein auf sekündlich neue Reize getuntes Gehirn damit überhaupt klarkommen? Vielleicht knallt es ja durch? Halluziniert? Oder dreht ganz eigene Filme, zusätzlich zu den vierzig, die ich mir noch schnell auf die Festplatte meines Laptops gezogen habe? Ich muss gut haushalten, die meisten sind ja nur eineinhalb Stunden lang. Mehr als ein Streifen am Tag zur Ablenkung ist da nicht drin. Bei geschätzten vier Stunden Vergangenheitsbewältigung mit meiner Schwester macht das fünfeinhalb Stunden. Dazu kommen vielleicht zwei Stunden Nahrungsaufnahme, das ergibt siebeneinhalb. Und wie bitte soll ich die restlichen sieben Stunden des Tages verbringen, bis ich ins Bett gehe?

Bloß keine Panik, beruhige ich mich. Sonst beschwere ich mich doch immer, dass die Tage viel zu kurz sind, dass dauernd jemand anruft, gefühlt zwanzig E-Mails auf einmal aufploppen oder mich jemand unangemeldet besucht. Ich habe sogar schon einmal ernsthaft überlegt, an der Zufahrt zu meinem Häuschen auf La Palma wahlweise eine rote oder grüne Flagge zu hissen um anzuzeigen, ob ich »empfangsbereit« bin oder nicht. Das alles wird hier an Bord nicht nötig sein. Keiner kann einfach mal vorbeikommen, keiner kann anrufen oder mich anskypen und den kreativen Fluss unterbrechen, sollte er mich erfreulicherweise mitgenommen haben. Was will ich eigentlich mehr? Ist schon komisch, dass man sich so oft nach Ruhe sehnt, und wenn sie dann möglich scheint, von Panik erfasst wird. Letzten Endes kann mir doch bei dem, was ich hier vorhabe, nichts Besseres passieren …

3

EINE NEUE WELT

Als ich vor dreißig Jahren mit meinem Vater auf große Fahrt ging, gab es noch kein Handy und kein Internet. Das Leben auf einem Frachtschiff war für mich Abenteuer pur. Mir kam nicht einmal der Gedanke, dass ich mich langweilen könnte. Wer über zehn Jahre nicht enden wollende Latein- und Mathestunden hinter sich gebracht hat, findet alles, was nicht damit zu tun hat, aufregend.

Nach drei Tagen Dauertropenregen und einer Woche Zement entladen bei 40 Grad Außentemperatur ging es endlich los. Von Belém den Amazonas hinauf Richtung Manaus, wo die *Hille* Holz laden sollte. Damals redete noch niemand von der Zerstörung der tropischen Wälder; eine solche Fracht gehörte zum Alltag.

Mein Vater und ich hatten ohnehin andere Dinge zu besprechen, neunzehn Jahre aufzuholen. Das war gar nicht so einfach, obwohl wir von Anfang an auf einer Wellenlinie schwammen, vor allem, was den Humor betraf. So richtig väterlich kam er mir allerdings nicht vor, eher wie ein Kumpel, den man lange nicht gesehen hat. Wir sind uns damals nur oberflächlich nähergekommen, zumindest von meiner Warte aus. Mein bisheriges Leben interessierte ihn eigentlich wenig, auch nicht, was ich in Zukunft so vorhatte. Es ging um den Augenblick und darum, dass ich ihn möglichst in einem guten Licht sah. Er wollte strahlen. Welcher Mann will das nicht.

Ich konnte auf dieser Reise nicht abschätzen, wie wichtig letztendlich diese Zeit mit ihm für meine weitere Entwicklung und vor allem für meine Selbsteinschätzung sein würde. Erst viel später habe ich bestimmte Eigenschaften, Gesten, Ausdrucksweisen und Reaktionen an mir entdeckt, die ich von ihm kannte. Zum Beispiel das Übertreiben und Aufblasen von Geschichten. Wer wochenlang nur Himmel und Meer sieht, freut sich über jedes noch so kleine Ereignis und schmückt es so lange aus, bis es abendfüllend ist. Oder eine gewisse Unruhe, das Gefühl, immer der Zeit hinterherrennen, alles im Eiltempo erledigen zu müssen. Für einen Seemann, der nur kurze Zeit an Land verbringt, nicht verwunderlich. Aber für mich? Dann die laute Stimme. Der Wunsch, gehört zu werden und zu meinen, dadurch alles unter Kontrolle zu haben. Wenigstens wusste ich nun, woher ich das hatte, obwohl ich nicht einmal mit ihm aufgewachsen war.

Schon merkwürdig, wie prägend selbst ein abwesender Vater sein kann. Das würde ich noch einmal in geballter Form an Bord der *May* erleben, in einer Situation, in der ich mich notgedrungen einer gewissen Selbstreflexion unterziehen musste. Die Ähnlichkeiten wurden während der Reise mit Petra immer klarer, und damit wuchs natürlich auch das Verständnis für die Eltern, das man als junger Mensch fast nie hat.

Rückblickend hatte er – und vor allem unsere gemeinsame Fahrt – auch einen starken Einfluss auf mein späteres berufliches Leben: Wir beide waren die einzigen Deutschen an Bord, neben 35 »wilden Kerlen« von den Philippinen, den Kapverdischen Inseln, aus Indonesien, Indien, der Türkei und vielen anderen Ländern.

Was mir zu Anfang noch fremd und sogar ein wenig beängstigend erschien, bekam schnell eine immer größere Faszination. Ich wollte, dass sie mir von ihrer Heimat erzählten, von ihren Familien, ihren Lebensumständen, ihrer Religion – einfach von allem. Schon damals begann ich kleine Geschichten zu schreiben. Über den Ersten Ingenieur, einen Sikh, der aus religiösen Gründen noch nie seine Haare geschnitten hatte und diese nach oben gebunden unter einem mächtigen Turban verbarg. Über Mehmed, den türkischen Funker, der, wenn er nicht gerade Dienst hatte, zum Sonnenuntergang seinen kleinen Gebetsteppich an Deck ausrollte, den Kompass zückte und gen Mekka betete – das natürlich stets in einer anderen Richtung lag. Der russische Smutje in der Kombüse dagegen glaubte an gar nichts außer an den Geist des Wodkas. Und der indianische Steuermann, bei dem ich manchmal halbe Nächte auf der Brücke verbrachte, erzählte mir unter dem funkelnden Sternenhimmel von Schamanen und der Welt der Tiergeister seines Stammes.

Diese Neugierde für andere Menschen und ihre Geschichten führte mich über Umwege zu dem Beruf, den ich bis heute mit großer Freude ausübe. Filme zu drehen oder Bücher zu schreiben über unterschiedliche Kulturen und ungewöhnliche Menschen. Vielleicht wäre ich diesen Weg auch gegangen, ohne diese Reise mit meinem Vater gemacht zu haben. Vielleicht aber auch nicht.

Verzögerungen

Bumm! Ich schrecke aus dem Schlaf auf und habe einen Moment lang völlig die Orientierung verloren. Ein Erdbeben? Alles in diesem seltsamen Zimmer erzitterte. Dann erinnere ich mich wieder: Ich bin an Bord der *May Oldendorff*, meine Schwester Petra begleitet mich, und ich will ein Buch über unseren Vater, seine Kinder und seine sechs Ehefrauen schreiben. Aber woher verdammt noch mal kommt dieser Lärm?

Bumm! Schon wieder. Und dann noch einmal. Ich hangele mich aus der Koje und tappe zum Fenster. Nicht weit von mir entfernt senkt sich eine riesige Baggerschaufel auf das dreihundert Meter lange Deck Richtung Ladeluke 1. Es folgt ein heftiger Aufschlag, der eine Vibration auslöst, die bis zu meiner »Edeletage« hinauf zu spüren ist. Dann öffnen sich quietschend die beiden Baggerschaufeln, tauchen in den schwarzen Eisenerzsand ein, greifen sich eine ordentliche Portion davon, schließen sich wieder und werden von einem Kran, der auf Schienen am Kai steht, hochgezogen. Anschließend entleeren sich die Schaufeln mit ordentlichem Getöse auf ein Förderband, welches das wertvolle Schüttgut weitertransportiert. Kein Erdbeben also, Hafenroutine.

Ich sehe der ganzen Prozedur noch ein paarmal zu und mache mich dann tagesfein. Mal sehen, ob Petra schon wach ist.

Der Flur vor meiner Kabine und der gesamte Boden des Treppenhauses sind mit braunem Packpapier ausgelegt. Ich kann mir schon denken, warum. Denn sobald man auch nur einen Schritt an Deck tut, bleibt das schwarze Zeug an den Sohlen kleben und man trägt es überall hin. Außer mit Wasserhochdruck oder eben Packpapier ist dagegen nicht anzukommen.

Petra erzählt mir, dass sie schon seit einer Stunde an ihrem Fenster hängt, in alte Erinnerungen versunken. Der Blick hinunter auf das Deck, das Hafengelände, die Kräne und die vorbeifahrenden Schiffe machten sie zutiefst glücklich. Sie ist nun einmal eine Hamburger Deern, Kapitänstochter noch dazu. Eine Handbreit Wasser unter dem Kiel sei für sie einfach das beste Lebensgefühl. Im Gegensatz zu mir ist sie als Kind so einige Seemeilen mit unserem Vater Richtung England und Skandinavien geschippert. Außerdem wuchs sie in St. Pauli auf und lebt bis heute in Hamburg. Eine echtes Hamburger Deern eben.

Als sie sich mir zuwendet, sehe ich Tränen in ihren Augen. Sie umarmt mich und gesteht mir, nicht mehr damit gerechnet zu haben, dass sich diese alte, längst für eingemottet gehaltene Sehnsucht nach einer längeren Seereise erfüllen würde. Zumal einer, die nicht auf einem Passagierschiff mit tausend und einem Rentnerpaar stattfindet, sondern auf einem Frachter mit ihrer kleinen Schwester im Schlepptau.

Ich bin gerührt. Da ich in München im Schatten der Alpen großgeworden bin, kann ich ihre Gefühle vielleicht nicht ganz nachvollziehen. Aber ich verstehe, dass auch für sie diese Reise etwas ganz besonderes ist. Sie schreibt zwar kein Buch, doch sie weiß, dass die Beschäftigung mit dem Leben unseres Vaters – und damit zwangsläufig mit ihrem eigenen – auch für sie eine Chance und Herausforderung sein kann.

Sie übergibt mir eine Mappe mit gesammelten Unterlagen unseres gemeinsamen Erzeugers, die sie netterweise für unser Vorhaben zusammengestellt hat: Zeugnisse der Seefahrtsschule, seine sämtlichen Scheidungsurkunden, gerichtliche Beschlüsse zu Unterhaltszahlungen und natürlich Fotos von sämtlichen Ehefrauen und Kindern. Gute Ankerpunkte, um sich in der Vergangenheit besser zurechtzufinden und sie chronologisch in den Griff zu bekommen.

Trotzdem haben wir beide gemischte Gefühle. Keine weiß so richtig, wohin das Ganze führen wird, ob wir die Faszination des Seemannslebens ergründen werden und unseren Vater nach so vielen Jahren wirklich besser verstehen lernen. Und damit vielleicht auch uns.

Heute ist allerdings noch Schontag. Wir haben gestern Abend erfahren, dass wir in den nächsten zwei Tagen auf keinen Fall mehr auslaufen werden, und beschließen, eine kleine Sightseeingtour durch Rotterdam zu machen. Der ägyptische Kapitän hat angeboten, uns auf dem Weg zum Flughafen in der Innenstadt abzusetzen. Zugegriffen, Geld gespart, wenigstens für die Hinfahrt. Für die Leute an Bord ist so ein Ausflug unerschwinglich. Henning hatte mir schon erzählt, dass die meisten ihr Geld lieber zusammenhalten. Statt sich mit »leichten Mädchen« eine schöne Nacht zu machen, sitzen sie lieber in ihren Kabinen und skypen mit der Familie zu Hause. Der Mythos vom lockeren Matrosenleben scheint sich ziemlich erledigt zu haben. Auch Petra hatte mir berichtet, dass nicht einmal auf St. Pauli so viel los ist wie früher. Der Niedergang hat bereits in den Sechzigerjahren begonnen, als die Matrosen ihre Heuer nicht mehr cash ausbezahlt bekamen, sondern das Geld auf die Konten der Familie oder Ehefrauen überwiesen wurde. Der kleine Vorschuss, den der Kapitän bar auszahlen durfte, reichte für große Eskapaden nicht aus. Hinzu kommt, dass die Häfen heute so hochtechnisiert sind, dass moderne *Transloader* in Bestzeit laden und löschen können. Liegezeiten von unter 24 Stunden sind inzwischen fast der Normalfall. Danach geht es umgehend wieder für viele Wochen raus aufs Meer.

Die Ausstellung im Rotterdamer *Maritiem Museum*, die wir uns ansehen wollen, scheint also eher nostalgischen Charakter zu haben. Sie trägt den Namen »Sex and the Sea« und handelt von des Seemanns angeblich liebster Beschäftigung an Land. Ich hatte davon im Internet gelesen und aus meiner Sicht war diese Ausstellung vor unserer »Revivalreise« ein absolutes Muss. So würden wir wenigstens aus berufenem Mund erfahren, wie es zu den Zeiten war, als unser Vater die Rotlichtviertel der Hafenstädte überall auf der Welt unsicher machte.

Rotterdam, wo er viele Male ein- und ausgelaufen ist, hätte er wahrscheinlich nicht wiedererkannt. Wegen der eindrucksvollen Wolkenkratzersilhouette, die hier in den letzten zwanzig Jahren entstanden ist, spricht man heute vom »Manhattan an der Maas«. Die Stadt zeigt sich architektonisch auf dem Höhepunkt der Zeit. Auch das *Maritiem Museum*, direkt an einem der vielen Kanäle gelegen, könnte ohne weiteres in New York stehen. Besagte Sonderausstellung findet im ersten Stock statt; ich bin etwas enttäuscht, dass nur ein einziger Raum dafür vorgesehen ist. Dort läuft in einer Rundumprojektion eine halbstündige Doku. Das Interesse für dieses Thema scheint nicht allzu groß zu sein, denn wir sind die einzigen Besucher. Kaum haben wir es uns in der Mitte des Raumes auf Polstern gemütlich gemacht, werden wir von links und rechts, von vorne und hinten mit Bildern und Sprüchen tatooübersäter Typen in Muscle-Shirts beballert:

- *Masturbieren hilft nicht. Selbst wenn du dir die Fingernägel rot lackierst und dir einredest, es ist eine Frau.*
- *Schon 24 Stunden bevor man in den Hafen einläuft, denkt man nur noch an Mädchen.*
- *Nach Wochen auf See muss man die wenigen Tage an Land auskosten bis zum Limit.*
- *An Bord ist an Bord – zu Hause ist zu Hause. Das sind zwei verschiedene Leben.*
- *Man kann solche Erfahrungen nicht an seinem Heimatort machen.*
- *Sex hat nichts mit Liebe zu tun.*
- *Auf Wiedersehen zu sagen ist mir noch nie schwer gefallen.*

Puh. Die Sätze prasseln stakkatoartig auf uns ein. Keine von uns kann sich alle merken, aber das alte Klischee wird hier jedenfalls sehr direkt bestätigt.

Plötzlich steigen vor meinem inneren Auge Szenen aus der Vergangenheit auf. Was für eine Aufregung, was für eine Spannung herrschte vor dreißig Jahren jedes Mal, kurz bevor wir in einen Hafen einliefen. Da wurden Klamotten gewaschen, da wurde stundenlang geduscht, rasiert und parfümiert, so dass es schon an Bord beinahe wie im Puff roch. Und ich weiß, wie es dort riecht, denn ich habe damals, während der Reise mit meinem Vater, zum ersten und einzigen Mal in meinem Leben ein Bordell besucht.

Pousada do Amor

Nach guten vier Wochen an Bord fühlte ich mich dort richtig zu Hause. Die Mannschaft liebte mich und ich sie. Als einziges weibliches Wesen von nicht einmal zwanzig Jahren genoss ich die volle Aufmerksamkeit. Auch wenn mein Vater mich immer wieder ermahnte, nicht zu enge Blusen und zu kurze Shorts zu tragen. Um mich vor begehrlichen Blicken zu schützen, ließ er sogar meinen Sonnenplatz auf dem oberen Deck mit Segeltuch abschotten. Man konnte ja nie wissen, wenngleich ich als Tochter des Kapitäns eigentlich tabu war. Mein Vater drohte einmal sogar im Spaß damit, denjenigen, der sich nicht daran halten sollte, Kiel holen zu lassen. Eine abschreckende Strafmaßnahme, die noch bis ins 19. Jahrhundert praktiziert wurde. Wer sich in irgendeiner Form dem Kapitän widersetzte, wurde an ein Seil gebunden, auf der einen Seite des Schiffes ins Wasser geworfen, unter dem Kiel durchgezogen und auf der anderen Seite wieder heraufgeholt. Meistens war das arme Schwein dann tot. Keine schöne Vorstellung!

Die Seeleute suchten auf eher harmlose Weise meine Gesellschaft. Egal ob ich an Deck beim Streichen half, in der Küche Kartoffeln schälte, oder einfach nur an der Reling stand und aufs Meer hinaussah – ich blieb nie lange allein. Mit dem Zweiten Offizier, einem Inder, der aussah wie der junge Omar Sharif, verband mich sogar ein schwärmerischer Flirt. Hatte er nachts Wachdienst, litt ich in schöner Regelmäßigkeit unter mysteriösen Schlafstörungen und pilgerte hinauf auf die Brücke. In langen gemeinsamen Nächten erklärte er mir den Sternenhimmel und brachte mir die Grundlagen des nautischen Navigierens mit dem Sextanten bei. Das war natürlich schrecklich romantisch, wenngleich es aus besagten Gründen nicht einmal zu einer flüchtigen Berührung zwischen uns kam.

Auch zu Wladimir, dem Koch, oder zu dem türkischen Funker, der immer brav meine wöchentlichen Telegramme an meinen Freund kabelte, entwickelten sich wunderbare und humorvolle Freundschaften. Das Maß der Aufmerksamkeit, die mir zuteil wurde, sank allerdings jäh, als wir uns dem Hafen von Santos näherten, um Kunstdünger zu laden. Es war, als wäre ich plötzlich für alle Luft, nicht mehr existent. Die meisten Gespräche drehten sich nur noch um Carmen, Esmeralda, Pilar oder Lucia, alles Mädchen, die sie von früheren Aufenthalten kannten und die sie nun wiedersehen würden.

Die Vorfreude schien nicht nur die Seeleute erfasst zu haben. Wir hatten kaum festgemacht, als ein ganzer Schwarm von giggelnden Brasilianerinnen in knappen Tops und engen Hotpants am Pier erschien, um die *Marineros* in Empfang zu nehmen. Ob dahinter nur reiner Sinn fürs Geschäft steckte oder vielleicht doch ein bisschen mehr, konnte ich leider nicht ausmachen. Jedenfalls war das Schiff innerhalb kürzester Zeit wie leergefegt; nur die Matrosen, die Wachdienst hatten, waren an Bord geblieben, außerdem mein Vater, der Erste Ingenieur und Omar Sharif. Er hatte in diesem Hafen offenbar keine »Braut«, was mich irgendwie beruhigte.

Allerdings nur für kurze Zeit, denn kaum war der ganze Papierkram mit den Hafenbehörden erledigt, machten sich auch die oberen Chargen landfein. Ich wollte auf keinen Fall alleine auf dem Schiff zurückbleiben und redete so lange auf meinen Vater ein, bis er schließlich nachgab. Natürlich ahnte ich, warum er mich nicht dabeihaben wollte … Das Taxi brachte uns tatsächlich direkt ins Rotlichtviertel, wo schon am frühen Abend der Teufel los war. Jetzt wurde mir doch ein bisschen mulmig. Die würden mich doch nicht hier ganz allein auf der Straße warten lassen, während sie vor dem Abendessen noch schnell eine Nummer schoben?

Der Wagen hielt vor einem rosafarbenen Haus im Zuckerbäcker-Kolonialstil. Über dem Eingang stand in roter Schrift *Pousada do Amor*. Das war eindeutig. Mein Vater forderte mich auf, ihm zu folgen. Mit gemischten Gefühlen tappte ich ihm und seinen Offizieren hinterher – alles war besser, als draußen zu warten.

Die drei von der *Hille* schienen in diesem Etablissement bestens bekannt zu sein. Eine ältere, etwas füllige Frau mittleren Alters, mit platinblond gefärbtem Haar, drückte meinen Vater freudestrahlend an ihren wogenden Busen. Nachdem sie erfahren hatte, wer ich war, reichte sie mir etwas irritiert die Hand, zog mich aber dann in eine gemütliche Wohnküche. Die Eckbank, das schwere Eichenbuffet im Stil Gelsenkirchener Barock – all das erinnerte mich an Deutschland. Sie muss meinen verwunderten Blick bemerkt haben, denn sie erzählte mir als nächstes, sie komme aus Mönchengladbach. Um den großen Tisch herum saßen mehrere Schönheiten, die frisch gebackenen Napfkuchen aßen. Man hätte glauben können, es handele sich um ein Mädchenpensionat, wären drei Mädels nicht sofort aufgesprungen und mit meinem Vater, dem Ersten Ingenieur und leider auch mit Omar Sharif im oberen Stockwerk verschwunden. Was hatte ich denn geglaubt? Dass der Inder es ausschwitzte?

Mir blieb nichts anderes übrig, als mich über ein Stück Napfkuchen herzumachen, das mir die Hausherrin lächelnd auf einem rosafarbenen Blümchenteller servierte. Eine extrem schlanke Brasilianerin in meinem Alter, die gut Englisch sprach, erklärte mir, wie wichtig die Seeleute für die jungen Frauen seien. Ohne ihr Geld könnten viele gar nicht überleben. Sie selbst unterstütze damit ihre ganze Familie. Die meisten Männer seien sogar auf gewisse Weise treu, indem sie immer wieder zu den gleichen Mädchen gingen. Und schließlich habe Sex ja auch nichts mit Liebe zu tun.

Na, wenn das so war, konnte ich ja beruhigt weiter für meinen Inder schwärmen. Also ließ ich mir den Kuchen schmecken und plauderte mit den verschiedenen Mädchen, die in der Küche vorbeischneiten. Und eigentlich fühlte ich mich in ihrer Gesellschaft recht wohl.

Als die drei Männer wieder nach unten kamen, ließ ich mir – ganz die erfahrene Kapitänstochter – nicht das Geringste anmerken.

Anschließend ging es zur Stärkung in eine *Churrascaria*. Auf meinen Wunsch hin leistete uns die schlanke Brasilianerin Gesellschaft. Sie sollte sich mal wieder so richtig satt essen. Denn trotz Napfkuchen und Blümchenteller war das Leben dieser Mädchen bestimmt kein Ponyhof.

Als Dankeschön wollte sie mir am nächsten Tag die Altstadt mit ihren prächtigen Kolonialbauten zeigen und die schönsten Strände von Santos. Fand ich super. Nach Wochen in ausschließlich männlicher Gesellschaft war so ein Mädelstag eine nette Abwechslung. Außerdem war ich gespannt darauf, was sie mir über ihren Job erzählen würde, der für mich damals exotisch und eklig zugleich war.

Der Abend hielt jedoch noch eine weitere Überraschung bereit: Wir gingen in eine Stripshow! Schon wieder ein absolutes »First«. Dort wurde wirklich alles geboten. Reichlich nackte Haut, von Tiefschwarz bis zu hellstem Weiß, vom normalen Akt bis zur Lesbennummer. Der Höhepunkt war jedoch ein Hermaphrodit, der sich später zu uns an den Tisch setzte, gut Englisch sprach und mich auf charmanteste Weise unterhielt.

Verständlich, dass ich nach all diesen Eindrücken diesmal tatsächlich keinen Schlaf fand, als wir um 4 Uhr morgens zurück an Bord kamen. In meinem kleinen braven Schülerinnenleben hatte es bisher nur einen Mann gegeben. Und das, was ich zuvor mit Klassenkameraden auf schummerigen Kellerpartys erlebt hatte, war über Küssen und vielleicht ein bisschen Fummeln nicht hinausgegangen. Das, was mir mein Vater an diesem Abend geboten hatte, war wahrscheinlich der schnellste Schnellkurs, den eine junge Frau zum Thema Sex absolvieren konnte. Ich war erst einmal bedient.

Dinner for »one more«

Als Petra und ich nach unserem erkenntnisreichen Museumsausflug zurück an Bord kommen, ist es bereits Zeit für das Abendessen in der Offiziersmesse, einem hellen Raum mit vier großen Fenstern. In einer Ecke steht ein Palmengewächs, wie ich es bereits in der Kapitänskajüte gesehen habe, in der anderen ein Wasserspender, der alle paar Minuten rülpsende Geräusche von sich gibt. Zwei runde Tische, deren leicht erhöhtes Mittelteil man drehen kann wie in einem China-Restaurant, sind bereits besetzt. Man mustert uns neugierig, und wir stellen uns noch einmal offiziell vor. Ich bin nicht ganz sicher, ob ich hier – wie in den meisten Kantinen üblich – ein kräftiges »Mahlzeit« herausschmettern soll, also lasse ich es lieber.

Der Steward, für einen Filipino ein recht großer und kräftiger Mann mit Namen Rommel – wie der berühmte Wüstenfuchs aus dem Afrikafeldzug –, führt uns zu unserem Tisch, an dem für fünf gedeckt ist. Er rückt erst Petra, dann mir den Stuhl zurecht und reicht uns anschließend sogar unsere Stoffservietten. Es hat sich offensichtlich nichts daran geändert, dass man als Frau an Bord noch immer mit besonderer Aufmerksamkeit bedacht wird. Dieser Steward war galanter und aufmerksamer als so mancher Kellner in Münchner Edelrestaurants.

Neben mir sitzt E., neben Petra der Erste Ingenieur. Der fünfte Platz am Tisch bleibt frei.

Die Suppe wird serviert. Außer einem aus tiefen Männerkehlen gemurmelten »good appetite« fällt kein Wort. Am Nebentisch, an dem die drei Offiziere sitzen, wird ebenfalls stumm gelöffelt. Oh je, das war ja wie in einem Schweigeorden. Durften sie nicht sprechen, wollten sie nicht, oder fühlten sie sich vielleicht durch unsere Gegenwart eingeschüchtert? Ich hatte einmal einen Freund, der schwieg bei Tisch – angeblich, um sich besser aufs Kauen konzentrieren zu können. Bestimmt einer der Gründe, warum wir keine lebenslange Beziehung eingingen. Aber die Jungs hier sahen mir nicht so aus, als hätten sie irgendwelche Konzentrationsschwierigkeiten.

Schließlich halte ich es nicht mehr aus und unterbreche die Stille. Da mir auf die Schnelle nichts Besseres einfällt, frage ich E., für wen da noch eingedeckt ist. Er antwortet mit einer Gegenfrage: »Wie viele Leute sind auf dem Schiff?«

Ich bin ein wenig irritiert, denn noch am Morgen hatten wir während der Erstbesichtigung unsere Plätze auf dem Musterdeck zugewiesen bekommen: Platz 23 und 24. Dort sollten wir im Notfall – ausgerüstet mit Rettungsoverall und Schwimmweste – Aufstellung nehmen.

»24«, antworte ich also. Er schüttelt den Kopf.

»Ich glaube, wir sind inzwischen 25. Ihr habt doch jemanden mitgebracht, oder?«, sagt er quer über sein sympathisches Lausbubengesicht grinsend.

Ich brauche einen Moment, bis der Groschen fällt. Er hatte doch tatsächlich für unseren Vater ein Gedeck auflegen lassen. Nicht zu fassen. Der Typ war wirklich mit einem besonderen Humor gesegnet. Und er wagt sich sogar noch einen Schritt weiter: »Ich bin sehr, sehr froh, einen so erfahrenen alten Kapitän an meiner Seite zu haben, denn mit den Stürmen, die uns in der Biskaya zwischen England und Frankreich erwarten, ist nicht zu spaßen.«

Petra wird umgehend blass. Denn obwohl sie eine ganze Apotheke mit Tabletten, Kügelchen und Tropfen gegen Seekrankheit eingepackt hat, wird ihr allein schon bei dem Gedanken an sechs bis sieben Meter hohe Wellen schlecht. Ich dagegen frage mich, ob E. uns nicht gerade ganz gewaltig auf den Arm nimmt. Er konnte doch nicht ernsthaft annehmen, der Geist des alten Aernecke säße mit hier am Tisch. Andererseits sollen Seeleute ja auch an den Klabautermann glauben …

Aus dem Gesichtsausdruck des Kapitäns lässt sich nichts weiter herauslesen. Er hat sich wieder seiner Suppe zugewandt, die er schweigend auslöffelt. Das war's dann wohl mit der Unterhaltung. Bis zum Nachtisch fällt tatsächlich kein Wort mehr. Danach hört man Stühlerücken, die Herren scheinen es eilig zu haben. Und nach ein paar Minuten sind alle verschwunden.

Petra und ich beschließen, in Zukunft unsere Essenszeiten etwas nach hinten zu schieben. 12 Uhr Mittag- und 18 Uhr Abendessen entspricht sowieso nicht ganz unseren Gewohnheiten. Für die schwer arbeitende Mannschaft, die normalerweise um sechs Uhr auf den Planken zu stehen hat, jedoch ein nachvollziehbarer Stundenplan.

Also statten wir dem Koch einen kleinen Besuch in seinem Reich ab, um unsere Wünsche kundzutun. Auf dem Weg dorthin fällt mir ein Spruch unseres Vaters ein: »Du musst immer einen guten Draht zum Küchenpersonal haben.« Mal sehen, ob uns das gelingt.

Muchta, ein kleiner, verschmitzt dreinblickender Indonesier mit nicht gerade optimaler Zahnversorgung, aber dafür einem umso strahlenderen Lächeln, schloss uns sofort ins Herz. Natürlich können wir später essen, gar kein Problem. Er weiß, wie wichtig es ist, den Menschen auf einem Frachter, wo wenig Abwechslung herrscht, kleine Wünsche zu erfüllen. Neben dem Kapitän ist er wahrscheinlich der zweitwichtigste Mann an Bord.

Von ihm hängt die Stimmung der Crew maßgeblich ab. Wenn es nicht schmeckt, kann das böse Auswirkungen haben. Die deutsche Bezeichnung *Smut* oder *Smutje* kommt übrigens von schmutzig. Denn früher waren Schiffsköche den ganzen Tag der Hitze, dem Dampf, Qualm und Ruß des Herdfeuers ausgeliefert. Muchta hat es da eindeutig besser. Er kocht auf einem Elektroherd inmitten einer großräumigen Küche aus glänzendem Edelstahl. Auf dem Schiff meines Vaters hatte es etwas anders ausgesehen. Wann immer man irgendetwas aus einem der schmuddeligen Schränke holte, stoben ganze Horden von Kakerlaken hektisch auseinander. Hier ist selbst in der Vorratskammer, in den Kühl- und Gefrierräumen, wo Gemüse, Fleisch und Fisch lagert, nicht ein einziges dieser Viecher zu entdecken.

Auch Muchta kann sich noch an jene dunklen Zeiten erinnern. Er macht den Job seit dreißig Jahren und wird wahrscheinlich erst aufhören, wenn er die Deckel nicht mehr von den Töpfen heben kann. Wir versprechen ihm, für sein Entgegenkommen demnächst zum Küchendienst anzutreten, obwohl uns beiden natürlich die Erfahrung fehlt, für eine so große Meute Männer zu kochen. Der kleine Koch grinst und meint, die große Meute sei das geringste Problem. Viel schwieriger sei, dass manche hier an Bord ganz schön heikel sind. Außerdem gebe es ja noch das Problem mit den unterschiedlichen Religionen. Das fette Stück Schweinebauch mit knuspriger Kruste, das schon für morgen Mittag in der Bratreine schmurgelt, ist natürlich nichts für die Brüder aus dem Orient. Für die köchelt daneben ein Eintopf aus Hühnerfleisch, Kartoffeln und Auberginen, der köstlich nach fremdländischen Gewürzen duftet. »Muslim-Curry«, sagt Muchta und reicht mir einen Löffel zum Probieren. Ich speie augenblicklich Feuer. »Superscharf, aber gut«, lobe ich ihn.

Als Petra ihm gesteht, dass sie weder das eine noch das andere Gericht essen könne, da sie Vegetarierin sei, runzelt er nur für einen kurzen Moment die Stirn. Dann lacht er wieder und verspricht, für sie »Oldendorff-Steaks« zu machen. So hießen hier an Bord Kartoffelpuffer, und die seien seine Spezialität. Er habe vor Urzeiten bei einem deutschen Koch gelernt und könne uns jedes heimische Gericht kochen. Ich bin etwas skeptisch und habe sofort dicke Mehlsaucen und verkochtes Gemüse vor Augen. Am besten, ich halte mich ans Muslim-Curry.

Am nächsten Morgen herrscht absolute Stille. Keine rumpelnden Baggerschaufeln, keine erdbebenartigen Erschütterungen in meiner Kabine. Ich weiß nicht, ob ich das beruhigend oder beunruhigend finden soll. Ein Blick aus dem Fenster zeigt mir, dass die meisten der Ladeluken noch voll sind, und ich habe erste Zweifel, ob wir tatsächlich morgen auslaufen werden.

Beim Frühstück sind wir diesmal allein – kein Wunder, es ist bereits zehn Uhr. Petra bestellt bei Rommel ihr geliebtes Porridge, ich ordere Eier mit Speck und frisch gepressten Orangensaft. Der Steward erzählt uns, dass einer der beiden Kräne kaputt sei und der zweite nun, statt unserem, ein anderes Schiff entlädt. Da kann man nichts machen.

Wir beschließen, nach der ausgiebigen Stärkung einen kleinen Spaziergang durch das Hafenareal zu unternehmen. Denn schon bald würde unser Bewegungsradius empfindlich eingeschränkt sein. Draußen ist es klirrend kalt, allerdings bei strahlend blauem Himmel und Sonnenschein. Die Luft riecht nach Salz und Diesel.

Vor uns »parkt« die Berge Stahl, ein »Bulk Carrier« wie die *May*. Nur noch größer.

Wir spazieren zwischen hohen Schüttgutbergen aus Eisenerz, Aluminium und Kupfer herum; sie haben unterschiedliche Farben von Schiefergrau bis Bräunlich-Orange. Abnehmer sind die großen Konzerne in den führenden europäischen Industriezentren. Auch »unsere« Ladung wird auf sogenannten Schuten erst durch den Kanal und dann weiter auf dem Rhein direkt ins Ruhrgebiet zu ThyssenKrupp transportiert.

Zum ersten Mal mache ich mir Gedanken, was alles aus Eisen ist, wo es herkommt, wie es transportiert (das weiß ich ja jetzt) und verhüttet wird und wo es überall drinsteckt. Da ist sie wieder; diese Gleichgültigkeit gegenüber so vielem, wovon wir umgeben sind. Wir nehmen alles als selbstverständlich und verschwenden nicht einen Gedanken daran, woraus etwas gemacht ist und wie viele Menschen dafür hart und für wenig Geld gearbeitet haben.

Petra erinnert sich an einen Satz unseres Vaters: »Wenn du aufstehst, sind bereits 50 Prozent der schweren Arbeit auf der Welt erledigt – und du hast nichts davon mitbekommen.« Wie recht er damit hatte.

Inmitten all der Hafenarbeiter fühle ich mich nicht nur wegen meines »vergeistigten« Berufs wie ein Fremdkörper. Immer wieder werden wir aufgehalten, müssen uns erklären. Klar, dass zwei Frauen allein hier Misstrauen auslösen. Noch dazu ohne Sicherheitshelm, ein eklatanter Verstoß gegen die Vorschriften. Nach dem dritten Rüffel trollen wir uns zurück aufs Schiff.

An Deck treffen wir nur einen Wachmann, sonst ist niemand zu sehen. Er erklärt uns, der Rest der Mannschaft sei einkaufen, zollfrei, unten in der Mannschaftsmesse. Als leidenschaftliche Shopperin muss ich da natürlich sofort hin.

Ein glatzköpfiger Händler, der mit seinen muskulösen, tätowierten Oberarmen aussieht wie Popeye der Seemann, allerdings ohne Spinatpackungen, tippt die Bestellungen in seinen Computer. Mit Hilfe von unzähligen Katalogen können die Matrosen hier ganz bequem »Homeshopping« machen. Von Uhren über elektronische Geräte bis hin zu Toilettenartikeln. Popeye liefert alles, was das Herz begehrt, frei Haus – und zwar noch am selben Tag. Ich bestelle mir ein paar Lautsprecher zum Supersparpreis für meinen Computer, denn der quäkende Original-Sound macht auf Dauer keinen Spaß. Am Ende der Reise würde sich bestimmt ein dankbarer Abnehmer dafür finden. Wie ich ordne die meisten irgendwelche Zusatzteile für ihre Handys oder Computer. Vernetztsein ist heute alles, zumindest solange man sich noch im Hafen und damit in der Nähe eines Sendemasts befindet.

Ich nutze die Gelegenheit ebenfalls und fordere bei o2 ein paar zusätzliche MBs an, um meine E-Mails herunterzuladen. Tatsächlich hat sich so einiges angehäuft. Sogar der Reeder hat geschrieben, was mich besonders freut.

Liebe Susanne,
ich wünsche dir eine gute und kreative Überfahrt.
Hoffe, es läuft alles gut und du wirst in den
Schreibrhythmus kommen, den du brauchst. Wenn nicht,
schalte einfach ab und genieße die Tranquility ...
Gruß, Henning

Erstaunlich, ausgerechnet er schreibt von Abschalten und Ruhe. Mir scheint er eher der Typ zu sein, der aus einem 24-Stunden-Tag einen 48-, wenn nicht gar einen 72-Stunden-Tag macht. Geht wahrscheinlich auch nicht anders, wenn man so viel um die Ohren hat wie er. Mit Chartern, Kaufen und Wiederverkaufen. Wie ich vom Ersten Ingenieur erfahren habe, soll er gerade fünf weitere XXL-Schiffe in China bestellt haben. Noch größer als die *May* sollen diese Monster sein und, ausgestattet mit zusätzlichen Ladeluken, bis zu 250.000 Tonnen transportieren können. Reedereien mit kleineren Schiffen können da nicht mehr mithalten. Aber das ist ja in fast allen Bereichen so, dass die Großen die Kleinen plattmachen. Ich bin gespannt, wie lange dieses »immer größer, immer mehr« noch weitergeht. Es wäre nicht die erste Blase, die platzt ...

Beim Scrollen entdecke ich weitere Nachrichten:

Liebe Susanne,
jetzt geht es also los, und da wollte ich Dir gerne noch per-
sönlich eine gute Reise wünschen. Viele schöne Eindrücke,
Erinnerungen und Inspirationen. Zeit, die Seele baumeln
zu lassen, heilsame Begegnungen und vieles mehr.
Lass es Dir gut gehen, genieße die Überfahrt und komm
gesund und munter zurück. Ich freue mich auf ein
Lebenszeichen.
Herzlichst,
Beate

Liebe Susanne,
jeder Mensch sollte seine Wurzeln kennen, denn was im
Verborgenen bleibt, lässt sich nicht auflösen und in das ei-
gene Lebensbild integrieren. Die Rückschau auf Deine
Vergangenheit, bei der Deine Schwester Dir sicher eine gro-
ße Hilfe sein wird, lässt bestimmt vieles, an das Du Dich
nicht mehr erinnerst, wieder lebendig werden.
Ich wünsche Euch eine erkenntnisreiche und die Seele
bereichernde Reise.
Dein Freund Michael

Liebe Barbara, liebe Petra,
eine gute Fahrt auf den Spuren unseres Vaters. Ich bin froh,
dass ihr das macht, denn ich komme ja hier nicht weg.
Außerdem wäre es mir wahrscheinlich viel zu langweilig …
Kommt mir bloß heil wieder!
Eure Schwester Tina

Liebe Susanne,
Ich freue mich riesig für Dich, für Deine Reise und Dein
Abenteuer. Eine Heilung der Wurzeln und eine Ent-

deckung der neuen Susanne wünsche ich Dir. Ich vermisse
Dich schon jetzt. Folge Dir telepathisch und per Internet.

Deine Freundin Ilse

Per Internet geht ja nun leider nicht, es wird telepathisch gehen müssen ... Der Zuspruch von Menschen, die verstehen, was ich vorhabe, tut mir gut und gibt mir das Gefühl, auf dem richtigen Weg zu sein.

Es ist an der Zeit, die ersten Schritte auf diesem Weg zu tun, auch wenn wir nach wie vor im Hafen liegen. Petra scheint das ähnlich zu sehen. Sie hat es sich auf meinem Bett gemütlich gemacht und ist bereit, gemeinsam mit mir in Gedanken abzulegen und so langsam in Richtung Vergangenheit zu segeln.

4

DIE ERSTE FRAU

Die erste Station auf unserer Zeitreise führt uns ins Jahr 1914. In jenem Jahr wurde unser Vater in Ottersleben geboren, einem Ort, der sehr viel später – zu DDR-Zeiten – den Titel »größtes Dorf« im Arbeiter- und Bauernstaat trug. Heute ist Ottersleben ein Teil von Magdeburg. Als ich seine Geburtsurkunde studiere, wird mir klar, dass wir uns auf einer Art Jubiläumsfahrt befinden. Zwischen seiner Geburt und unserer Reise liegen exakt hundert Jahre. Was für ein Zufall! Geplant war das jedenfalls nicht.

Sein Vater war Metzger, die Mutter Hausfrau. Beide starben schon kurz nach seiner Geburt. Er bei einem Arbeitsunfall, sie nahm sich vor lauter Gram darüber das Leben. Die drei Kinder des Ehepaares wuchsen getrennt voneinander bei der Verwandtschaft auf. Während seine beiden Schwestern es weniger gut getroffen hatten, verlebte unser Vater eine relativ glückliche Kindheit bei den Großeltern. Die wohnten in Magdeburg in einem Haus direkt an der Elbe. Wir stellen uns vor, dass er bestimmt schon als kleiner Junge den Schuten und Kümos (kleinen motorisierten Frachtern) nachgesehen hat, die verschiedenste Güter vom Hamburger Hafen flussaufwärts ins Hinterland oder in die Gegenrichtung zur Nordsee transportierten. Ähnlich wie bei E. könnte auch in ihm schon damals die Sehnsucht erwacht sein, eines Tages auf dem Wasserweg hinaus in die Freiheit zu ziehen.

Mit 16 Jahren steckte man ihn aber erst einmal in eine Schreinerlehre, was ihm gar nicht gefiel. Er haute von zu Hause ab, um als Schiffsjunge auf irgendeinem Kahn anzuheuern. Viele junge Männer verdingten sich damals auf kleinen Transportschiffen als Decks- oder Bootsleute und schrubbten sich mit der Pütz (einem Eimer mit Seil am Henkel, mit der Seewasser zum Putzen hochgeholt werden kann) auf Deck die Finger wund. Doch da unser Vater noch zu jung war, wurde er rasch der Polizei übergeben und wieder bei den Großeltern abgeliefert.

Mehr schlecht als recht beendete er 1933, im Jahr der Machtübernahme durch die Nationalsozialisten, seine Lehre. Ausüben wollte er den Beruf nicht, die Sehnsucht nach dem Meer und der weiten Welt hatte sich nicht gelegt, im Gegenteil. Schließlich hatte sein Großvater ein Einsehen, begleitete ihn persönlich zum Hafen und half ihm dabei, auf einem kleinen Binnenfrachter Arbeit zu finden. Das Seemannsglück in friedlichen Zeiten war allerdings nur von kurzer Dauer. Schon 1934 wurde er zur Kriegsmarine eingezogen, wo er in Stralsund seine Grundausbildung durchlief.

Wir kramen ein Bild aus Petras Mappe hervor, auf dem er mit 14 anderen Kadetten im typischen Matrosenanzug mit dem überlappenden Kragen und den drei weißen Streifen am Rand zu sehen ist. Es wirkt wie ein Klassenfoto. Irgendwo habe ich einmal gelesen, dass diese Kragen ein Überbleibsel jener Zeit sind, als die Männer noch lange Haare trugen, die sie zu einem Zopf zusammenfassten. Auf See waren die hygienischen Bedingungen nicht die allerbesten, und so hatte man die abnehmbaren Kragen erfunden, die einfacher zu waschen waren, als das ganze Oberteil. Im 20. Jahrhundert wäre das natürlich nicht mehr nötig gewesen – die Jungs auf dem Foto hatten allesamt rappelkurz geschorenes Haar.

Auf dem Zierband der weißen Matrosenmütze steht etwas, das wir mit bloßem Auge nicht entziffern können. Auch mit Brille nicht. Für meine Schwester Petra einmal mehr ein echter »Seniorenmoment«. Entnervt eilt sie hinunter zu ihrer Kabine, um eine Lupe zu holen. Damit klappt es: »Marineoffizier der Seefahrt« ist mit goldfarbenem Garn auf das Band gestickt. Darüber prangt der Adler mit dem Hakenkreuz.

Ich habe plötzlich das Gefühl, auf eine sehr direkte Weise in die deutsche Geschichte einzutauchen. Auch wenn es nur ein altes Foto ist: Die Tatsache, dass mein Vater darauf zu sehen ist, geht mir nahe. Ich stamme aus einer Generation, in der im Geschichtsunterricht das Dritte Reich nicht unbedingt totgeschwiegen, aber auch nicht übermäßig ausgebreitet wurde. Ich erinnere mich an Filme wie »Das Boot«, »Panzerschiff Graf Spee« oder die »Die Männer der Emden«. Und an Dokumentationen über das Schlachtschiff *Bismarck* und die *Wilhelm Gustloff*, den einstigen Traumkreuzer der Nationalsozialisten. Seine Versenkung im Januar 1945 durch die Russen riss über 9000 Flüchtlinge in den Tod. Mein Wissen über die damaligen Ereignisse war jedoch bislang eher abstrakt gewesen. Durch das Foto bekam es einen anderen Bezug. Was er und seine Kameraden alles erlebt haben mochten?

Während eines Heimaturlaubs lernte er auf der Zugfahrt nach Hause Irmgard, seine erste Frau, kennen. Er war 25, sie 18. Die beiden verliebten sich, und sie wurde prompt schwanger. Als Ehrenmann heiratete er die junge Frau 1940 auf dem Standesamt III in Wesermünde und kehrte sofort danach zurück in den Krieg. Er war weder bei der Geburt seines ersten Sohnes, Peter, dabei, noch als dieser seine ersten Worte sprach oder die ersten Schritte tat.

Nicht Familienglück, sondern die Wucht des Krieges prägte ihn. Bei einem U-Boot-Einsatz in der Ostsee erlebte er etwas, das ihn nie wieder losgelassen hat. Es ist eine der wenigen Geschichten, die er allen seinen Kindern erzählte, und zwar nicht nur einmal: Der Kapitän des U-Bootes, auf dem er Dienst tat, hatte nach schwerem Beschuss durch Wasserbomben die Entscheidung getroffen, das Boot »absacken« zu lassen. Über eine Woche harrten die Männer auf dem Meeresgrund aus. Niemand an Bord wusste, ob das Auftauchen gelingen würde. Für die Mannschaft muss es sich angefühlt haben, als seien sie lebendig begraben. Zu völliger Bewegungslosigkeit verdammt, eingesperrt in einem Sarg aus Stahl auf den Tod zu warten, muss die Hölle sein. Doch Männer – insbesondere Soldaten – durften damals ja keine Angst zeigen. Die starben als Helden fürs Vaterland, die drehten nicht durch, schrien nicht herum oder heulten nach Mama.

Sich in solchen Situationen diszipliniert zu verhalten, muss sehr viel Kraft kosten. Mit dem Erlebten auf Dauer umzugehen, noch viel mehr. Eine ganze Generation von Vätern, Ehemännern und Söhnen kehrte traumatisiert aus dem Krieg zurück. Geredet haben die wenigsten darüber. Wozu auch? Es musste weitergehen, das Land aufgebaut werden. Die Folgen des Erlebten beziehungsweise dessen weitgehende Verdrängung äußerten sich bei vielen Männern später in irgendeiner Störung.

Bei meinem Vater war es nicht anders. Er hat bestimmt wenig reflektiert und außer über die heldenhaften und abenteuerlichen Aspekte seiner Einsätze nie mehr etwas verlauten lassen. Er lebte im Hier und Jetzt. Sicher haben bestimmte Kriegserfahrungen Narben auf seiner Seele hinterlassen, an denen er nicht mehr kratzen wollte. Und sicher haben diese Erlebnisse mit seiner Ruhelosigkeit, seiner Getriebenheit und seiner Bindungsunfähigkeit zu tun. Mit seinen vielen Ehen, in denen er Ruhe und Geborgenheit suchte, sie aber nicht fand. Mit seiner Furcht vor dem Alleinsein, seinem Hang zu Ablenkung, um ja nicht ins Grübeln zu kommen.

Feuersturm

Nachdem das U-Boot glücklicherweise wieder aufgetaucht war und er für kurze Zeit nach Hause durfte, ereilte ihn gleich der nächste Schock. Hamburg lag in Trümmern und sein inzwischen dreijähriger Sohn Peter, den er nur zweimal gesehen hatte, war bei einem der letzten Bombenangriffe ums Leben gekommen. Und mit ihm die gesamte Familie seiner Frau. Der sogenannte Hamburger Feuersturm vom 25. Juli bis 3. August 1943 war das bis dahin schwerste Flächenbombardement durch die Alliierten. Für viele Deutsche hatte der Krieg lange Zeit »nur« an der Front stattgefunden. Die »Operation Gomorrha« war der Auftakt zu großflächigen Luftangriffen auf Städte wie Dresden, Berlin und München. Luftminen, Spreng- und Phosphorbomben lösten ein Inferno aus. Menschen sprangen wie lebende Fackeln in die Elbe – und wenn sie herauskamen, brannten sie noch immer.

Petra weiß noch, dass ihre Großmutter immer von Christbäumen am Himmel erzählt hatte. Magnesiumfackeln, die abgeworfen wurden, um das Areal zu markieren, das bombardiert werden sollte. Es gab damals eine makabre Redewendung: »Die Engländer liefern die Christbäume, die Amerikaner die Kugeln, Goebbels die Märchen und im Keller gibt es die Bescherung.«

Wenn ich von solchem Kriegsgräuel höre, danke ich Gott für die Gnade meiner späten Geburt. Auf der anderen Seite ist es gut, dass solche schrecklichen Erinnerungen lebendig bleiben; nur dann besteht die Chance, dass sich so etwas nicht wiederholt.

Zur Massentrauerfeier im Hamburger Dom kamen hunderte Menschen, die ihre Angehörigen verloren hatten. Unser Vater war auch dort. Der Pfarrer verlas die Namen der Toten. Als er verkündete, es sei Gottes Wille gewesen, dass der kleine Peter so früh sein Leben ausgehaucht habe, platzte unserem Vater der Kragen. Er stand auf, ging nach vorne und rief mit polternder Stimme durch den ganzen Dom: »Mit welchem Recht können Sie so etwas sagen? Da draußen ist Krieg, und die Alliierten bomben uns in Grund und Boden. Und wir haben damit angefangen. Deshalb ist mein Sohn tot und aus keinem anderen Grund.«

Hut ab!

Uns kommt in den Sinn, dass Petra ihren Namen möglicherweise im Angedenken an den toten Halbbruder trägt. Eine Vorstellung, die uns trifft. Denn auch wenn sein Leben schon zu Ende war, bevor unseres überhaupt begann, gehört er trotzdem zu uns, ist der kleine Peter ein Aernecke.

Obwohl der Glaube an den »Endsieg« längst erschüttert war, ging der Krieg, das Sterben weiter. Unser Vater musste noch einmal zurück an die Front. Erst Wochen nach dem offiziellen Sieg der Alliierten kehrte er nach Hamburg zurück – zu Fuß und ganz allein auf sich gestellt.

Die Stadt war inzwischen hermetisch abgeriegelt. Da kam keiner rein noch raus. Überall weiß behelmte Militärpolizei. Nur unter größten Schwierigkeiten konnte er sich zu seiner Heimatadresse durchschlagen. Dort erwartete ihn die nächste Überraschung. Er fand seine Frau Irmgard mit einem schwarzen Besatzungssoldaten »kollaborierend« im Bett vor. So jedenfalls hatte er es immer erzählt.

Seemannsgarn! Dank Petras Mappe wissen wir es besser. Wir kramen das Scheidungsurteil vom September 1946 hervor. Irmgard hatte ausgesagt, dass er unmittelbar nach seiner Rückkehr eine »ehewidrige Beziehung« zu einer Bardame auf St. Pauli eingegangen sei.

Petra liest die Stellungnahme des Gerichts vor: »Der Beklagte bekundet glaubwürdig dass er seit 1½ Jahren ein Liebesverhältnis zwar nicht zu einer Bardame, sondern zu der Kassiererin einer Bar unterhält. Den Namen dieser Frau will er jedoch nicht nennen. Es ist zum Austausch von Küssen und sonstigen Zärtlichkeiten gekommen. Der Beklagte hat vor der Klägerin ein Geständnis abgelegt, nachdem sie Verdacht geschöpft hatte. Beide sind dann darüber einig geworden, dass ein weiteres Zusammenleben nicht mehr in Frage käme. Der letzte eheliche Verkehr der Parteien fand im Mai 1946 statt. Seit Ende Juli leben sie getrennt. Es besteht kein Zweifel, dass der Beklagte durch sein Verhalten die Ehe der beiden hoffnungslos zerrüttet hat. Der Schuldausspruch folgt aus § 52 Ehegesetz.«

5

DIE ZWEITE FRAU

Jene mysteriöse Dame, deren Namen unser Vater nicht hatte nennen wollen, hieß Gertrud, war 28 Jahre alt und wurde später Petras Mutter. Die beiden lernten sich in der »Ritze« kennen, einer Hafenkneipe direkt an der Großen Freiheit.

Die »Ritze« gibt es noch heute. Allerdings schlüpfen inzwischen keine Seemänner mehr zwischen den gespreizten Beinen über dem Eingang hindurch, sondern hauptsächlich Manager und Geschäftsleute, die in der hip gewordenen Bar gepflegt ihr Feierabendbierchen trinken wollen.

Als Gertrud, die eigentlich Hutmacherin war, sich dort nach dem Krieg als Kassiererin ein Zubrot verdiente, herrschte eine andere Stimmung. Nach dem Motto »Hurra, wir leben noch« wurde jeden Abend bis in die Puppen gefeiert. Alkohol und Zigaretten gab es auf dem Schwarzmarkt und »willige Mädchen« überall.

Gertrud wurde rasch schwanger, was in ihrem Job, in dem sie gut verdiente, ein ziemliches Desaster war. Da Abtreibung nicht in Frage kam und ein uneheliches Kind eine Schande war, blieb unserem Vater nichts anderes übrig, als erneut den Bund der Ehe einzugehen. Mit großer Liebe und gemeinsamen Zukunftsplänen hatte das wahrscheinlich wenig zu tun.

Wie schon ihre Vorgängerin Irmgard war Gertrud im fünften Monat schwanger, als unser Vater sie im März 1947 auf dem Standesamt in Hamburg-Harburg heiratete. Hinter den frisch Vermählten lag der schlimmste Hungerwinter nach dem Krieg. Sie mieteten eine kleine Wohnung in Almsbüttel und schlugen sich so gut es ging durch die Schwarzmarktzeit. Gertruds Eltern, deren Wohnung ausgebombt worden war, lebten in ihrem Schrebergarten-Häuschen auf dem Land und unterstützen das junge Paar nach Kräften. Dort gab es Beete mit Gemüse, Hühner, Kaninchen und einen kleinen Teich mit fetten Forellen.

Unser Vater konnte dem Landleben kaum etwas abgewinnen, aber er nutzte den Kriechboden über dem Hühnerstall, wo das Futter gelagert wurde, als Schwarzmarktdepot. Wie auch immer er es gedeichselt haben mochte, er schleppte regelmäßig Taschen voll mit Schnaps und Zigaretten, Damenstrümpfen und sogar Schweizer Uhren in den Stall. Begehrte Tauschwaren, um an Brot, Käse und Wurst zu kommen. Wäre er auf der Straße bei seinen Deals geschnappt worden, hätte die Militärpolizei als Erstes seine Wohnung durchsucht. Das Versteck bei Gertruds Eltern war dagegen verhältnismäßig sicher.

Die Geburt seiner Tochter Petra am 1. Juni 1947 schien ihn nicht besonders berührt zu haben. Gertrud erzählte ihr später, er habe nicht einmal in den Kinderwagen gesehen, als sie aus dem Krankenhaus kam. So, als wolle er es gar nicht wahrhaben, erneut Vater geworden zu sein, erneut die Verantwortung für eine Familie tragen zu müssen. Vielleicht war auch die Trauer um sein erstes Kind noch nicht überwunden, der Anblick seines zweiten eine zu schmerzliche Erinnerung?

Einen guten Vater und Ehemann gab er jedenfalls nicht ab. Nachts trieb er sich in Kneipen herum, tagsüber machte er seine Geschäfte. Einmal wollte er, wie man damals sagte, »schnell Fleisch besorgen« – und kam zwei Monate lang nicht wieder nach Hause. Gertrud hatte nicht die geringste Ahnung, wo er abgeblieben war, bis ein Anruf aus Flensburg kam: Sie könne ihren Mann im dortigen Gefängnis abholen. Er war mit einem ganzen Koffer voller Schwarzmarktwaren an der holländischen Grenze erwischt und eingesperrt worden. Ein andermal traf Gertrud ihn völlig betrunken auf der Straße. Er fragte sie nach seiner Adresse, ohne die eigene Ehefrau erkannt zu haben.

Wahrscheinlich konnte er dem inneren und äußeren Druck nur mit Alkohol standhalten: die Angst, erneut erwischt zu werden, seiner Unfähigkeit, ein treusorgender Vater und Ehemann zu sein. Vielleicht wollte er so die Dämonen der Vergangenheit betäuben. Nebenbei hatte er natürlich immer wieder Frauengeschichten, die perfekte Ablenkung von sich selbst und dem Aufbau seines Selbstwertgefühls sicher förderlich. Nach anderthalb Jahren war Schicht im Schacht. Gertrud hatte genug von seinen leeren Versprechungen, sich zu ändern, und es kam zur zweiten Scheidung.

Petras Mutter hat – genauso wie später meine – nie über das Scheitern ihrer Ehe mit unserem Vater gesprochen. Selbst Jahre nach der Trennung verfiel sie immer in eine gewisse Sprachlosigkeit, sobald das Thema aufkam, und wurde sogar richtig ärgerlich. Vielleicht weil es noch wehtat oder weil sie hätte zugeben müssen, dass auch sie Fehler gemacht hatte. Hinzu kam, dass es in jenen Zeiten mit einem dicken Makel behaftet war, geschieden zu sein und dann auch noch ein Kind alleine durchzubringen. Das war etwas, worüber man nicht redete, sondern besser den Mantel des Schweigens breitete. Unsere Mütter dürften nicht die einzigen Frauen dieser Generation sein, die Ähnliches erlebt und auf ähnliche Weise die Schotten dichtgemacht haben.

Schlüssel zum Ich

Jetzt hängen wir schon fast eine Woche hier im Hafen herum und »liegen fest wie Elbe 1« (ein Feuerschiff in der Elbmündung, das die Aufgaben eines Leuchtturms übernimmt). Das pflegte unser Vater immer zu sagen, wenn nichts mehr ging. So langsam kann ich verstehen, was er meinte.

Inzwischen kennen wir hier jedes Erzbröckchen. Überall auf dem Schiff liegt schwarzroter Eisenstaub. Man könnte fast glauben, wir hätten selbst schon Rost angesetzt. Auf alle Fälle haben wir bereits eine Art »Wildgeruch« angenommen. Denn im Hafen lässt sich wegen des schmutzigen Wassers im Becken die Entsalzungsanlage nicht nutzen. Die Frischwassertanks sind fast leer, und aus den Duschen kommt nur noch spärlich Wasser.

Rommel gibt uns beim Frühstück den aktuellen Ladekran-Report. Der eine hatte ja bereits seinen Geist aufgegeben, der andere sei mittlerweile so angeschlagen, dass er nach jeder Stunde eine Stunde Pause brauchte, um wieder abzukühlen. Genau das scheint gerade der Fall zu sein. Von einem Moment auf den anderen ist es wieder beunruhigend still. Nur der Wasserspender gibt noch Geräusche von sich.

Den Ersten Ingenieur, der sich gerade entspannt einen Becher Kaffee aus der Maschine lässt, scheint das wenig zu kratzen. Für ihn bedeutet Hafen so etwas wie Urlaub. Natürlich nicht ganz, aber immerhin muss sein 6-Zylinder-Baby unten im Bauch des Schiffes außer für die tägliche Stromerzeugung nicht arbeiten – und er damit auch nicht. Petra, wie immer das »Geriatrie-Thema« im Kopf, will wissen, ob das Baujahr der Kräne über oder unter ihrem eigenen liegt. Hoffte sie etwa auf ein Kompliment am Morgen? Der Ingenieur – ganz Gentleman – antwortet, er habe leider keine Ahnung. Ich dagegen kann mir eine Spitze nicht verkneifen: »Der Kran ist aber ganz bestimmt schwerer als du«, womit ich mir einen ordentlichen schwesterlichen Klaps einhandle.

Was sich liebt, das neckt sich, und wer das nicht aushalten kann, liebt sich auch nicht. Die erste Woche haben wir beide jedenfalls ohne größere Meinungsverschiedenheiten überstanden.

Liegt es daran, dass ich hier »zahmer« bin als an Land? Das gleichförmige Leben an Bord scheint mir gutzutun. Ich bin erstaunlicherweise nicht im geringsten davon genervt, dass der ursprüngliche Zeitplan nicht eingehalten wird. Im Gegenteil. Das Leben hat die Planung übernommen – und ich lerne loszulassen. Eine ganz neue Erfahrung. Wie oft werde ich durch straffes Zeitmanagement und die täglich abzuarbeitenden »To-do-Listen« fremdbestimmt! Oft hechle ich geradezu durch eine Woche, um alles zu schaffen, was ich mir vorgenommen habe. Ist das Soll dann erfüllt und ich könnte eigentlich mal für eine Weile durchatmen, hänge ich mir gleich etwas Neues um den Hals. Vielen meiner Freunde geht es ähnlich. Sind wir in unserer Gesellschaft also zur Kurzatmigkeit verdammt? Oder haben wir Angst vor dem Durchatmen, vor einem Moment des Stillstands? Wenn es ruhig ist, wird die innere Stimme laut, sagt zumindest E. Die Stimme unserer Seele. Doch nicht jeder will sie hören.

»Nach innen schauen? Bloß nicht. Dort ist es dunkel und finster«, hatte vor kurzem ein guter Freund zu mir gesagt, der seit vielen Jahren rastlos durchs Leben galoppiert. Viele Menschen denken so. Nicht immer ist uns bewusst, dass wir damit in erster Linie vor uns selbst davonrennen. Aber seinen Schatten kann man nicht abschütteln. Erfreulicherweise bietet uns das Leben immer wieder neue Chancen und drückt uns einen Schlüssel in die Hand, um die Tür nach innen aufzusperren. Ihn ins Schloss stecken und umdrehen muss allerdings jeder selbst.

Während der beinahe ein Jahr andauernden Dreharbeiten zu »Te Deum«, einer sechsteiligen ZDF-Dokumentarserie über die großen europäischen Orden, hatte ich diesen Schlüssel schon einmal in der Hand. Doch er verschwand wieder, irgendwo in den Untiefen meiner Hosentasche. Ich hatte bei den Dreharbeiten zwar einen Einblick bekommen, wozu sich Menschen freiwillig hinter Klostermauern zurückzogen. Warum sie sich lieber mit sich selbst und Gott auseinandersetzten, als draußen Karriere zu machen. Aber so ganz nachvollziehen konnte ich ihre Motivation damals nicht.

War diese Reise meine zweite Chance, den Schlüssel nicht nur zu ergreifen, sondern auch ins Schloss zu stecken? Tatsächlich erinnert mich einiges auf diesem Frachter an meine Aufenthalte in verschiedenen Klöstern, wenngleich morgens keine Chorgesänge oder Gebete über Deck schallen. Doch es gibt auch hier regelmäßige Essens- und Arbeitszeiten, alles ist von einer gewissen Kargheit, nirgends unnötiger Schnickschnack, der vom Wesentlichen ablenkt. Und wird nicht auch die Handelsschifffahrt als »Christliche Seefahrt« bezeichnet? Warum eigentlich?

Noch mal schnell gegoogelt und ich erfahre, dass unsere Wikinger-Vorfahren nicht für diesen Begriff verantwortlich waren. Auch wenn sie im Zuge der Christianisierung gerne einen Mönch mit an Bord nahmen, um ihn bei schlechtem Wetter dem Meer zu opfern. Ein kleiner Test, ob sein Gott tatsächlich die Wunder vollbringen konnte, von denen der Mönch so viel gepredigt hatte. Der Begriff hat seinen Ursprung auch nicht in den Fahrten der portugiesischen und spanischen Entdecker, die mit Bibel und Schwert neu entdecktes Land für ihre Könige in Besitz nahmen. Er ist vielmehr darauf zurückzuführen, dass die Menschen, die zur See fuhren, den Naturgewalten stärker ausgeliefert waren als an Land, und ihr Überleben allein in Gottes Hand lag. So hatte es sich schon früh auf Handelsschiffen eingebürgert, dass immer eine Bibel an Bord war, der Kapitän einmal die Woche eine Messe abhielt, Tote nach christlichem Ritus bestattet wurden und man nach einem überstandenen Sturm beim nächsten Landgang ein Votiv-Schiff oder Ähnliches spendete.

Leinen los

Heute Nachmittag soll es nun endgültig losgehen. Obwohl ich diese gute Nachricht jetzt schon sowohl von Rommel, dem Zweiten Offizier, als auch vom Bootsmann gehört habe, bin ich noch nicht ganz überzeugt.

Doch dann kommt tatsächlich um 12 Uhr Mittag der Lotse an Bord. Ein stattlicher Zwei-Meter-Mann, der früher als Kapitän auf großen Passagierschiffen gefahren ist, wie er Petra und mir gleich erzählt. Das mit dem Captains' Dinner war ihm zu mühsam gewesen, und erst recht das Tanzbeinschwingen mit aufgetakelten Witwen. Außerdem drohte mal wieder eine Seemannsehe zu zerbrechen, und so hatte er sich für die Lotsen-Laufbahn entschieden. Geregelte Arbeitszeiten und abends bei Mutti unter die Decke kriechen, was will man mehr.

Wie kein anderer kennt ein Lotse seine Hafeneinfahrt, die Untiefen und Hindernisse, die die sichere Führung eines Schiffes beeinflussen könnten. Sobald er auf der Brücke ist, hat er das Kommando über das Schiff, und kein Kapitän würde es wagen, ihm reinzureden.

An Deck werden die ersten Tampen losgemacht, was ein gutes Zusammenspiel zwischen unserer Crew und den Helfern am Pier erfordert. Inzwischen sind auch zwei Schlepper längsseits aufgetaucht, die uns nun mit Hilfe von fetten Stahlseilen quasi seitwärts aus unserer Parklücke ziehen. Diese beiden geradezu winzig wirkenden Boote haben eine enorme Kraft und erhalten ihre Kommandos ebenfalls vom Lotsen. Faszinierend, wie alles ineinanderspielt und sich das schwere Schiff nun tatsächlich bewegt.

Nach einer gefühlten halben Stunde haben wir »ausgeparkt«. Die Stahlseile werden per Knopfdruck wieder auf die mächtigen Winden gewickelt, die Schlepper drehen ab, unsere Maschine auf.

Ein tiefes Grollen ertönt, das ganze Schiff vibriert, aus dem Kamin strömt weißer Rauch und ich spüre am Wind in meinem Gesicht, wie wir langsam Fahrt aufnehmen.

Jetzt nichts wie rauf auf die Brücke. Dort herrscht höchste Konzentration. Der Lotse gibt dem Steuermann alle zwei Minuten den Kurs vor; der wiederholt ihn jedesmal eins zu eins, um sicherzustellen, dass alles richtig verstanden wurde. Am Ende folgt immer ein zackiges »Sir«. Eine selbstverständliche Respektsbekundung an denjenigen, der die Verantwortung trägt. In unserer Gesellschaft ist das passende Vokabular dafür verloren gegangen. Wenn heute jemand sagt: »Ich stehe Ihnen gerne zu Diensten«, klingt das wie ein Witz oder gar böse Ironie.

Ich gehe hinaus auf das Brückendeck und genieße dieses wunderbare Gefühl des Abreisens, des Alles-hinter-sich-Lassens. Etwas, das ich zeit meines Lebens geliebt habe. Egal, ob in einem Flugzeug kurz vor dem Abheben, im Zug, ja selbst vor einer längeren Bus- oder Autofahrt erfasst mich diese besondere Stimmung. Während wir langsam hinaus aufs offene Meer gleiten, spüre ich, wie es überall in meinem Körper kribbelt, besonders am Rücken. Es fühlt sich an, als würde mich jemand streicheln oder sanft über den Nacken pusten. Eine ganz besondere Art von Erotik, bei der sich die Frage erübrigt, ob ich mich hingeben soll oder nicht. Ja, ich bin bereit für alle Erfahrungen, die in den nächsten Wochen auf mich zukommen. Ich bin bereit, mich Sturm und hohen Wellen auszusetzen und in die dunklen Ecken unserer Geschichte und meiner Seele zu blicken.

Die unendliche Weite, die sich jetzt vor mir erstreckt, überträgt sich eins zu eins auf meine Gedankenwelt. Wie beim Zurückzoomen einer Kamera verschwinden die kleinen Dinge, und übrig bleibt nur noch ein einziges Bild: das 300 Meter lange Deck und der etwas höher gelegene Bug unseres Schiffes, das hinaus aufs offene, glitzernde Meer gleitet. Dazu eine frische Brise, Gischt in der Luft. Freiheit pur. Ein Gefühl, das nur durch wenig zu toppen ist. Zumindest für mich.

Die holländische Küste rückt schnell in immer weitere Ferne und ist bald nur noch schemenhaft im Dunst zu erkennen. Petra steht neben mir und greift nach meiner Hand. Wie schön, dass sie bei mir ist und wir das alles gemeinsam erleben dürfen. Ich fühle mich ihr sehr nahe und weiß, dass es auch umgekehrt so ist. Nach einer Weile lasse ich sie los, und ohne dass wir ein Wort miteinander wechseln, gehen wir ein Stockwerk tiefer in meine Kabine. Jetzt waren wir endlich so richtig unterwegs! Nicht nur nach Brasilien, sondern auch auf unserer ganz persönlichen Reise. Es wurde Zeit, dass wir das nächste Kapitel unserer Lebensgeschichte aufschlugen.

6

PETRA

Das kleine Häuschen im Schrebergarten, wo unser Vater seine Schwarzmarktware versteckt hatte, war in den ersten sechs Jahren Petras Zuhause. Ihre Mutter, die nach der Scheidung selbst ihre Brötchen verdienen musste, hatte sie auf dem Land bei ihren Eltern »geparkt«. Sie arbeitete wieder in ihrem alten Milieu auf St. Pauli und stand im Varieté-Theater »Haus Vaterland« an der Garderobe. In den Pausen verkaufte sie Rauchwaren, wie man damals sagte.

Petra hatte es gut in Moorfleet, einem 200-Seelen-Dorf im Südosten von Hamburg. Im Gegensatz zur Lebensmittelknappheit in der Stadt kam hier meist nahrhaftes Essen auf den Tisch. Buchweizengrütze, Milchreis, Kartoffeln und alles, was im Garten wuchs. Wenn ihre Mutter sie besuchte, brachte sie zudem Cadbury-Schokolade und Kaugummis mit, die sie von den Besatzungssoldaten geschenkt bekommen hatte. Es gab auch genug Spielkameraden in der Nachbarschaft. Nebenan wohnten Verwandte mit Kindern, gegenüber lebte eine Frisörin, die einen Sohn in Petras Alter hatte.

Die wichtigste Bezugsperson in ihren frühen Jahren war jedoch Opa Willi. Er war von Beruf Malermeister und arbeitete bei einer Firma für Schiffsanstriche. Schon als kleines Mädchen nahm er Petra mit nach Hamburg, zeigte ihr den Hafen oder die Schiffe, auf denen er arbeitete. So wurde ihr das Umfeld ihres Vaters wenigstens auf diese Weise nahegebracht. Ihn selbst bekam sie nur ganz selten zu Gesicht.

Vom Opa lernte sie nicht nur, nasenfrei zu lackieren – was sie heute noch aus dem Effeff beherrscht – sondern auch, wie man Feuer macht, Holz hackt und Nägel in die Wand schlägt. Außerdem brachte er ihr Schachspielen und Schwimmen bei. Doch das Wichtigste war: Er hörte sich ihre großen und kleinen Sorgen an und sie fühlte sich von ihm ernst genommen.

Erst viel später erfuhr sie, dass der heißgeliebte Großvater gar kein Blutsverwandter war. Als Teenager entdeckte sie beim Stöbern ein altes Foto, auf das sie sich keinen Reim machen konnte. Erst auf Nachfrage wurde ein lang gehütetes Familiengeheimnis gelüftet. Das Bild zeigte einen jungen Mann, der 1917 während der russischen Revolution nach Berlin geflüchtet war und dort ihre Großmutter kennen und lieben gelernt hatte. Petras Oma, die aus einer angesehenen, großbürgerlichen Berliner Familie stammte, rückte zögerlich damit heraus, dass sie hochschwanger aufs Land verbannt worden war, um dort heimlich Petras Mutter zur Welt zu bringen. Ihre Familie hatte sich währenddessen auf die Suche nach einem heiratswilligen Versorger gemacht und war fündig geworden. Und so kam Opa Willi, der gerade aus dem Ersten Weltkrieg zurückgekehrt war, recht zügig zu Frau und Kind. Das Betttuch wurde wieder glattgezogen und die Familienverhältnisse stimmten wieder. Für Oma Mimmi dürfte diese Zeit nicht einfach gewesen sein. Die große Liebe hatte sie nicht leben dürfen, und mit der Heirat war zwar der Makel des unehelichen Kindes behoben, aber auch ein gesellschaftlicher Abstieg verbunden: vom Staatsschauspielerhaushalt mit Dienstmädchen, Klingelzug an der Wand und Dalmatiner ins Arbeitermilieu. An ihrer Sprache und ihren Umgangsformen merkte man jedoch, dass sie ein anderes Leben gewohnt war. Ebenso an den feinen Kristalltellern und Spitzendeckchen, die nicht so recht ins Schrebergartenhaus passten.

Für Petra spielte die Entdeckung letztendlich keine Rolle. Opa Willi war und blieb ihr Ein und Alles. Er liebte sie und sie ihn. Jedes zweite Wochenende kam ihre Mutter zu Besuch. Wenn sie im Pelzmantel auf hohen Schuhen, mit glitzernden Ohrringen und perfekt geschminkt zwischen den Schrebergärten entlangstöckelte, hingen die Nachbarn stets neugierig hinter den Gardinen. Nur zu gerne hätten sie den neuesten Tratsch aus der Stadt gehört. Doch keiner von ihnen wurde eingeladen. Diese Tage waren heilig und gehörten der Familie. Gertrud brachte immer Kuchen vom besten Konditor Hamburgs mit. Schon am Vorabend wurde die weiße Damast-Tischdecke gebügelt, das Silberbesteck überprüft und das feine Geschirr bereitgestellt. Petra durfte an diesen besonderen Tagen sogar ihre ungeliebte Schürze im Schrank lassen.

Während sie mir das erzählt, fällt es mir plötzlich wie Schuppen von den Augen. Petra deckt noch heute auf ähnliche Weise den Tisch. Selbst wenn wir in ihrer kleinen Küche in Hamburg nur einfach zu zweit zu Abend essen, könnte die Königin von England zu Besuch kommen, so stilvoll ist stets alles angerichtet. Petra würde auch niemals schnell etwas im Vorbeigehen aus dem Kühlschrank holen und aus der Hand essen. Unmöglich. Ein hübsch gedeckter Tisch scheint ihr ein Gefühl von Sicherheit und Ordnung zu geben und sie an Zeiten zu erinnern, in denen ihre Großeltern ihrem Leben Stabilität verliehen haben. Doch die sollte nicht mehr lange andauern.

Erdbeertörtchen mit Folgen

Hin und wieder brachte Gertrud auch Männer mit aufs Land und dann wurde Petra angehalten, sich ganz besonders gut zu benehmen. Einer von ihnen war Günther. Er arbeitete als Kellner im »Haus Vaterland«, wo die beiden sich auch kennengelernt hatten.

Petras Großeltern verloren nie ein schlechtes Wort über ihre Tochter. Da hieß es immer nur:»Mamili« muss viel arbeiten, das verstehst du doch, aber sie kommt dich bestimmt bald wieder besuchen. Ihre Männer dagegen waren für Opa Willi alle »Gauner und Banditen«. Als Gertrud ihm schließlich eröffnete, dass sie Günther heiraten wolle, ahnte er wohl bereits, dass diese Ehe zumindest seiner Enkelin kein Glück bringen würde. Er versuchte, seine Tochter umzustimmen – allerdings ohne Erfolg.

Petra erfuhr die Neuigkeit eines Nachmittags bei besonders leckeren Erdbeertörtchen. Sie würde nun endlich eine richtige Familie bekommen und solle sich doch gleich auf den Schoß ihres künftigen Stiefvaters setzen, ihm einen dicken Schmatzer auf die Backe drücken und ihn »Papa« nennen. Denn einen »Vati« hatte sie ja schon, auch wenn der meist durch Abwesenheit glänzte. Immerhin schickte er ihr Geburtstagsgeschenke.

Bei einem seiner spärlichen Besuche brachte er Petra sogar einmal einen roten Ball mit. Der landete allerdings umgehend im nahegelegenen Teich, woraufhin das Geschrei groß war. Doch unser Vater war ein Mann der Tat. Er zog sein Hawaiihemd und seine Shorts aus, kletterte auf das Geländer der Holzbrücke, die über den schmalen Zulauf führte und sprang kopfüber ins Wasser. Mit strahlender Siegermiene brachte er seiner Tochter den Ball zurück. Ein Held! Wünscht sich das nicht jedes kleine Mädchen?

Solche »Heldentaten« blieben jedoch Einzelfälle. Später schickte er ihr nur noch bunte Postkarten, von überall auf der Welt, die sie in einem großen Karton sammelte. Der Text war meist der gleiche, doch das war nicht wichtig. Für Petra waren die Karten kleine Lichtblicke in einem oft unglücklichen Teenagerleben, ein kleiner Trost, dass es irgendwo da draußen einen »Vati« gab, der sich mit ihr verbunden fühlte.

Diese Verbindung hatte ich leider nie. Mein einziger »Bezug« zu ihm entstand nur, wenn ich etwas ausgefressen hatte. Wenn ich einmal schwindelte, zu spät kam oder irgendetwas nicht einhielt, warf mir meine Mutter vor, ich sei wie er. Außerdem wurde mir schon früh eingeredet, dass es für mich viel besser sei, wenn kein Kontakt zu ihm bestünde. Dadurch würde mir vieles erspart bleiben. Eine Entscheidung, die ich gerne selbst getroffen hätte – aber was hat man als Kind schon zu melden! Heute bin ich unendlich froh, dass ich in letzter Sekunde diese Lücke geschlossen und wenigstens noch eine kurze Zeit mit ihm verbracht habe. Dass ich ihn sehen und erleben durfte, um wenigstens eine vage Vorstellung von ihm als Mensch zu bekommen, auch wenn er bestimmt nicht der Held war, den wir uns alle gewünscht hätten.

Der Umzug in die Stadt mit ihrer neuen »Familie« bedeutete für Petra eine riesige Umstellung. Sie war nicht einmal gefragt worden. Aus ihrer Sicht hatte man sie regelrecht verschleppt, entwurzelt wie einen Baum, der aus seiner gewohnten Erde herausgerissen wird. Neue Schule, neue Klassenkameraden, kein Garten mehr, kein liebevoller Großvater. Nur ein verliebtes Paar, in deren Gegenwart sie sich wie das fünfte Rad am Wagen fühlte.

Als ihre Mutter erneut schwanger wurde, schickte man sie zurück aufs Land zu den Großeltern – nur um sie kurz darauf wieder abzuholen und nach einigen Wochen erneut dorthinzubringen. Wie auf dem Verschiebebahnhof. Erst nachdem ihre Halbschwester Jutta geboren war, durfte sie dauerhaft in der Stadt bleiben. Jedoch nicht, weil man sie so liebte und so sehr vermisst hatte, sondern weil man einen stets verfügbaren Babysitter brauchte.

Wirtschaftswunder

Gertrud hatte inzwischen so viel gespart, dass sie sich mit einem kleinen Drogeriemarkt selbständig machen konnte. St. Pauli war dafür genau das richtige Pflaster. Sie war eine gute Geschäftsfrau, und schon bald boomte der kleine Laden. Seifen, Cremes, Parfum und Nagellack bestimmten von nun an das Leben der Familie.

Zuhause in der neuen Wohnung war ständig Party. Zum Frühstück gab es fast immer ein Gläschen Sekt, und Stiefvater Günther bediente sich manchmal auch mittags schon mit härteren Getränken aus der Hausbar.

Petra übernahm mit acht Jahren den Haushalt. Sie putzte, machte die Wäsche, erledigte Einkäufe, passte auf die Kleine auf und räumte im Laden die Regale ein. Sie mutierte tagsüber zu einer Art Dienstmädchen. Abends jedoch, wenn es in feine Restaurants ging, damit man zeigen konnte, dass man es zu etwas gebracht hatte, sollte sie die höhere Tochter mimen, die mit Hummerzange und Schneckengabel umgehen konnte. Wenn ihr das nicht perfekt gelang, erntete sie schräge Blicke – oder schlimmer noch, ihre Eltern machten sich über sie lustig. Kein Wunder, dass sie sich nicht wohl in ihrer Haut fühlte und an diese Zeit keine guten Erinnerungen hat. Damals muss jene tiefe Verunsicherung entstanden sein, die ihr später immer wieder zu schaffen machte.

Das deutsche Wirtschaftswunder trug dazu bei, dass bald ein zweites Geschäft eröffnet werden konnte, womit noch mehr Verpflichtungen auf die älteste Tochter einprasselten.

Petra musste sich das Zimmer mit ihrer kleinen Schwester teilen; ihre Hausaufgaben erledigte sie entweder im Treppenhaus oder an einem kleinen Tisch in einer Werkstatt für Fernsehreparaturen, die sich im Erdgeschoss des dreistöckigen Wohnhauses befand. Dort krähte wenigstens kein Baby und knallten keine

Korken. Auch bei einer alleinstehenden älteren Nachbarin, der sie hin und wieder die Haare machte, fand sie zeitweise Unterschlupf und Ansprache. Ansonsten hing sie mit ihren Bedürfnissen, Wünschen und Gedanken so ziemlich allein in der Luft.

Noch heute kommt ein schaler Geschmack hoch, wenn sie daran denkt, warum sie damals nicht mehr gefördert wurde. Sie war eine gute Schülerin, der das Lernen leichtfiel, und hätte es ohne weiteres aufs Gymnasium schaffen können. Doch keiner interessierte sich dafür. Selbst als sie an ihrer Schule einen Zeichenwettbewerb gewann und ihre Lehrerin sie motivierte, einen kreativen Beruf zu wählen, wollten weder ihre Mutter noch ihr Stiefvater etwas davon hören. Das sei eine brotlose Kunst, hieß es nur. Ihnen lag einzig daran, dass Petra schnell eigenes Geld verdiente und ihnen nicht länger auf der Tasche lag. Am besten sei eine Ausbildung beim Staat – als Beamtenanwärterin würde sie sofort ein gutes Gehalt bekommen.

Auch der leibliche Vater fühlte sich nicht verantwortlich für die berufliche Karriere seiner Tochter, und so landete Petra tatsächlich bei der Post. Von Montag bis Freitag sortierte sie Briefe, an den Wochenenden besuchte sie ihren geliebten Großvater. Hin und wieder unternahm sie etwas mit Fritz, dem Sohn der Frisörin und vertrauten Spielkameraden aus glücklicheren Kindheitstagen.

Es passierte, was passieren musste. Genau wie ihre Mutter heiratete sie mit »dickem Bauch«. Unser Kapitänsvater musste damals sogar vom brasilianischen Victoria aus seine Einwilligung kabeln, da Petra noch minderjährig war. Nachdem ein deutsches Familiengericht sie daraufhin für ehefähig erklärt hatte, wurde Fritz aus Moorfleet nicht nur ihr Ehemann, sondern auch ihr Vormund.

Was für eine furchtbare Vorstellung! Als Petra mein entsetztes Gesicht sieht, klärt sie mich auf, dass noch bis ins Jahr 1978 Ehemänner die Verfügungsgewalt über Frau und Kinder hatten. Sie konnten über das Konto ihrer Angetrauten verfügen und selbst deren Arbeitsvertrag lösen, wenn es ihnen nicht passte, dass sie einem Beruf nachging. Unvorstellbar! Ich erfahre, dass erst 1977 die Pflicht zur Haushaltsführung und zum regelmäßigen Geschlechtsverkehr abgeschafft wurde. Bis dahin konnte eine Frau schuldig geschieden werden, wenn sie nicht in der Lage war, diesen Pflichten nachzukommen; schuldig geschieden hieß in diesem Fall, dass sie nicht einmal Unterhalt bekam. So haben sich viele Frauen einen solchen Schritt dreimal überlegt. Zumal die Chancen, sich dann wieder zu verheiraten, nicht besonders hoch waren.

Da ist meine Generation ja gerade noch mal so vorbeigeschrappt. Doch wenn schon alles durch Vorschriften geregelt war, frage ich mich, warum es keine gesetzliche Verpflichtung zu regelmäßigen Beziehungsgesprächen gab. Oder dazu, dass Männer wenigstens einmal im Monat über ihr Innenleben reden müssen ...

»Was Frauen wünschen«

Die Startvoraussetzungen für Petras Ehe waren jedenfalls nicht die besten. Es fehlte vorne und hinten an Geld. Gertrud steuerte als Hochzeitsgeschenk gerade einmal ein Kaffeeservice mit Goldrand für sechs Personen bei. Davon konnte man sich nichts kaufen, das brachte keine Zinsen, sondern würde nur mehr werden, wenn es irgendwann zu Bruch ginge und in viele Scherben zerfiel.

Nachdem 1967 die erste Tochter, das schönste »Schlummerle« seit Erfindung der Schildkrötpuppen, geboren wurde und Fritz seine Gesellenprüfung als Friseur in der Tasche hatte, ging Petra zunächst in der Rolle der Mutter und Hausfrau auf. Die Daunenbettdecken wurden aufgeschüttelt und mit dem Besenstiel glatt gestrichen. Unterwäsche und Taschentücher gebügelt, die Schnitthaare einzeln mit der Pinzette aus den Taschen der Friseurkittel gezogen und der Gasherd mit Korken und Scheuersand gereinigt. Es war die Zeit der »glücklichen Hausfrauen«, und Petra war eine von ihnen. Bauknecht wusste, was Frauen wünschen, mit Jakobs Krönung, Dr. Oettker-Puddingpulver und Taft Haarspray machte »Frau« die Männer happy. So ein Hausfrauentag ging damals »rum wie nix«, zumal man ja immer auch hübsch und adrett aussehen musste.

Das Leben als »Heimchen am Herd« endete, als Fritz beruflich aufsatteln wollte. Petra musste zuverdienen, auch um die Meisterschule ihres Mannes zu finanzieren. Denn ihr gemeinsames Ziel war ein eigenes Geschäft. Doch in einer Zeit, als Männer noch stolz darauf waren, dass ihre Frauen nicht arbeiten mussten, nagte das am Selbstwertgefühl des Friseurs. Kam Petra stolz von einem ihrer Messejobs nach Hause, freute er sich nicht über ihren Verdienst, sondern machte ihr erst stumm und mit beleidigter Miene, später lautstark Vorwürfe, dass sie bestimmt mit jemandem »rumgemacht« hätte.

Wenn sie sich in ihrer wenigen freien Zeit mit Kunst und Literatur beschäftigte, erntete sie beißenden Spott. »Kümmere dich um die wichtigen Dinge im Leben, nicht um so einen Quatsch.« Für Fritz war alles, bei dem er das Gefühl hatte, nicht mithalten zu können, eine Bedrohung. Petra reagierte auf seine Vorwürfe meist rhetorisch überlegen und brachte ihn damit noch mehr auf die Palme. Immer häufiger endeten die Auseinandersetzungen damit, dass er in die nächste Kneipe stapfte, um sich dort wieder »stark zu saufen«.

Bis zur Meisterprüfung war es ein steiniger Weg, gepflastert mit zahllosen Eifersuchtsattacken, beiderseitigen Rechtfertigungen und immer wieder Alkohol bei Fritz. Als das Ziel dann endlich erreicht war und der gemeinsame Salon – ausgerechnet auf St. Pauli – eröffnet wurde, trug das Umfeld dazu bei, dass sich die beiden noch mehr voneinander entfernten. Öffnungszeiten im Kiez bis Mitternacht zogen alles an, was für nächtliches Vergnügen zuständig war. Doch Fritz fühlte sich in seinem Salon wie der King. Dort war er anerkannt, dort hatte er Macht über seine hauptsächlich weiblichen Angestellten – eine Macht, die ihm zu Hause zunehmend entglitt. Petra hatte im Salon nichts zu melden. Sie sorgte zwar für Ordnung und Sauberkeit und wusch die Handtücher, ansonsten hatte sie sich aus allem herauszuhalten und sich um Kind und Haushalt zu kümmern. Sie lebten in zwei Welten, die nicht mehr zusammenpassten.

Bei einem der vielen Versöhnungsversuche entstand ein zweites Kind, nach dessen Geburt 1972 schließlich alles zusammenbrach. Die Kleine war nicht gesund. Ihr musste bald nach der Geburt ein schnell wachsendes Geschwür über dem Auge entfernt werden. Sie litt an Affektkrämpfen, schrie sich blau und rang nach Luft. Petra hatte ständig Angst, sie könnte ersticken. Fritz war überfordert und flüchtete sich noch mehr in Alkohol und später auch in härtere Drogen. Das wirkte sich nicht nur auf die Familie, sondern auch auf das Geschäft aus. Rechnungen wurden nicht bezahlt, bei Sozialabgaben, Löhnen und Steuerzahlungen gab es Unregelmäßigkeiten. Absturz total. Das Finale stand kurz bevor.

Nachdem Fritz ein paar Tage verschwunden war, kam er völlig betrunken nach Hause. Als Petra ihn zur Rede stellen wollte, flippte er aus, brüllte herum und zerlegte die Wohnung. Ihr blieb nichts anderes übrig, als sich mit den sowieso schon verängstigten Kindern zu den Nachbarn zu flüchten. In seiner Raserei verletzte er sich selbst so heftig, dass er ins Krankenhaus musste.

Nach diesem Vorfall beantragte Petra über einen Rechtsanwalt eine einstweilige Verfügung, dass Fritz sich ihr und den Kindern

fürs Erste nicht mehr nähern durfte. Die Angst vor weiteren At-
tacken bestimmte dennoch lange Zeit ihr Leben. Was Fritz anging, war erst Ruhe, nachdem man ihn wegen verschiedener kri-
mineller Machenschaften für mehrere Jahre hinter Schloss und
Riegel sperrte und die Scheidung durch war.

Doch auch ohne ihn war das Leben zu dritt alles andere als
einfach. Anfangs gaben sich Gerichtsvollzieher und Behörden-
vertreter die Klinke in die Hand. Die Finanzlage war desolat, die
»glückliche Hausfrau« musste auf Arbeitsuche gehen, ein Voll-
zeitjob musste her. Sozialamt war für sie keine Option, Unterstützung von der Mutter kam nur wenig. Sie machte Petra eher
noch Vorhaltungen, nicht durchgehalten und ihren Mann im Stich
gelassen zu haben. Sprüche nach dem Motto: »Wie man sich bet-
tet, so liegt man« halfen da auch nicht .

Das Arbeitsamt bot Petra schließlich eine Umschulung zur
Stenokontoristin an und anschließend einen Halbtagsjob an der
Uni in der Fakultät für Kunst und Gestaltung. Und so landete sie
nach vielen steinigen Umwegen endlich in dem Umfeld, in das
sie ursprünglich hingewollt hatte.

Von da an steckte sie jede Mark, die sie verdiente, in ihre Kinder. Sie sollten es besser haben. Außerdem glaubte sie, dadurch ihren Rucksack voll mit Schuldgefühlen etwas leichter machen zu
können. Jede Entscheidung wurde zu Gunsten des Nachwuchses
getroffen, jede Anschaffung war ausschließlich für sie bestimmt.
Die jüngere Tochter war nach wie vor nicht gesund, die ältere viel
zu still und zurückgezogen. Von außen betrachtet ein angeneh-
mes, braves Kind. Innendrin dürfte es anders ausgesehen haben.
Sie musste viel zu früh erwachsen werden, auf die jüngere Schwester aufpassen, gute Schulnoten heimbringen und den durchorga-
nisierten Tagesablauf möglichst nicht stören. Genau wie früher
Petra, fühlte sie sich nicht wirklich wahrgenommen und durch-
lebte letztlich eine ähnliche Kindheit wie ihre Mutter.

Petra konnte sich natürlich nicht dreiteilen, zumal inzwischen aus dem Halbtags- ein Ganztagsjob geworden war. An der Uni fühlte sie sich pudelwohl. Dort wurden ihre Interessen nicht belächelt, dort waren sie erwünscht. Dort konnte sie durchatmen, dort wurde sie wahrgenommen und anerkannt. Männer blieben lange Zeit Nebensache. Nach dem Scheitern ihrer Ehe waren die Schotten erst einmal dicht, zumindest was eine ernsthafte Beziehung betraf. Mit dem Satz:»Ich bin geschieden, werktätig und habe zwei kleine Kinder« hielt sie sich die meisten ohnehin problemlos vom Hals. Das änderte sich, als sie einen Jugendfreund wiedertraf. Ebenfalls aus Moorfleet, diesmal allerdings der Sohn des Arztes. Sie trafen sich zufällig an der Uni, wo er Fotografie unterrichte. Ein Ökofreak mit Vollbart, einer Vorliebe für rote Lederhosen und flatternde Kimonos. Gemeinsame künstlerische und politische Interessen, aber auch Kindheitserinnerungen waren eine gute Basis für eine Partnerschaft, in der sich auch die Kinder wohlfühlten. Die gemeinsame Zeit währte allerdings nicht lange. Bei ihm wurde ein Gehirntumor diagnostiziert, er verfiel in Depressionen, zog sich in die Kunst zurück und erlag schließlich seiner Krankheit. Kurz darauf klappte Petra zusammen. Herzrhythmusstörungen, Tinnitus, Erschöpfung total.

Erkenntnisse

Ich muss Petras Geschichte erst einmal verdauen. Das geht am besten bei einem kleinen Abendspaziergang an Deck. 250 Meter von den Unterkünften bis nach vorne zum Bug, 250 Meter zurück. Eine andere»Rennstrecke« gibt es nicht auf dem Schiff. Man geht auf einem grünen Laufstreifen entlang, der in sicherem Abstand zur Reling auf das Deck gemalt ist. Vier Runden sind immerhin zwei Kilometer.

Heinz-Richard Aernecke mit 67 Jahren, als ich ihn 19-jährig kennenlernte.

Mein Vater und ich bei einem Landgang auf unserer gemeinsamen Reise, 1981

Mein Vater an seinem Schreibtisch an Bord

Mit meinem Vater irgendwo vor der brasilianischen Küste

Unten in der Mannschaftsmesse mit meinem Vater und Besatzungsmitgliedern

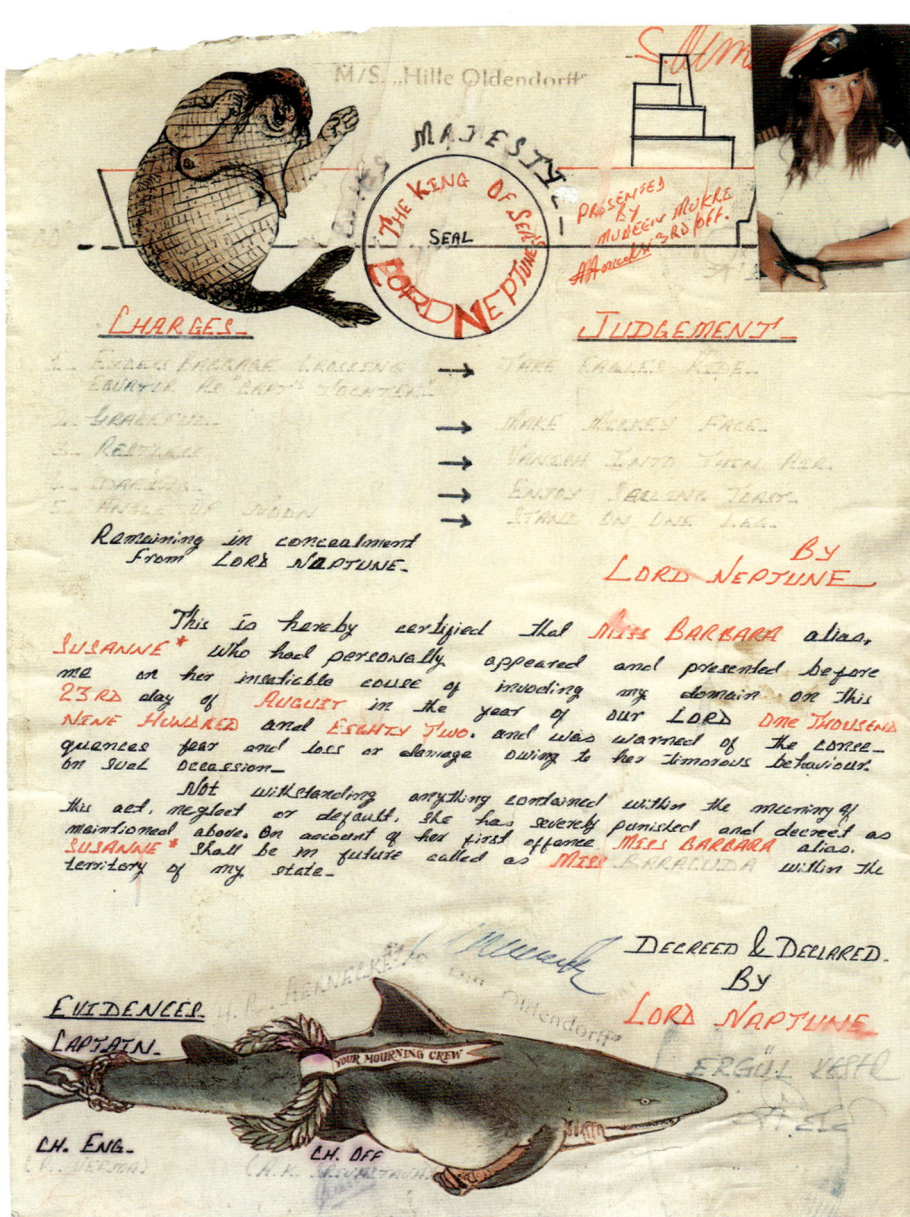

Mein Äquatorzeugnis

Äquatortaufe auf der ersten Reise

Meine Mutter und Großmutter, 1942

Als Vierjährige mit meiner Großmutter

Mein Vater 1954,
jung und schön, gerade
Kapitän geworden

Großmutter mit mir auf dem Steg am Tegernsee, 1965

Großmutter, Mutter und ich 1971
in Spanien

Vater mit meinem 6-jährigen Bruder Heiner 1971
auf dem Schiff Richtung Brasilien

Die Sonne ist bereits im Meer versunken und es weht ein kalter Wind. In den Ladeluken höre ich das Ballastwasser schwappen. Da wir leer nach Brasilien fahren, würde der Kahn ohne diese Füllung bei etwas höherem Wellengang schnell ins Schwanken geraten. Doch momentan ist die See relativ ruhig, dafür schlagen meine Gedanken immer höhere Wellen. Ist es richtig, Petra in all diese dunklen und stürmischen Gefilde ihres Lebens zurückzuschicken? Was für eine Anstrengung muss es für sie sein, diese unangenehmen Erinnerungen noch einmal an die Oberfläche zu holen. Ist es das wert? Ist es wirklich immer gut, die Vergangenheit noch einmal aufleben zu lassen? Sollte man das, was man ohnehin nicht mehr ändern kann, nicht ruhen lassen? In irgendeine Schublade sperren und möglichst nicht mehr daran rühren, weil es zu sehr wehtut? Andererseits heißt es ja immer: Erst wenn man wirklich tief in sein Leid hineingetaucht ist, sich damit auseinandergesetzt hat, lässt es sich lindern und auf lange Sicht auflösen. Ich weiß gerade nicht, was richtig ist.

Sich mit seiner Vergangenheit zu beschäftigen, ist immer mit einem Risiko verbunden, ein Happy End nicht garantiert. Wenn man Glück hat, ist man am Ende um eine Erkenntnis reicher. Aber auch die kann schmerzhaft sein. Was bei Petra wohl dabei herauskommen wird? Vieles von dem, was sie mir vorhin erzählt hat, wusste ich so im Detail gar nicht. Als wir uns bei der Beerdigung unseres Vaters kennenlernten, war sie bereits 35 und dieser Teil ihres Lebens Vergangenheit. Und bestimmt wollte sie mich später nicht unnötig belasten.

Heute sehe ich einige Parallelen zu meinem eigenen Leben, vor allem der frühen Kindheit. In den 15 Jahren, die zwischen ihrer und meiner Geburt liegen, hat sich glücklicherweise einiges verändert. Nicht zuletzt dank der Emanzipation waren Mädchen und Frauen einfach etwas bessergestellt. Neue Chancen eröffneten sich, Selbständigkeit wurde stärker gefördert. Frauen aus

Petras Generation waren darauf gepolt, nicht aufzufallen, keine eigenen Ansprüche zu haben – und falls doch, diese klaglos denen der Eltern, Ehemänner, Kinder unterzuordnen. Sie litten unter Vätern und Stiefvätern, die im Krieg viel ausgehalten hatten und dasselbe nun von ihren Kindern erwarteten. Wie das ging, das haben ihnen ihre Mütter vorgelebt. Und wenn man von klein auf gewisse Verhaltensweisen kennt oder darauf trainiert wird, ist es schwer, aus diesen Mechanismen auszubrechen. Selbst wenn man mit Aggression konfrontiert wird. Ich hätte diesen Friseur bestimmt schon viel früher vor die Tür gesetzt. Aber ohne je Kinder durchgebracht zu haben oder finanziell abhängig gewesen zu sein, sagt sich das natürlich leicht.

Nachdenklich und ein bisschen durchgefroren stapfe ich unter Deck. Auf dem Weg zu meiner Kajüte komme ich an E.'s Tür vorbei, die eigentlich immer offen steht, außer er hat sich zum Schlafen zurückgezogen. Ich bin fast schon dran vorbei, als ich seine Stimme höre. Ob ich nicht einen Moment hereinkommen könnte? Er wolle mir ein paar Dinge sagen. Das klang ernst. Wir waren gerade einmal einen Tag auf See. Hatte ich bereits etwas falsch gemacht?

Ich setze mich, auf alles gefasst. Er scheint nicht so recht zu wissen, wie er anfangen soll. Schließlich erzählt er mir von einem guten Freund, mit dem er früher zur See gefahren ist. Eines Morgens war er verschwunden. Das ganze Schiff wurde nach ihm abgesucht, ohne Erfolg. Wahrscheinlich war er während eines Abendspaziergangs über Bord geschwemmt worden.

E. sieht mich mit besorgter Miene an. Ich beginne zu ahnen, wo der Hase langläuft. So ein Spaziergang, erklärt er mir, könne selbst bei niedrigem Wellengang gefährlich werden. Besonders wenn es dunkel ist und der Steuermann nicht weiß, dass jemand draußen unterwegs ist. Er könnte aus irgendeinem Grund eine

Richtungsänderung vornehmen, dann würden die Wellen nicht mehr von vorne kommen, sondern von der Seite über Deck rollen. Und das könnte übel ausgehen. Vor allem, wenn keiner merkt, dass jemand über Bord gegangen ist und das Schiff einfach weiterfährt.

Ich stelle mir kurz vor, ganz allein draußen auf dem Meer herumzupaddeln, während die *May* in der Ferne verschwindet. Kein schöner Gedanke. Also gelobe ich Besserung und verspreche hoch und heilig, meine Spaziergänge nur noch tagsüber zu machen und dies vorher auf der Brücke anzumelden. Das heißt: keine spontanen Alleingänge mehr. Daran muss ich mich wohl oder übel gewöhnen.

E. nickt zufrieden, doch er scheint noch etwas auf dem Herzen zu haben. Er drückt mir eine Broschüre über Unfälle an Bord in die Hand. Die Seiten sind voll mit schrecklichen Fotos von verletzten Menschen. Beim Überfliegen einer Bildunterschrift lese ich etwas von gerissenen Tampen und Stahlseilen.

Ich verstehe nicht sofort, was das jetzt mit mir zu tun haben soll. E. hilft mir auf die Sprünge. Während des Ablegemanövers muss ich wohl zu nah an den Winden mit den Stahlseilen gestanden haben. Es passiere immer wieder, dass sie rissen oder aus der Führung sprangen. Wer ein solches Seil um die Ohren gehauen bekam, sah anschließend gar nicht mehr gut aus.

Asche auf mein Haupt. Papa, kannst du noch mal ein Auge zudrücken? Ich kann mir gut vorstellen, dass er mich wegen meines leichtsinnigen Verhaltens ebenfalls ins Gebet genommen hätte ...

Ich bin nicht sauer oder fühle mich kritisiert durch diese Rüffel, eher beschützt und gut aufgehoben. Für eine Frau wie mich, die ihr berufliches Leben ohne familiäre Rückendeckung begonnen und es auch größtenteils so durchgezogen hat, eine ganz neue Erfahrung. Der Kontrollfreak in mir hat Pause. Jemand anderes steuert das Schiff, macht die Ansagen, und ich muss es zulassen. Und es tut mir sogar gut. Einen Menschen in der Nähe zu wissen, der die Verantwortung trägt und sich gewissenhaft mit allem auseinandersetzt, hilft mir dabei, mich mal zurücklehnen und zur Ruhe zu kommen. Wie lange habe ich dieses Gefühl schon nicht mehr empfunden? Kenne ich es überhaupt? Musste unser Vater mich erst auf dieses Schiff rufen, damit ich das Ruder mal jemand anderem überließ?

Petra geht es bestimmt ähnlich. Und natürlich hat das irgendwie mit dem fehlenden Vater und unserer unsicheren Kindheit zu tun, in der wir schon früh Muskeln und Werkzeuge entwickeln mussten, um uns im Ernstfall auch alleine durchschlagen zu können. Kontrolle war eines dieser »Werkzeuge«. Sie einfach aufzugeben, ist nicht leicht. Wenn jemand zum Beispiel zu mir sagt, ich erledige das für dich, muss ich das Ergebnis immer noch einmal nachchecken. Selbst wenn es um noch so unbedeutende Dinge geht. Wie oft habe ich Freunde beim gemeinsamen Kochen beinahe in den Wahnsinn getrieben, weil ich ihnen schon Vorschriften gemacht habe, wie sie das Gemüse zu schneiden hatten. In Würfel oder Scheiben. Dick oder dünn. Alles bitte schön gleichmäßig. Und dann schaute ich ihnen auch noch genau über die Schulter, ob sie es ja richtig machten. Grauenhaft! Kein Vertrauen in andere und letztendlich auch keines in sich selbst.

Dass ich damit so meine Probleme habe, glaubt mir oft keiner. Die meisten kennen mich als Regisseurin, die gewohnt ist, Ansagen zu machen und Projekte auch bei starkem Gegenwind durchzuziehen. Keiner weiß, wie schwer es mir am Anfang gefallen ist, am Drehort Schauspielern und Crew gegenüber Selbstsicherheit auszustrahlen. Davon war ich meist Meilen entfernt und habe lange gebraucht, bis diese Sicherheit authentisch war, nicht gespielt. Beruflich hat dieser Lernprozess geklappt. Doch auf emotionalen Gewässern, im persönlichen Bereich, sieht das schon anders aus.

Da fühlte ich mich oft wie ein Schiff mit »reduced manouvering capacity«, wie ein kleines, manövrierunfähiges Fischerboot mitten im Ozean, das nicht mehr weiß, wie es zurück an Land kommen soll. Wenn es ans Eingemachte geht, reagiere ich nur noch mit meinem altbewährten Kontrollhandwerkzeug – was jedoch in den seltensten Fällen funktioniert. Insbesondere nicht bei ebenfalls emotional unsicheren Partnern, die ich mir unbewusst immer wieder suche.

Gute Zeiten, schlechte Zeiten

Nach ihrem Zusammenbruch sollte ein Kuraufenthalt im Saarland Petra wieder auf die Beine bringen. Das tat er auch, und zwar auf ganzer Linie. Meine Schwester traf die Liebe ihres Lebens. Endlich.

Der Kontrast zu ihrem Ex-Mann hätte nicht größer sein können. Manfred war groß, schlank, eher konservativ und streng – ein Schlips-und-Kragen-Typ, der sich zweimal am Tag rasierte. Sie lernte ihn bei der Abschiedsfeier einer Mitpatientin in einem Gasthof kennen, wo er an einem Schachturnier teilnahm. Als er ihr eine unendlich lange französische Telefonnummer zusteckte, dachte sie nicht im Traum daran, ihn je anzurufen. Doch ihn hatte es längst gepackt. Am nächsten Tag suchte er das ganze Kurheim nach ihr ab und entdeckte sie in der Kreativ-Werkstatt, wo sie für ihre Kinder Stoffpuppen nähte. Auf ihre erstaunte Frage, wie er sie denn gefunden habe, sagte er etwas, das Petra bis heute nicht vergessen hat: »Und wenn du dich im Wald in einem hohlen Baum versteckst – ich würde dich finden.«

Als er ihr später auf dem Parkplatz seinen drei Monate alten Schäferhund vorstellte, ging ihre Herzenstür zumindest einen Spalt breit auf. Ein Besuch beim Zirkus Roncalli öffnete sie dann ganz. Während der Fahrt musste er mehrmals rechts ranfahren, damit Petra »hinter den Busch« hüpfen konnte. Schuld daran waren die acht Gläser Kurwasser, die sie intus hatte. Peinlich, peinlich. Petra kam es vor, als habe sie »das halbe Saarland zugepinkelt«. Doch der Mann am Steuer nahm's mit Humor. Sie erfuhr, dass er früher Soldat gewesen war, Fallschirmjäger, stationiert in Zweibrücken. Seine Genauigkeit, seine Ordnungsliebe, sein Sicherheitsdenken muss er sich dort beim Schirm-Packen erworben haben. Davon hing schließlich das Leben eines Springers ab.

Auf der harten Bank im Zirkusrund, eng aneinandergedrängt, kam es während der Monsterseifenblasennummer zum ersten Kuss. Gleich am folgenden Wochenende nach ihrer Rückkehr nach Hamburg stand er mit einem Blumenstrauß in der Hand vor ihrer Tür. Den Töchtern, inzwischen im Teenageralter, war sofort klar: Da war ein ernstzunehmender Feind im Anmarsch.

Das machte die Situation nicht einfacher. Petra fragte sich sowieso, wie das alles gehen sollte. Er lebte gut tausend Kilometer entfernt in Lothringen, wo er als leitender Angestellter bei Ford arbeitete. Außerdem hatte er drei »Freizeitbegleiterinnen«. Die mussten als Erstes abgeschafft werden. Und dann gab es da noch seine Ehefrau, die ihr Terrain nicht kampflos räumen wollte und ihn weiter nach Kräften verwöhnte. Erst als Petra seine Hemden und Handtücher mit ihrem Lippenstift markierte, war der Spuk vorbei und die »Alte« gab sich geschlagen. Der Weg war frei und Petra beschloss, es noch einmal zu wagen.

Manfred wurde an einem Mittwoch im Saarland geschieden, die Papiere gingen per Nachtkurier nach Hamburg, wo sie am Donnerstag beim Standesamt eintrafen. Freitagmorgen erschien er dann im feinen Anzug vor dem Bezirksamt Wandsbek und wartete auf seine Zukünftige.

Nun standen nur noch die große räumliche Distanz und zwei Haushalte zwischen ihnen. Ein gemeinsames Leben im Saarland kam nicht in Frage, weil das Muttertier Petra ihren Töchtern keinesfalls einen Schulwechsel zumuten wollte. Hohe Telefonrechnungen, viel Zeit im Auto und in der Bundesbahn bestimmten die nächsten drei Jahre. Eine schwerer Autounfall, bei dem Manfred jedoch nichts passierte und auch der Hund nur einen Schock davontrug, war ein klares Alarmzeichen, dass es so nicht weitergehen konnte. Manfred kündigte, zog nach Hamburg – und war arbeitslos. Mit 44 Jahren war er gefragt wie ein Schwein im Frack. Ohne zu murren, schlüpfte er in die Rolle des perfekten Hausmanns. Er las Petra jeden Wunsch von den Augen ab und verwöhnte sie nach Strich und Faden. Er war auch der Erste, der sie darauf aufmerksam machte, wie fordernd sich ihre Kinder oft verhielten. Durch ihn lernte sie Schritt für Schritt, Grenzen zu setzten, was sie sich lange nicht getraut hatte. Die Mädchen waren nun einmal ihr Ein und Alles, und sie würde sie immer wie eine Löwenmutter bis aufs Blut verteidigen. An manchen Tagen war sie so weit, dass sie ihn der Kinder wegen sogar fortschicken wollte.

Er blieb jedoch geduldig, ließ ihr Zeit und versuchte, sie vorsichtig daran zu erinnern, dass sie auch ein Recht auf eigene Bedürfnisse hatte. Sie diskutierten miteinander, es gab auch schon mal Streit, der allerdings nie unter die Gürtellinie ging. Angstfrei streiten war für Petra etwas völlig Neues, ebenso wie ein liebevoller und rücksichtsvoller Umgang miteinander. Sie brauchte eine Weile, bis sie das annehmen konnte. Auch die Mädchen gewöhnten sich langsam an den Mann im Haus, obwohl er letztendlich ein Fremdkörper für sie blieb.

Abschied

Nachdem Manfred schließlich doch noch einen Job gefunden hatte – er brachte mit seinem Organisationstalent die Hamburger Müllabfuhr wieder auf Vordermann – bauten sich Petra und er gemeinsam ein Wochenendhaus im Wendland. Dort verbrachten sie viel Zeit mit Wandern, Radfahren und auch einfach nur Sein. Es war ein Platz, weit weg von der Stadt, geschaffen für die Liebe zweier Menschen, die sich gefunden hatten.

So könnten wir noch tausend Jahre leben, sagten sich die beiden immer wieder. Doch plötzlich bekam Manfred heftige Magenprobleme. Man behandelte ihn auf ein Geschwür. Dann folgte ein Blutsturz mitten auf der Mönckebergstraße. Mit Blaulicht ging es in die Uniklinik Eppendorf. Neuer Befund: Verdacht auf Morbus Crohn, eine Autoimmunerkrankung, die häufig bereits in jungen Jahren auftritt und dann auch besser behandelbar ist. Chronische Entzündungen im gesamten Verdauungstrakt können zu einer Verdünnung der Darmwände führen, bis hin zum Durchbruch. Die dabei fast immer entstehende Sepsis ist meist das Ende.

Die folgenden zwei Jahre waren ein einziges Hoffen und Bangen. Die Medikamente, die Manfred bekam, hatten starke Nebenwirkungen, die Diätküche war kompliziert, die Schübe traten in immer kürzeren Abständen auf. Zu allem Unglück entdeckte Petra dann noch bei sich Hautunregelmäßigkeiten am Bein. Die Diagnose war niederschmetternd: Bösartiges Melanom, wenigstens noch im Frühstadium. Manfred durfte auf keinen Fall davon erfahren, ebenso wenig ihre ältere Tochter, die inzwischen geheiratet hatte und kurz vor der Geburt ihres ersten Kindes stand. Also ließ sie im Schelldurchlauf zwei ambulante Operationen über sich ergehen und schob weitere Gedanken über ihre Gesundheit beiseite. Nur schnell wieder funktionieren. Typisch Petra. Alle anderen waren wichtiger als sie selbst.

1996 ging es noch ein letztes Mal mit Manfred nach Mallorca. Doch leider musste der Urlaub frühzeitig abgebrochen werden, denn ihm ging es immer schlechter. Weitere Wochen im Krankenhaus folgten. Danach verbrachten sie noch einmal zwei Tage in ihrer Liebeslaube. Beiden war klar, dass sie diesen Platz nicht noch einmal gemeinsam besuchen würden. Nach ihrer Rückkehr verschlimmerte sich sein Zustand. Petra ließ ihn nicht eine Minute allein und übernachtete sogar in seinem Zimmer im Krankenhaus. An ihrem letzten gemeinsamen Tag feilte sie ihm noch die Nägel und las ihm seine geliebten Sportnachrichten vor. Aus dem CD-Player tönte Musik von Tschaikowski, Manfreds Lieblingskomponisten. Die Ärztin hatte sie noch gewarnt, dass er wahrscheinlich dann gehen würde, wenn sie gerade aus dem Zimmer war. Doch sie hielt seine Hand in der ihren bis zum letzten Moment.

Als sie mir das an unserem dritten Tag auf See erzählt, kullern die Tränen und hinterlassen auf ihren Wangen schwarze Spuren. Auch über 18 Jahre nach seinem Tod ist eine tiefe Traurigkeit um den Verlust geblieben. Der Alltag mag sich längst darauf eingestellt und geändert haben, doch das Echo des Todes eines geliebten Menschen hallt viel, viel länger nach.

Mir fallen einige Sätze von Elisabeth Kübler-Ross ein, die mir kurz vor unserer Abreise untergekommen waren und die ich auf meinen Laptop gezogen hatte. Ich lese sie Petra vor:

»Unser Leiden, unser Schmerz und unsere Verluste haben die Macht, uns zu transformieren. Es fühlt sich nicht immer gerecht an, und es ist nicht leicht, aber wir haben erlebt, dass, mit der Zeit, aus großem Leid etwas Gutes entstehen kann. Die wundervollsten Menschen, die wir kennen, sind jene, die Niederlagen, Leid, Kämpfe und Verluste erlebt und immer wieder einen Weg aus diesen Tiefpunkten gefunden haben. Solche Menschen besitzen Feingefühl, sie schätzen und verstehen das Leben in einer Weise, die sie mit Sanftmut und liebevoller Anteilnahme erfüllt. Diese Art von seelischer Schönheit kommt nicht von ungefähr.«

Petra sieht mich nachdenklich an und meint dann trocken, sie wäre lieber eine fiese Kratzbürste und hätte dafür ihren Mann noch. »Der wäre einer Kratzbürste sicher davongelaufen«, kontere ich.

»Niemals«, beharrt Petra mit einem weinenden und einem lachenden Auge. »Er hat mich geliebt, so oder so.«

Verantwortung

Wir brauchen eine kleine Pause. Petra rückt zur Seite, damit ich mich zu ihr aufs Bett kuscheln kann. Ich nehme sie in den Arm und spüre die Wärme ihres Körpers, ihren Herzschlag. Wir liegen eine Weile so da, jede hängt ihren Gedanken nach.

Ich weiß, dass Petra nach Manfreds Tod mehrere Therapien gemacht hat, die ihr geholfen haben, dem Leben wieder Freude abzugewinnen. Dass sie sich dem gestellt hat, davor ziehe ich den Hut. Wenn man das Leben eines Menschen wie im Zeitraffer erzählt bekommt, treten die emotionalen und vor allem existenziellen Momente viel stärker in den Vordergrund. Wenn ich darüber nachdenke, was sie erlebt hat, erscheint es mir fast wie ein Wunder, dass sie sich so fröhlich und offen auf diese Reise eingelassen hat. Dass sie sich geduldig meinen vielen Fragen stellt und auch schmerzhafte Erinnerungen mutig hervorholt.

Petras gleichmäßiger Atem unterbricht mich in meinen Gedanken. Sie ist eingeschlafen. Leise schleiche ich mich aus der Kabine. Was nun? Ich bin zu aufgewühlt, um schon ins Bett zu gehen. Am besten, ich schaue noch auf eine halbe Stunde hoch auf die Brücke. Schon während der Reise mit meinem Vater habe ich mich besonders nachts dort immer sehr wohl gefühlt.

Alles ist abgedunkelt, damit kein verwirrendes Licht nach außen dringt. Nur das grüne Steuerbord- und das rote Backbordlicht, sowie die Beleuchtung an Bug und Heck dürfen an sein, damit andere Schiffe unsere Position ausmachen können. Im Innern spenden nur die Monitore des AIS (»Automatic Information System«) und des ECDIS (»Electronic Chart Display and Information System«) ein wenig Licht.

Ich liebe die Stimmung hier oben. Den Blick durch die großen Fenster auf den unendlichen Sternenhimmel, die stille Konzentration, die hier herrscht. Es sind immer zwei Männer auf der Brücke, die Wachdienst haben. Einer der drei Offiziere und ein Steuermann. Falls einer einschläft! Sollten beide einschlafen, gibt es noch den Bridge-Watch-Alarm, der alle zwölf Minuten losgeht, wenn man ihn nicht alle elf Minuten abschaltet. Er schrillt zuerst auf der Brücke, dann in der Kajüte des Kapitäns. Wenn auch der nicht reagiert, beim Ersten Ingenieur und anschließend auf dem ganzen Schiff.

Alle fünf bis zwanzig Minuten muss – je nach Windstärke und Strömung – die gegenwärtige Position überprüft und auf großen Seekarten mit Lineal und Zirkel eingetragen werden. Sie werden in einem abgetrennten Raum in Schubladen aufbewahrt und liegen dort für die jeweilige Route in der richtigen Reihenfolge parat. Das AIS gibt zwar den genauen Längen- und Breitengrad an und das Echolot, wie viel Meter Wasser wir gerade unter dem Kiel haben, doch die Technik könnte ja ausfallen. Deshalb wird jede Seemeile, die wir zurücklegen, genau vermerkt. Ebenso wie Geschwindigkeit und Treibstoffverbrauch.

Der Dritte Offizier, ein zierlicher und sehr akkurat wirkender Mann von den Philippinen, erklärt mir, dass die Vorgabe der Reederei 12 Knoten seien; das entspricht 12 Seemeilen und ungefähr 22 Kilometern in der Stunde. Dafür braucht ein Schiff wie die *May* etwa 40 Kubiktonnen Diesel am Tag, für die rund 24.000 Dollar zu Buche schlagen. Mit jedem Knoten mehr würde die Maschine zusätzlichen Treibstoff verbrauchen, was wiederum den Gewinn des Reeders schmälern würde. Und da wir keinen exakten Zeitplan einhalten müssen, tuckern wir mit mäßiger »Fahrradgeschwindigkeit« Richtung Brasilien.

Gegen 22 Uhr taucht E. auf, um sich davon zu überzeugen, dass alles ok ist und für die Nacht keine Probleme zu erwarten sind. Ich mag es, wie er auf seine ruhige Art mit der Crew spricht, wie er eher beiläufig kontrolliert, ob die letzten Positionen auch richtig eingetragen wurden. Er macht kein unnötiges Tamtam, bläst sich nicht auf und hat trotzdem das Heft in der Hand. Während ich ihn verstohlen beobachte, kommt mir der Gedanke, dass mein Vater nur unwesentlich älter als E. gewesen sein dürfte, als er 1959 auf dem Frachter *Hinrich Oldendorff* meine Mutter kennenlernte. Und plötzlich kann ich mir vorstellen, wie aufregend und beeindruckend die Begegnung mit dem Kapitän für sie gewesen sein muss. Gute Schiffsführer strahlen Sicherheit aus. Selbst ich kann mich dieser Wirkung nicht entziehen, obwohl ich eine typische Tochter der Emanzipation bin. Schon verrückt, aber so ein kompetenter Typ mit »Führungsqualitäten« hat auf gewisse Weise Sexappeal. Wie es unter der Uniform aussieht, hinter der Fassade, ist auf den ersten Blick ja nicht gleich zu erkennen.

Ich verwickle E. in ein Gespräch über seine Rolle hier an Bord, die einerseits die eines Chefs ist, andererseits etwas von der eines Vaters hat, vor allem, wenn es brenzlig wird. Er bestätigt meine Einschätzung, ohne zu zögern: »Wenn die See ruhig ist, kräht kein Hahn nach mir, doch wenn es stürmt und man kaum mehr aufrecht stehen und gehen kann, dann kommen alle wegen des noch so kleinsten Problems hoch auf die Brücke. Dann will der Koch wissen, ob er die Suppe heute schärfer würzen soll, und der Bootsmann, ob noch irgendwelche Schrauben nachzuziehen seien. Wie bei Schafen ist das manchmal, die sich um ihren Hirten scharen.«

Würde ich wahrscheinlich auch machen, denn wer wünscht

sich nicht in einer Gefahrensituation, jemanden an seiner Seite zu haben, auf den man sich verlassen kann und der weiß, was zu tun ist. Vermutlich war es genau das, was sich meine Mutter von ihrem Kapitän erhofft hatte. Vielleicht waren die Frauen nach ihr in die gleiche Falle getappt.

Und heute? Ich habe meine Zweifel, ob sich an dieser »Idealvorstellung« viel geändert hat, Emanzipation hin oder her. Frau wünscht sich einen Partner, auf den sie sich verlassen kann. Muss ja nicht unbedingt ein Kapitän sein.

Am nächsten Morgen nach dem Frühstück wollen wir nicht gleich wieder *in medias res* gehen. Ich schlage Petra vor, gemeinsam die Unterwelt der *May* zu ergründen. Die riesige Maschine im Bauch des Schiffes, ohne die wir nicht eine einzige Seemeile am Tag zurücklegen würden.

Statt mit dem Aufzug vom Hauptdeck drei Stockwerke nach unten zu fahren, steigen wir eine schmale Eisentreppe hinab. Ein weiß und silbern glänzendes Labyrinth empfängt uns, durchzogen von Rohren, Leitungen, Stegen und eisernen Verstrebungen. Dazu ohrenbetäubender Lärm in verschiedenen Tonarten und aus unterschiedlichen Richtungen kommend. Stampfend, klopfend, hämmernd. Ich fühle mich wie im Innern eines gigantischen Lebewesens, dessen Körper allerdings hell ausgeleuchtet ist wie ein OP-Saal.

Das Herz der Maschine ist ein 6-zylindriger Monstermotor, der über alle drei Stockwerke der *May* nach oben ragt. Drumherum riesige Kessel mit Kühlwasser. Sechs Tanks mit unterschiedlichen Treibstoffmischungen sind für die ausgewogene Versorgung aller Organe zuständig. Das Gehirn ist der Kontrollraum, in dem sämtliche Informationen über elektrische Leitungen – sozusagen das Nervensystem des Schiffes – zusammenlaufen und auf verschiedenen Monitoren sichtbar werden.

Hier unten arbeiten genauso viele Männer wie oben an Deck. An der Spitze stehen die beiden Ingenieure, dann folgen Schlosser, Elektriker und Feinmechaniker, die »ihr Baby« lieben wie eine Mutter und jedem Atemzug, jedem Bäuerchen und jedem Pups lauschen. In ihren bunten, zum Teil mit Öl verschmierten Overalls und den quietschgelben Ohrschützern wirken sie ein wenig wie Mickymäuse in ihrer ganz eigenen Disneyworld. Für Landratten schwer zu begreifen, wie man sich für einen solchen Arbeitsplatz entscheiden kann, aber es versteht auch nicht jeder, wie ich es schaffe, viele Stunden hintereinander Texte in meinen Computer zu hacken und dabei glücklich zu sein.

Ich muss an den Maschinenraum der *Hille* denken; dort war unten im Bauch des Schiffes alles dunkel und rostig. Hie und da eine Funzel, die spärliches gelbes Licht auf den Boden warf, der mit Ölschlieren bedeckt war. Der Dieselgestank beamte einen fast weg. Dreißig Jahre Fortschritt haben auch an Bord so ziemlich alles auf den Kopf gestellt. Unser Vater würde sich ganz schön umschauen, wenn er die Möglichkeit bekäme, auf einem solchen Schiff zu fahren. Ob er der modernen Technik trauen würde? Die Fenstergucker (Kapitäne) und Ölkannenträger (Ingenieure) von einst sind nicht mehr mit den heutigen zu vergleichen. Man braucht inzwischen ein halbes IT-Studium, um Fehlermeldungen richtig einordnen und, vor allem, sie beheben zu können. Mit Seefahrtromantik hat das jedenfalls nicht mehr viel zu tun. Eines Tages werden die alten Seekarten endgültig im Papierkorb landen und der gute alte Sextant nur noch ein Relikt fürs Museum sein.

Nachdem wir wieder an der Oberfläche angekommen sind, nehmen wir zum ersten Mal, seitdem wir an Bord sind, ein deutliches Schwanken des Schiffes wahr. Kein Wunder, wir haben inzwischen den englischen Kanal verlassen und steuern auf die Biskaya zu. Dieses Seegebiet zwischen Nordfrankreich und Spanien ist für starke Stürme und hohe Wellen zu fast jeder Jahreszeit bekannt. Mir macht das Geschaukel nichts aus, zumindest noch nicht, doch Petra ist schon leicht grün um die Nase. Vorsichtshalber will sie eine Pille aus ihrer reichhaltigen Apotheke einwerfen, und ich besorge ihr eine Tasse Ingwertee, frisch aufgebrüht von Muchta. Nach ein paar Schlucken fühlt sie sich deutlich besser und ist bereit, mir die letzte Etappe ihrer bisherigen Lebensgeschichte zu erzählen. Das sei immer noch besser, als untätig darauf zu warten, dass ihr wirklich übel werde.

Neuanfang

Die Zeit nach Manfreds Tod war schwer. Petra fühlte sich wie ein Stück Stoff, das gewaltsam durchgerissen worden war. Und es dauerte lange, bis das Leben es wieder säumte.

Trauer braucht im Schnitt vier Jahre, bis sie bearbeitet ist. Erstaunlicherweise spielt es dabei keine Rolle, ob die Beziehung eher glücklich oder unglücklich war. Das habe ich mal irgendwo gelesen. Der Verlust tut immer gleich weh. Dazu passt, was eine alte Frau im Iran einmal zu mir gesagt hat: »Du bist erst wirklich allein, wenn du nicht einmal mehr jemanden zum Streiten hast.«

Petra, die wie alle Aerneckes niemals Schwäche zeigen würde, bewältigte ihre Trauer, indem sie ihr direkt ins Auge sah. An Manfreds Geburtstag fuhr sie nach Sylt, ging in sein Lieblingslokal und bestellte sein Lieblingsessen: Gänsebraten mit Rotkohl und Knödeln, wobei sie als Vegetarierin natürlich auf die Gans verzichtete ... Sie flog nach New York, wo sie so gerne gemeinsam hingefahren wären, um sich ganz romantisch auf dem Empire State Building zu küssen. Als sie alleine dort oben stand, flossen die Tränen. Doch sie riss sich zusammen. Manfred hätte nicht gewollt, dass sie in Trauer verging. Und da die Uni ihr eine längere

Auszeit gewährt hatte, hängte sie noch zwei Monate dran und belegte einen Sprachkurs. Das fremde Land und die neuen Eindrücke taten ihr gut und hellten ihre düstere Stimmung ein wenig auf. Genau wie Manfred sich das gewünscht hatte. Sie sollte leben, weitergehen, nicht traurig zurückblicken.

Da inzwischen auch ihre jüngere Tochter ausgezogen war und eine Hotelfachlehre absolvierte, ließ Petra sich schon bald darauf von einer Freundin zu einer Reise nach Marokko überreden. Während einer Bustour nach Essaouira lernte sie Jamil kennen, einen jungen Reiseleiter, der den Touristen die Schönheit seines Landes nahebrachte. Er war völlig anders als die Strandprinzen, die sonst überall mit charmanten Sprüchen alleinstehenden Touristinnen auflauerten, getrieben von dem Wunsch nach einem besseren Leben in Europa oder wenigstens einer kurzen, sorgenfreien Auszeit. Vor diesen Kerlen war Petra stets auf der Hut, zumal sie nicht auf einen jungen Lover aus war.

Am letzten Abend traf sie Jamil zufällig wieder. Sie sprachen die ganze Nacht miteinander, bis ihr Bus morgens um fünf Uhr zum Flughafen abfuhr. In den folgenden Wochen und Monaten setzten sie ihre Unterhaltung per Internet und Telefon fort.

Wieder zu Hause, schlüpfte sie flugs in ihre alten Schuhe. Sie hütete Enkelchen und Katzen und verbrannte wie vor Manfreds Zeiten den Großteil ihrer Energie damit, ihren Töchtern alles zu ermöglichen und abzunehmen. Sie hatte immer ein offenes Ohr, ein ebensolches Haus und übernahm wieder die Versorgerrolle. Mutti ist für alle da. Nur gab es diesmal eben keinen Manfred, der Stopp gerufen hätte.

Als ihre ältere Tochter sich schon nach wenigen Jahren scheiden ließ und plötzlich mit zwei kleinen Kindern auf der Straße stand, war es selbstverständlich, dass sie bei Petra einzogen. Bereitwillig machte sie Spielzeug, Pampers-Packungen und einem

Wäschetrockner Platz und schränkte sich nicht nur räumlich ein. Nebenbei musste der Rubel natürlich weiterrollen und sie jeden Morgen pünktlich um 8.30 Uhr an ihrem Schreibtisch in der Uni sitzen. Sie hatte wieder zu arbeiteten begonnen und in die Studienberatung für ausländische Studenten gewechselt. Auch dort galt sie bald als »unverzichtbar«.

Wieder war es ihr Körper, der die Alarmsirenen laut aufheulen ließ. Bei der vierteljährlichen Krebsnachsorge wurde erneut eine Hautunregelmäßigkeit entdeckt, außerdem machten ihr die Bandscheiben massive Probleme. Jeden Morgen aus dem Bett zu kriechen, kostete sie starke Überwindung. Sie war am Ende ihrer Kräfte. Eine von ihrem Arzt vorgeschlagene Psychotherapie führte schließlich dazu, dass sie begann, ihr Leben grundlegend zu hinterfragen. »Niemand hat sein Leben zu verschenken«, hatte Manfred ihr immer gepredigt. Seit seinem Tod hatte sich keiner mehr dafür interessiert, wo *sie* eigentlich blieb. Am wenigsten sie selbst. Sie musste ihr Leben endlich in die Hand nehmen.

Petra flog ein zweites Mal nach Marokko. Und diesmal ließ sie sich auf Jamil ein. Es gelang ihm, die Barriere aus Trauer und Zurückhaltung, die sie um sich errichtet hatte, durch seine Spontanität und allerlei Verrücktheiten zu durchbrechen. Von einem Moment auf den anderen schlug er ihr vor, in die Wüste zu fahren, weil es genau an diesem Abend dort einen besonders schönen Sonnenuntergang geben würde. Im Atlasgebirge sprang er einen 10 Meter hohen Wasserfall in die Tiefe, um ihr eine ganz private Show zu bieten. Und er hatte immer Obst für den kleinen Hunger zwischendurch dabei.

Petra begann die gemeinsame Zeit zu genießen, auch wenn es ihr anfangs unangenehm war, mit Jamil in der Öffentlichkeit gesehen zu werden. Der Altersunterschied betrug immerhin fast zwanzig Jahre. Er hätte ihr Sohn sein können. Für ihre Reisen zu zweit brauchten sie damals noch eine standesamtliche Bestätigung, dass sie vorhatten zu heiraten, die bei jeder Polizeikontrolle vorzuzeigen war. In Hotels bekamen sie kein gemeinsames Zimmer, sondern mussten nachts heimlich zueinander schleichen. Doch irgendwann war ihr auch das egal. Noch einmal etwas völlig anderes zu erleben, weit weg von ihrem gewohnten Mutter-, Oma- und Angestellten-Dasein, in dem sie mit ihren Bedürfnissen völlig untergegangen war, wurde zu ihrer persönlichen Selbstbefreiung.

Nach dem dritten Urlaub mit Jamil war klar, dass sie nicht mehr in ihr altes Leben, ihren alten Job zurückwollte. Sie war noch keine sechzig und fühlte sich in der Lage, ihr Potenzial noch anderweitig zu nutzen. Wer wusste schon, ob sie ihre Rente überhaupt erleben oder wie lange sie fit bleiben würde, bevor weitere Erkrankungen sie lahmlegten.

Nachdem ihre jetzt alleinerziehende Tochter samt Brut wieder ausgezogen war und auf eigenen Füßen stand, beschloss Petra kurzerhand, in den Vorruhestand zu gehen. Sie löste ihre Wohnung auf und flog mit den bei TUIfly erlaubten 20 Kilo Gepäck nach Agadir. Zuerst übernachtete sie im Hotel, später zog sie in eine kleine Wohnung, die ihr Jamil besorgt hatte.

Kaum angekommen, nahm sie Kontakt zu zwei Waisenhäusern auf, die sie ehrenamtlich unterstützen wollte. Ein Leben nur mit Sonne und Strand, wie es viele Deutsche in Marokko führten, kam für sie nicht in Frage. Petra war voller Enthusiasmus. Sie wollte sich engagieren, Gelder auftreiben, auch wenn Spenden oft nur ein Tropfen auf den heißen Stein waren. Im Kleinen konnten sie ihrer Meinung nach doch etwas bewirken. Als Erstes versuchte sie, mit deutschen Rentnern vor Ort ein Hilfsnetzwerk aufzubauen, was jedoch kläglich scheiterte. Die meisten wollten ihre Ruhe haben, sich nicht mit »unerfreulichen« Dingen wie Armut befassen. Nach diesem Dämpfer sprach sie bei Unternehmen wie Coca-Cola vor und leierte dem Brausekonzern von da an regelmäßig mit Erfolg ein paar Kisten Limonade aus dem Kreuz. Damit wurden Schulfeste in ihrer Nachbarschaft versorgt. Außerdem setzte sie bei einer Firma, die Obst und Gemüse für den Versand verpackte, durch, dass der »Ausschuss« einem Frauenhaus gespendet wurde. Als Europäerin scheiterte sie wenigstens nicht schon an der Pforte. Auf ihre Initiative hin wurden in mehreren Hotels Sammelbüchsen aus Babymilchdosen aufgestellt, um auf die Not vieler Kinder in Marokko aufmerksam zu machen. Denn was sich hinter den Glanzfassaden der alten Königsstädte abspielte, bekam man als Tourist nur bedingt mit. Wo immer sie etwas bewirken konnte, tat sie es.

Gegen die Armut kam sie zwar nicht an; aber sie konnte versuchen, den Menschen ihre Würde zurückzugeben, indem sie ihnen Aufmerksamkeit schenkte und kleine Freuden bereitete. Jeden Morgen lud sie ein paar Straßenkinder zum Frühstück ein; außerdem versorgte sie zwei kinderreiche Familien mit Geld für Schulbücher und -uniformen, machte gemeinsam mit ihnen Ausflüge und half den Kleinen bei den Hausaufgaben. Jamil blieb in dieser Zeit ihr treuer Begleiter.

Enttäuschungen

Ihre eigenen Töchter fanden das neue Leben ihrer Mutter einerseits spannend, besuchten sie auch ein paarmal und unterstützten sie sogar mit Sammelaktionen und Kleiderspenden aus Deutschland. Andererseits beschwerten sie sich darüber, dass Petra nun offensichtlich »neue Töchter und Enkelkinder« habe, um die sie sich kümmere und darüber die eigenen vernachlässige.

Natürlich fiel dieser Ruf nach einer Weile auf fruchtbaren Boden. Das Muttertier war wieder wachgeworden, und mit ihm die alten Schuldgefühle. Als sich die Gelegenheit bot, eine kleine Wohnung in der Nähe ihrer älteren Tochter zu mieten, griff sie zu und kehrte, sehr zu Jamils Bedauern, nach Hamburg zurück. Die Jubelschreie ihrer Töchter blieben allerdings aus. Petra hatte schon bald das Gefühl, nur noch lästig zu sein. Das lag auch daran, dass sie Mühe hatte, sich wieder in Deutschland zu etablieren. Unterstützung kam nur zögerlich und oft verbunden mit Stöhnen und Augenverdrehen. Ihre Hoffnung, dass sie die Liebe und Fürsorge, die sie einst ihren Kindern gegeben hatte, nun zurückbekommen würde, erfüllte sich nicht. In wachsender Verzweiflung drängte sie sich ihren Töchtern regelrecht auf, aktivierte ihren alten »Kontrollmodus« und versuchte, Einfluss auf die Erziehung der Enkelkinder zu nehmen. Das kam gar nicht gut an. Hatte sie bislang nur als Störenfried gegolten, erfuhr sie nun offene Ablehnung.

Und da war es wieder, das gruselige Gefühl aus der Kindheit: nicht geliebt und anerkannt zu werden, wertlos zu sein. Ein Schmerz, den fast alle Menschen kennen, die in emotionaler Unsicherheit aufgewachsen sind. Manche reagieren aggressiv, andere flüchten sich in irgendwelche Süchte und wieder andere verfallen in eine depressive Starre.

Petra tickte so richtig aus. Sie überzog ihre Kinder mit Vorwürfen und Schimpftiraden. Und die zahlten es ihr mit gleicher Münze zurück. Das Resultat waren tiefe Verletzungen auf beiden Seiten, gefolgt von absoluter Funkstille. Die Töchter zogen sich zurück und lehnten jegliche Versöhnungsversuche ab. Sie konnten und wollten mit ihrer Mutter nicht länger zurechtkommen.

Nur ganz langsam verstand Petra, dass ihr das Leben damit eigentlich einen Gefallen tat. Die Nabelschnur, die sie viel zu lange und auf ungesunde Weise mit ihren Kindern verbunden hatte, war endlich durchgeschnitten. Es war schmerzhaft und es dauerte, bis sie begriff, dass nicht nur andere ihr Wunden zugefügt hatten, sondern sie dies umgekehrt auch getan hatte.

Als überfürsorgliches Muttertier hatte sie ihre Kinder manchmal mit Aufmerksamkeit erdrückt und es dabei doch nur gut gemeint. Denn niemals sollten ihre Töchter jenes Defizit an mütterlicher Aufmerksamkeit erfahren müssen, unter dem sie in ihrer eigenen Kindheit so gelitten hatte. Aus eigener Erfahrung weiß ich, wie befreiend es sein kann, sich eigene Fehler einzugestehen und damit der Seele wieder Luft zu geben. Sich nicht mehr über andere zu stellen und die Schuld bei ihnen zu suchen, sondern bei sich zu bleiben und auf diese Weise – auch wenn es kitschig klingt – einen gewissen Grad an Demut zu erreichen.

Inzwischen geht Petra recht entspannt mit ihrer Situation um, auch wenn sie natürlich hofft, irgendwann mit ihren Kindern und vor allem den Enkelkindern wieder einen normalen Umgang zu haben. Bis dahin hat sie sich einen Ersatz geschaffen und zwei Sehnsüchte miteinander vereint. Sie ist die Ersatz-Oma für zwei kleine marokkanische Mädchen in Hamburg geworden. Den Eltern hilft sie bei schwierigen Behördengängen, sie macht Hausaufgaben mit den Kleinen, aber auch Ausflüge ins Kindertheater oder Museum. Letzten Sommer ist sie sogar mit nach Marokko gefahren, um den Rest der Großfamilie kennenzulernen. Doch, aus Erfahrung klug geworden, zieht sie sich immer wieder zurück und mischt sich nicht in Erziehungs- und vor allem nicht in Religionsfragen ein. Sie lebt ihr Leben, geht ihren kulturellen Interessen nach, trifft regelmäßig Freunde und kümmert sich viel bewusster als früher um ihren Körper und ihre Seele. Der geht es inzwischen ganz gut, wenngleich sich hin und wieder die Vergangenheit zu Wort meldet und sie Gefühle von Verlorenheit und Einsamkeit im Schlepptau hat.

In unseren langen Gesprächen wird uns bewusst, dass das Fehlen eines Elternteils – egal ob durch einen frühen Tod oder durch eine Trennung – ein Gefühl des Liebesmangels mit sich bringt, das man später oft mit in seine eigenen Beziehungen mitnimmt. Egal ob zu Partnern, Kindern, Freunden oder Arbeitskollegen. Man fühlt sich unsicher, glaubt, nicht genug Zuwendung zu bekommen und der Liebe mit aller Macht hinterherlaufen zu müssen. Das bereitet den Boden für Vorwürfe wie: »Du kümmerst dich nicht genug um mich«, »Du siehst nicht, was ich brauche«, »Du unterstützt mich zu wenig« und so weiter.

Wir empfinden es beide als Geschenk, hier auf diesem Schiff Zeit zu haben, um über solche Zusammenhänge nachzudenken. Das ist zwar anstrengend, vor allem, wenn man Seelenschubladen öffnet, die eigentlich längst verschlossen waren. Doch um negative Projektionen zu stoppen, Kreisläufe zu durchbrechen und seine Seele zu befreien, gibt es letztlich keine andere Lösung. Das Gute dabei ist, dass im Rückblick vieles klarer wird. Auch weil man mehr Distanz zum Geschehen hat. Erkennen, Verstehen, Verzeihen. Das sind die drei Schritte, die wir alle in unserem Leben immer wieder vollziehen müssen. Anders geht es nicht.

7

BISKAYA

Ein lauter Knall weckt mich. Mein Wasserglas ist auf dem Boden zerschellt und ich sehe mit Schrecken, dass sich der Kühlschrank losgerissen hat und mit hoher Geschwindigkeit auf mein Bett zubewegt. Sekunden später öffnen sich die Schranktüren, und Schuhe, Pullis, Hemden und Hosen purzeln heraus. Kurz darauf kracht im Bad mein Kulturbeutel auf den Boden. Überall knarrt und pfeift es. Willkommen in der Biskaya!

Der Steward hatte uns am Tag zuvor noch sogenannte »elephant skin«, Plastikfolie mit kleinen Noppen, gebracht, die wir auf Tische und Ablageflächen in unseren Kabinen legen sollten. Stellte man darauf etwas ab, blieb es haften und würde sich auch bei starkem Seegang nicht von der Stelle rühren. Mein Glas hatte ich unvorsichtigerweise auf der Lehne der Couch abgestellt und an die Sachen im Badezimmer gar nicht erst gedacht.

Die *May* ächzt und stöhnt, wälzt sich wie eine unruhig Schlafende von rechts nach links. Ich schäle mich aus meiner Koje, bemüht, nicht auf die Scherben zu treten und zudem das Gleichgewicht nicht zu verlieren. Ein bisschen komme ich mir vor wie in »Gravity«, einem Hollywoodfilm mit Sandra Bullock, die in einer Raumkapsel im All verschollen ist. Auf dem Meer verlor man wenigstens nur horizontal die Balance, was aber vollkommen genügt, wenn man das nicht gewohnt ist.

Ich hangle mich zum Fenster. Draußen türmen sich fünf bis sechs Meter hohe Wellen auf, jede siebte schafft es sogar auf Deck.

Aus Luke Nummer 7 schwappt das Ballastwasser. Mich wundert, dass überhaupt noch etwas drin ist. Schwere Regentropfen peitschen gegen die Scheibe. Das heißt, der Wind kommt von vorne. Mal sehen, was der tägliche Wetterbericht sagt. Seit wir auf See sind, bekommen wir jeden Morgen die von E. höchstpersönlich kommentierten Vorhersagen frisch und in Farbe ausgedruckt unter der Kabinentür durchgeschoben. Auf den Blättern ist unsere Route eingezeichnet, die jeweiligen Strömungen sind mit kleinen roten Pfeilen markiert. Auch die zu erwartenden Hoch- beziehungsweise Tiefdruckgebiete sind je nach Stärke farbig dargestellt. Diesmal ist die dominierende Farbe dunkles Violett, was nicht unbedingt beruhigend aussieht.

Auf einem angehefteten Extrablatt hat E. eine kleine Zeichnung angefertigt, die den Zusammenhang zwischen Windrichtung, Strömung, Dünung, Windgeschwindigkeit und Wellenhöhe aufzeigt. So ganz verstehe ich es noch nicht, aber das wird sich im Verlauf der Reise bestimmt bessern. Jedenfalls sieht es so aus, als würden wir erst wieder auf Höhe der Azoren in ruhigere Gewässer kommen. Sprich in frühestens drei bis vier Tagen. Wir werden uns also mit dem Schaukeln arrangieren müssen und lernen, seinem Rhythmus zu folgen: Neigt sich das Schiff auf die eine Seite, folgt nach etwa 10 Sekunden die Gegenbewegung. Ist man darauf vorbereitet und steht breitbeinig fest auf dem Boden, ist das Ganze kein Problem.

Nach einigen Stolperern gelingt es mir, dem Takt der Wellen zu folgen und nebenbei sogar meine Kabine wieder auf Vordermann zu bringen. Ich sammle die Scherben auf, schiebe den Kühlschrank an seinen Platz zurück und kette ihn wieder an. Dann packe ich Cremedosen, Zahnpasta, Bürste, Nagelfeile, Haargummis ... zurück in meinen Kulturbeutel, verstaue diesmal alles im Schrank und schließe ab. Mein Laptop scheint auf der »Elefantenhaut« ziemlich sicher. Die Frage ist nur, ob das heute mit meiner täglichen Morgengymnastik klappt? Mein Körper schreit nach Bewegung und schließlich will ich auf dieser Reise keinen Rettungsring ansetzen. Der Fitnessraum, in dem immerhin eine Tischtennisplatte, ein Fahrrad und ein Rudergerät stehen, ist bei der Schaukelei nicht benutzbar. Draußen an Deck gegen den Wind anzulaufen, wäre bestimmt gut für die Beinmuskulatur, aber E. würde mich sicher einen Kopf kürzer machen, wenn er mich dabei erwischte.

Also fahre ich meinen Computer hoch, aktiviere meinen neuen Subwoofer nebst Lautsprecher und klicke unter »Meine Musik« Donna Summer an. Sekunden später wummert »Love to Love you Baby« durch die kleine Kabine. Ich spreize Arme und Beine, doch keine Chance. Es schleudert mich von links nach rechts, in einem Moment geht es steil bergauf und Sekunden später bergab. Vielleicht klappt es mit einer anderen Übung, bei der man keine Ausfallschritte machen muss. Ich stemme die Beine fest in den Boden, neige mich nach vorne und umfasse mit den Händen meine Fußknöchel. Auch das geht nicht, mir wird gleich schlecht. Frustriert schalte ich den Computer wieder ab und ziehe mich an.

Mal sehen, wie es Petra eine Etage tiefer geht. Die Kabinentür flutscht mir gleich aus der Hand und schwingt ein paarmal hin und her, bevor sie laut krachend hinter mir ins Schloss fällt. Draußen auf dem Flur sind glücklicherweise Stangen an den Wänden angebracht, an denen ich mich zu den Treppen hangele. Den Aufzug bei so heftigem Seegang zu benutzen, ist weniger ratsam. Damit hatte ich vor vielen Jahren einmal richtig schlechte Erfahrungen gemacht.

»Error«

Einer meiner ersten Jobs beim Fernsehen war eine Reportage über das »Traumschiff«. Damals gab Sascha Hehn noch den Steward und Heinz Weiss, Gott hab ihn selig, den Kapitän. Gaststar der Folge, deren Dreharbeiten ich dokumentieren sollte, war Udo Jürgens. Wir hatten gerade noch ein Interview mit ihm auf der Brücke gedreht, in dem es mehr um seine neueste Single als um seine Rolle beim »Traumschiff« ging, als das Wetter schlechter wurde und die *MS Deutschland* heftig zu schaukeln begann. Also packten wir eilig Kameras, Kabel und anderes Equipment zusammen und schleppten alles zum Aufzug. Kaum hatten wir auf den Knopf nach unten gedrückt, ging es auch schon los. Das Schiff erzitterte, rollte hin und her, und in unserem kleinen Lift flog alles durcheinander. Stativ, Kamera, Mikrophone ... und wir. Es gab noch einen kurzen Ruck, danach ging nichts mehr, nicht einmal das Licht. Wir waren steckengeblieben. Zum Glück hatte der Tontechniker eine Taschenlampe dabei, weshalb wir einigermaßen rasch die Orientierung wiedererlangten. Ich drückte den Alarmknopf. Doch nichts geschah. Kein Pieps, kein Klingeln, keine Sirene. Auch die Leitung des Nottelefons war tot. Zu allem Übel wurde der Seegang immer schlimmer. Als Erstes übergab sich der Kameramann. Ich legte zügig nach. Eine ordentliche Sauerei auf engstem Raum. Bald lehnte jeder von uns in einer Ecke, Schweißperlen auf der Stirn und um Fassung ringend. Ich weiß nicht mehr, wie lange es dauerte, bis wir aus unserer misslichen Lage befreit wurden. Danach suchte jeder schnell das Weite. Die Geschichte habe ich bis heute nicht vergessen.

Als ich an Petras Kabinentür klopfe, ertönt ein mattes: »Komm rein, ist offen.« Meine Schwester ist schon angezogen, liegt aber kreidebleich auf ihrem Bett. Das Thema Frühstück würde sie heute lieber ausklammern. Ich widerspreche und belehre sie, dass es auf alle Fälle besser sei, etwas im Magen zu haben, damit sie im Ernstfall nicht nur Galle von sich geben würde. Stöhnend stimmt sie mir schließlich zu, rappelt sich hoch, vermeidet aber strikt jeden Blick aus dem Bullauge, hinter dem sich der Horizont gnadenlos auf- und absenkt.

Ich stütze sie, so gut es geht, und bringe uns beide sicher die drei Stockwerke hinunter zur Offiziersmesse. Auch hier ist alles in Bewegung. Die Stickbilder mit chinesischen Landschaften und Reisfeldern heben sich immer wieder von der Wand ab und klappen dann mit einem lauten Geräusch zurück. Die runde Platte in der Mitte der Tische dreht sich heftig. Wie auf einem kleinen Karussell zischen Honig, Marmeladen, Salz, Pfeffer, Essig Öl, Senf und scharfe Soßen im Kreis herum. Erst als Rommel, der unsere Frühstücksbestellung aufnimmt, ein Messer als Bremsklotz darunterschiebt, ist Ruhe.

Der Seegang überträgt sich sogar auf Petras Porridge, den sie tapfer in sich hineinlöffelt. Ich bin keine Brei-Esserin und fülle mir den Magen wie üblich mit etwas Obst, einem Vier-Minuten-Ei, Vollkornbrot und Frischkäse. Da schwappt wenigstens nichts über den Tellerrand.

Ob man bei so viel Schaukelei überhaupt schreiben, beziehungsweise klar denken kann? Purzelt da nicht alles durcheinander im Hirn? Petra will es nicht einmal auf einen Versuch ankommen lassen, sondern sich gleich wieder hinlegen. Sie möchte unbedingt einen Becher Ingwertee, der ihr gestern schon gute Dienste geleistet hatte, mit hoch in ihre Kabine nehmen. Der würde allerdings, wenn wir den Weg übers Treppenhaus nahmen, oben leer sein.

Trotz meiner Traumschifferfahrung lasse ich mich von ihr überreden, den Aufzug zu nehmen. Und natürlich passiert, was passieren musste! Upperdeck, A-Deck, B-Deck, C-Deck, dann macht das Ding einen Ruck und steht. Wenigstens bleibt das Licht an. Auf dem Display, der das jeweilige Stockwerk anzeigt, blinkt hektisch und in roten Lettern das Wort »Error« auf. Na super. Ich hebe den Hörer des Telefons ab, um E. in seiner Kabine anzurufen. Freizeichen! Doch keiner zu Hause. Als Nächstes versuche ich es auf der Brücke, wo er erfreulicherweise gleich dran ist. Keine Sorge, er würde sofort jemand schicken, sagt er mit seiner leisen, ruhigen Stimme. Doch zunächst geschieht überhaupt nichts. Es schaukelt, die Wände knarzen, die Neonröhre flackert und Petra steht der Schweiß im Gesicht. In ihrem Bauch gurgelt der Haferbrei. Bitte nicht!

Ungeduldig, wie ich nun einmal bin, drücke ich einfach alle Knöpfe hintereinander. Nach dem dritten Versuch gibt es tatsächlich wieder einen Ruck und wir bewegen uns nach oben. Auf dem Display steht jetzt E-Deck. Hoffentlich geht die Tür auch auf. Während wir warten, klingelt das Telefon und E. verkündet stolz, er habe jetzt den Elektriker aufgetrieben, der sei unterwegs zu uns und wir würden gleich gerettet. Noch bevor ich etwas antworten kann, öffnet sich die Lifttür. Petra rennt sofort los, während ich E. noch über den glücklichen Ausgang unseres Abenteuers informiere. Ich bilde mir ein, so etwas wie Enttäuschung in seiner Stimme zu hören.

Und tatsächlich. Er hätte so gerne den Helden gespielt, gesteht er mir später grinsend. Schließlich würde sich heutzutage kaum mehr die Chance bieten, zwei hübsche blonde Frauen zu retten. Ganz schön albern, aber charmant. Mein Vater hätte wahrscheinlich Ähnliches von sich gegeben.

Nachdem Petra sich hingelegt hat, ziehe ich mich in meine Kabine zurück. Mir geht es gut und ich beschließe, vorerst ohne sie weiterzuschreiben. Das ist allerdings leichter gesagt als getan. Der Laptop ist zwar aufgeklappt und wartet darauf, mit Buchstaben gefüttert zu werden. Doch immer, wenn ich gerade loslegen will, legt sich das Schiff auf die Seite und ich schlage die unsinnigsten Tasten an. Dann wieder rutscht der Stuhl samt meiner 50 Kilo vom Schreibtisch weg, quer durch die Kabine. Dem kann erst

Einhalt geboten werden, nachdem ich den Steward per Telefon bitte, mir ein Seil zu bringen. Nicht um mich aus Verzweiflung aufzuhängen, sondern um den Stuhl am Schreibtisch festzubinden. Noch nie hab ich mich so an meine Arbeit gefesselt gefühlt wie jetzt. Auch eine Methode ...

Ich versuche, mich zu konzentrieren. Und zwar auf die nächste Frau unseres Vaters und deren gemeinsame Tochter Christa.

Vincenz

Kurz nachdem die Idee zu diesem Buch entstanden war, habe ich Christas Sohn Vincenz besucht, um mehr über diesen Teil der Familie zu erfahren. Leider kann Christa ihre Geschichte nicht mehr selbst erzählen. Sie starb 2008 mit knapp fünfzig Jahren an Leberkrebs.

Vincenz war ich bis dahin noch nie begegnet. Eigentlich unverzeihlich, immerhin ist er mein Neffe. Aber so war es nun einmal in dieser merkwürdigen Familie, in der alles über Umwege ablief.

Als er mich in Bremerhaven vom Zug abholte, hatte ich – ähnlich wie auf der Beerdigung vor dreißig Jahren – das Gefühl, in ein bekanntes Gesicht zu blicken. Das Aernecke-Gen war unverkennbar da. Die Kinnpartie. Die Lippen. Die Kopfform.

Vom Bahnhof aus fuhren wir zu einem kleinen Ort mit schmucken Einfamilienhäusern und ebenso schmucken Gärten davor, wo er mit seiner Familie lebte. Ich erfuhr, dass Vincenz seine Frau in Afghanistan kennen gelernt hatte, wo er zwei Jahre als Bundeswehrsoldat im Kriegseinsatz gewesen war. Die beiden gehörten zur NRF (»Nato Response Force«), einer schnellen Eingreiftruppe, die Gebiet und Lage sondierte, bevor der riesige Nato-Apparat anrollte. Sie war seine Vorgesetzte und koordinierte die Angriffe von Boden- und Luftstreitkräften. Die beiden haben so manche gefährliche Situationen miteinander durchgestanden. Das hat sie zusammengeschweißt, vielleicht sogar für immer. Das wäre mal etwas Neues in dieser Familie. Zu wünschen wäre es ihnen, denn sie haben zwei kleine Kinder.

Nachdem Vincenz mir sehr sachlich und zeitlich geordnet die Lebensgeschichte seiner Mutter erzählt hatte, führte er mir ein »Urlaubsvideo« vor, wie er es augenzwinkernd nannte. Es zeigte Aufnahmen, die von einer Drohnenkamera bei Kunduz gemacht worden waren. Man konnte die Bombeneinschläge und die angerichtete Zerstörung deutlich sehen. Während er mir den Ablauf und die Folgen eines solchen Einsatzes erklärte, hielt er seine zwei Monate alte Tochter auf dem Arm und gab ihr die Flasche. Ein Bild, das ich so schnell nicht vergessen würde. Neues Leben und Tod so nah beieinander.

Warum Vincenz sich gerade für diesen Weg entschieden hat, steht ohne Zweifel in engem Zusammenhang mit dem Leben seiner Mutter, aber auch mit dem unseres Vaters, seines Großvaters, den er leider nie kennengelernt hat.

8

CHRISTA

Kurz nachdem unser Vater 1949 von Petras Mutter geschieden wurde, lernte er Anneliese Sterenberg kennen, Ehefrau Nummer 3. Sie war die Witwe eines im Krieg gefallenen Kameraden, dem er versprochen hatte, sich um seine Frau zu kümmern, falls der nicht mehr heimkehrte. Das muss unser Vater recht wörtlich genommen haben. Denn als er die nun alleinstehende Mutter von drei Kindern in Bremerhaven besuchte, um ihr ein wenig Trost zu spenden, kamen sich die beiden schnell näher. Und da er sowieso kein Zuhause mehr hatte, quartierte er sich gleich in ihrer Zweizimmerwohnung ein. Platz ist in der kleinsten Hütte. Die Witwe teilte von nun an nicht nur Tisch und Bett mit ihm, sondern unterstützte ihn auch in seinem alten Traum, wieder zur See zu fahren. Seit Kriegsende hatte er keine Planken mehr unter den Füßen gehabt und sich nur mit Gelegenheitsjobs über Wasser gehalten.

Obwohl sie nur eine kleine Witwenpension erhielt und für ein noch kleineres Salär im Fischereihafen arbeitete, finanzierte sie ihm eine Ausbildung zum »Seesteuermann auf Großer Fahrt« an der Seefahrtschule in Bremerhaven, die er 1954 abschloss. Er dankte es ihr mit einem weiteren Kind.

Christa wurde in demselben Jahr geboren, in dem er sein Kapitänspatent erwarb: 1956. Das Wirtschaftswunder war in vollem Gang, die deutschen Reedereien hatten sich von ihren Kriegsverlusten erholt und brauchten Seeleute. Unser Vater heuerte zuerst bei KG Fisser & v. Doornum an, wo er erst als Dritter und dann als Zweiter Offizier fuhr, später bei Egon Oldendorff in Lübeck.

In jenen Jahren war er sicher nicht immer der perfekte Familienvater, doch er kümmerte sich, so gut er konnte. Vielleicht nicht aus reiner Liebe, aber vielleicht aus dem Gefühl heraus, Anneliese etwas zurückgeben zu wollen. Sie hatte ihm all das schließlich erst ermöglicht.

Doch bei seinem ersten Einsatz als Kapitän auf der *MS Hinrich Oldendorff*, die von Bremen aus nach San Franzisko fuhr, änderte sich sein Lebenskurs um volle 180 Grad. Er traf meine Mutter.

In Brake hatte er sich noch tränenreich von Anneliese und der inzwischen dreijährigen Christa verabschiedet. Weihnachten wollte er wieder zurück sein. Doch die Familie wartete umsonst bei Kartoffelsalat und Würstchen unter dem geschmückten Baum. Nach über sieben Jahren mit dieser Frau, die außer ihrer Liebe nichts besessen und ihm doch alles gegeben hatte, hielt er es nicht einmal für nötig, sie über die Kursänderung zu informieren. Kein Brief, kein Telefonanruf. Gar nichts. Er verschwand einfach aus ihrem Leben und war für sie nicht mehr erreichbar.

Alimente musste er natürlich zahlen, da kam er nicht raus. »Wegen neuer Familiengründung«, wie es offiziell hieß, schaffte er es allerdings, nur den absoluten Mindestbetrag abdrücken zu müssen. Das besagen jedenfalls verschiedene Korrespondenzen mit Ämtern, die ich ebenfalls in Petras Mappe gefunden habe. Als Älteste von uns Geschwistern war sie dazu auserkoren worden, alle wichtigen Papiere aufzubewahren. Sie fühlte sich auch verantwortlich, unseren Vater immer wieder aufzufordern, Kontakt mit Anneliese oder wenigstens mit seiner Tochter aufzunehmen. Doch er konnte oder wollte es nicht. Aus Scham? Aus

Feigheit? Verdrängt? Vergessen? Kann man sein leibliches Kind vergessen?

Anneliese verwöhnte ihr jüngstes Kind. Sie konnte ihren Kapitän lange nicht vergessen und das Einzige, was an ihn erinnerte, war die gemeinsame Tochter. Wie bei uns allen hatten bei ihr die Gene des Vaters voll durchgeschlagen. Während Petra und ich für diese Ähnlichkeit meist gerügt wurden – nach dem Motto: »Du bist genau so schlimm wie dein Vater« – wurde Christa mit besonderer Liebe und Fürsorge überschüttet. Irgendwo musste die Zuneigung der Mutter ja hin.

Ihr ältester Sohn Fred war bereits ausgezogen und machte, angeregt durch unseren Vater, eine Kapitänsausbildung. Zu ihm hatte Christa, die damals Gigi genannt wurde, weil es das erste Wort war, das sie sprechen konnte, von klein auf ein besonders gutes Verhältnis. Er war Bruder und Ersatzvater zugleich für sie. Wenn er vom Schiff kam, brachte er ihr immer ein Geschenk aus irgendeinem fernen Land mit. Die zwei älteren Schwestern verließen die häusliche Enge ebenfalls früh. Sie heirateten beide amerikanische GIs und zogen über den großen Teich. Kurz darauf gründete auch Fred, Christas einzige männliche Bezugsperson, eine eigene Familie.

Sie muss früh das Gefühl gehabt haben, dass sie eigentlich nirgendwo so richtig dazugehörte. Sie trug den Mädchennamen ihrer Mutter – Erhold –, war also weder eine Aernecke noch eine Sterenberg. Das Wissen um einen Vater, von dem ihre Mutter zwar in den höchsten Tönen schwärmte, der aber von seiner Tochter nichts wissen wollte, muss sie in eine tiefe Unsicherheit gestürzt haben. Und als Anneliese eines Tages einen neuen Partner kennenlernte, der auch sofort einzog, fühlte sich Christa erst recht hintangestellt.

Das Mädchen reagierte erst bockig und später mit Wutausausbrüchen, die sie hauptsächlich an ihrer Mutter ausließ. Da half auch die ganze Zuneigung nichts, die Anneliese ihrer Tochter entgegenbrachte. Es fehlte einfach etwas. Etwas, das ihr die Mutter nicht geben konnte und schon gar nicht deren neuer Partner.

Die prekären finanziellen Verhältnisse der Familie trugen mit dazu bei, dass Christa nur den Hauptschulabschluss machte. Sie sollte ihren Beitrag zum Auskommen leisten. Anneliese, die inzwischen als Verkäuferin in der Lampenabteilung bei Karstadt arbeitete, vermittelte ihr dort eine Lehrstelle. Doch noch vor Ende der Ausbildung flog sie raus. Sie hatte ihre Stimmungsschwankungen immer weniger im Griff, fühlte sich permanent schlecht behandelt oder übergangen. Christa gegen den Rest der Welt.

Um ihre Mutter nicht gänzlich zu enttäuschen, suchte sie sich jedoch ein anderes Geschäft, in dem sie ihren Abschluss machen konnte. 1975 legte sie ihre Prüfung als Verkäuferin vor der Industrie- und Handelskammer in Bremerhaven ab.

Danach wollte sie nur noch weg. Nichts mehr von Glühbirnen hören, egal ob zwanzig, vierzig oder sechzig Watt. Sie sehnte sich nach der großen, weiten Welt, danach, irgendwelche verrückten Sachen zu machen. Da kam die Einladung ihrer Halbschwestern, sie in den USA zu besuchen, gerade recht.

Doch auch dort kam es durch Christas wechselhaftes Temperament regelmäßig zu Auseinandersetzungen. Einmal wollte sie unbedingt eine lange Strandwanderung unternehmen, und um ihr eine Freude zu machen, sagten die Schwestern zu. Wer sich jedoch schon nach kurzer Zeit ausklinkte, war Christa. Ohne ein Wort zu sagen, lief sie zur Straße zurück und fuhr einfach per Anhalter weiter. Sie sehnte sich über die Maßen nach Wertschätzung und danach, dass andere ihre Wünsche berücksichtigten. Bekam sie, was sie wollte, konnte sie es oft nicht einmal annehmen. Sie zog Menschen an, um sie im nächsten Moment wieder zurückzustoßen. Was sie in solchen Fällen immer wieder rettete, war ihr grenzenloser Humor. Deswegen sah ihr soziales Umfeld ihr so einiges nach. Mit Christa konnte man Spaß haben und lachen, bis das Zwerchfell streikte. Doch am anderen Ende der Gefühlsskala standen ihre Wutanfälle. Eine emotionale Achterbahn, auf die sie Freunde und Familie schickte.

Auf die Barrikaden

Nach ihrer Rückkehr aus den USA zog sie vorübergehend wieder bei ihrer Mutter und deren Partner ein. Um eine eigene Wohnung anmieten zu können, musste sie zuerst einen Job finden, was gar nicht so einfach war. In Bremerhaven schwächelte der größte Wirtschaftszweig, die Hochseefischerei, und andere berufliche Möglichkeiten, vor allem für junge Leute, waren an der Küste eher dünn gesät. Doch der Zeitgeist der Siebzigerjahre schrie sowieso nach einem anderen Leben.

Für ein Mädchen aus der Provinz waren Flower-Power, sexuelle Revolution, Peace-Movement und neue soziale Ideen der totale Thrill. Alle, die es in der »Piefzone« nicht mehr aushielten, flüchteten sich in die »geschlossene Auffangstation« Berlin. 1977 packte auch Christa ihre Siebensachen. Obwohl die geteilte Stadt von Mauern umgeben war, fühlten sich vor allem junge Menschen dort freier als im Rest der Republik. In Berlin gehörten offener Protest gegen das Establishment und die Regierung, Demos und Hausbesetzungen zum Alltag. Christas Revoluzzer-Seele fühlte sich hier zu Hause, sie war genau am richtigen Ort gelandet. Ihren Lebensunterhalt verdiente sie sich in Szenekneipen hinter der Bar.

Bei einer Demo traf sie einen ehemaligen Schulkamerad aus Bremerhaven wieder, der in einem kleinen Verschlag im Hinterhof eines Wohnhauses in Kreuzberg Nummernschilder für Autos und Flugblätter versteckte. Schnell fand sie heraus, dass er zum verlängerten Arm der zweiten Generation der Roten Armee Fraktion (RAF) gehörte. Mit ihm zusammen fühlte sie sich stark, hatte endlich ein Ziel, für das es sich zu kämpfen lohnte: Die Veränderung der Gesellschaft. Auch wenn sie wahrscheinlich wie viele damals gar nicht genau wusste, wie diese neue Gesellschaft eigentlich aussehen sollte.

Klar, dass die beide sofort eine heftige Affäre begannen. Klaus studierte Skandinavistik, Philosophie und Religionswissenschaften. Nicht, weil es ihn interessierte – er hätte viel lieber eine Schreinerlehre gemacht –, sondern weil seine Eltern es wollten. Sie stammten aus bescheidenen Verhältnissen, hatten sich nach dem Krieg hochgearbeitet und glaubten nun, ihrem Sohn mit einem Studium einen noch besseren Weg ebnen zu können.

1979 wurde Christa von Klaus schwanger und die beiden beschlossen das eher raue Berliner Pflaster zu verlassen; sie wollten zurück in den Norden, um in der alten Heimat als Familie zu leben. Klaus' Eltern waren wenig begeistert von der Wahl ihres Sohnes und ließen Christa das auch spüren. Sie hatten sich für ihren Sohn etwas Besseres vorgestellt. Zumindest ein Mädchen mit Abitur. Wieder einmal fühlte sie sich nicht dazugehörig, abgelehnt, nicht geliebt, nicht einmal akzeptiert.

Das Einzige, was sie aufrecht hielt, waren einzelne Flugblattaktionen, die sie mit Klaus weiter gemeinsam durchführte. Sie hätte so gerne irgendetwas bewirkt, nicht nur für sich, sondern auch für ihr zukünftiges Kind. Einmal wurden sie bei einer Kurierfahrt mit einer hohen Summe Geld im Gepäck an der Grenze aufgehalten. Aber bevor der Wagen gefilzt werden konnte, machte Christa – inzwischen hochschwanger – einen auf Frühgeburt und rettete ihnen beiden damit den Arsch.

Nach der Geburt ihres Sohnes Vincenz änderte sich ihr Leben auf einen Schlag. Klaus hatte inzwischen Arbeit in einer Brauerei mit angeschlossener Kneipe gefunden und in diesem Umfeld regelmäßig zu trinken begonnen. Trotzdem versuchte Christa ihn zu motivieren, sein Studium in Bremerhaven wieder aufzunehmen und seine Magisterarbeit zu schreiben, damit er wenigstens einen offiziellen Abschluss in der Tasche hatte. Und sie hatte sogar Erfolg damit. Bezeichnend war allerdings das Thema, das er wählte: Es ging um Friedrich Nietzsches Werk »Also sprach Zarathustra«, konkret um »Die innere Zerrissenheit Zarathustras«.

Auch Christa drückte wieder die Schulbank. Sie versuchte, die Mittlere Reife nachzuholen, was ihr jedoch mit Baby und Kellnerjobs, die sie nun auch in Bremerhaven angenommen hatte, nicht gelang. Dazu kam die Trennung von Klaus. Der hatte zwar seinen Magister geschafft, trank aber immer mehr. Außerdem fand sie, dass er sich zunehmend von ihr und dem Kind abwandte. Früher oder später wäre er sowieso gegangen. Und schon wieder die Verlassene, die Abgelehnte, die Nichtgewollte zu sein, hätte sie nicht ausgehalten. Besser beizeiten die Reißleine ziehen.

Sie zog mit Vincenz an den Hafen, in eine heruntergekommene, aber günstige Altbauwohnung. In dieser ersten Zeit, in der sie für ihren Sohn alleine verantwortlich war, wuchs er ihr sehr ans Herz. Sie trennte sich nur selten von ihm und nahm ihn sogar auf eine Reise in ihrem alten VW-Bus nach Marokko mit. Seinen vierten Geburtstag feierte Vincenz in Tanger. Dort taten sich für Christa neue, lukrative Möglichkeiten auf, um als alleinstehende Frau mit Kind finanziell besser über die Runden zu kommen. Aus der »Marokko-Connection« entwickelte sich eine langjährige Geschäftsbeziehung. Es passte gut, dass sie ohnehin gerade in einer Szenekneipe arbeitete, wo sie sich ohne große Mühe schnell einen dankbaren, treuen Kundenstamm aufbauen konnte. Und so war schon bald eine bessere Wohnung für Mutter und Kind drin.

Wenn sie nachts arbeitete, war Vincenz meist bei seiner Oma und seinem »neuen Großvater«, der ihm abends vor dem Einschlafen von seinen Kriegsabenteuern erzählte. Die Wochenenden verbrachte er beim Vater, der nach der Trennung von Christa zurück zu seinen Eltern gezogen war, nie Geld hatte und sich so ziemlich als Looser fühlte. Wahrscheinlich kam er nur schwer damit klar, dass sich trotz mancher politischer Aktionen letztendlich nicht viel verändert hatte. Die Zeit der großen Revolten war vorbei, ihm blieb nur noch, mit seinem kleinen Sohn Revolution zu spielen. Sie füllten Schwarzpulver in Suppendosen, verbanden sie mit einem Neunvoltblock und ließen die »Bomben« dann im Garten hinter den Rosen hochgehen. Damit es nicht eintönig wurde, schossen sie auch mit dem Luftgewehr vom Garagendach aus auf Plastiksoldaten unten im Hof.

Zuhause dagegen war Vincenz jegliches Kriegsspielzeug verboten. Christa hatte eine radikale Kehrtwendung vollzogen und sich zur überzeugten Pazifistin entwickelt. Sie hatte einen Lama kennengelernt und war Buddhistin geworden. Ob sie glaubte, dadurch ihre »Missstimmungen« in den Griff zu bekommen und Frieden für ihre Seele zu finden? Jedenfalls stand fortan in ihrem Schlafzimmer ein Altar mit einer kleinen Buddha-Statue, einer Klangschale, Gebetsglöckchen und Räucherstäbchen.

Die Sache mit dem Friedenfinden ging allerdings gründlich schief. Stattdessen trat Jochen, ihr einstiger Jugendschwarm, wieder in ihr Leben.

Er hatte ursprünglich als Hochseefischer gearbeitet, sich dann als Autohändler versucht, nebenbei mit Drogen gedealt und außerdem ständig mit der Polizei zu tun. Ein riesiger Typ mit Wampe, Tätowierungen am ganzen Körper, schwarzer Lederjacke und Goldkettchen. Er hatte nie verstanden, warum Christa wieder mit Klaus ging. Nun sah er seine Chance gekommen, alte Liebe rostet nicht. Auch sie fühlte sich zu ihm hingezogen. Über die Gründe lässt sich nur spekulieren. Vielleicht hatte sie einfach Vertrauen zu ihm, weil sie sich so lange kannten – ähnlich wie damals bei Petra und ihrem Friseur. Vielleicht, weil es im Bett so gut klappte oder weil sie ihn für seine »Risikobereitschaft« bewunderte. Eine kleine Erinnerung an eigene, wildere Zeiten. Jochen zog jedenfalls bei ihr ein und schon bald wieder aus. Und wieder ein und wieder aus. Vincenz mochte ihn nicht. Wenn Jochen da war, gab es fast jeden Tag Streit, der immer häufiger in Handgreiflichkeiten gegen seine Mutter endete. Den Jungen selbst ließ er in Ruhe, doch Christa erschien alle paar Wochen mit Sonnenbrille in der Arbeit. Eines Morgens regte er sich so darüber auf, dass man ihn zu früh geweckt hatte, dass er Mutter und Sohn hochkant rausschmiss. Er pfefferte Vincenz' Schulranzen, sein Pausenbrot und eine Banane hinterher in den Hausflur und zerlegte anschließend die Wohnungseinrichtung. Kommt mir irgendwie bekannt vor.

Crewgeschichten

Am Abend lese ich Petra, die ihre Kabine den ganzen Tag nicht verlassen hat, vor, was ich geschrieben habe.

Christas Geschichte stimmt sie sehr traurig, auch weil sie vieles gar nicht wusste. Die beiden Frauen standen sich gefühlsmäßig nahe, doch bei ihren wenigen Treffen wurde meist nur über das gesprochen, was gerade anstand. Oft war Christas Mutter dabei, manchmal Petras Kinder oder irgendwelche Freundinnen. Man ging zusammen schwimmen, zum Essen oder ins Konzert. Gespräche über die Vergangenheit oder den gemeinsamen Vater wurden ausgespart; der große Bogen, der Zusammenhänge und Mechanismen aufgezeigt hätte, fehlte. Und dass sie nicht über ihren Nebenverdienst sprach, ist ja sowieso klar.

Ich selbst habe Christa nur dreimal in meinem Leben gesehen. Am nachhaltigsten in Erinnerung ist mir dabei mein vierzigster Geburtstag, den ich in München feierte. Damals war es

mir gelungen, tatsächlich alle Familienmitglieder zusammenzu-
trommeln. Doch Christa war auch hier wieder der Außenseiter.
Sie fühlte sich sichtlich unwohl, brachte kaum ein Wort heraus.
Nur, warum? Schließlich war sie doch eine von uns, eine, die
genauso wie wir ohne den »Alten« aufgewachsen war.
Petra hat die Antwort. Sie meint, dass es in Christas Fall gar
nicht per se das Fehlen des Vaters gewesen sei, das ihr später so
viele Probleme bereitete. Liebe und damit Vertrauen ins Leben
können einem auch andere Menschen geben. Aber nicht um seine Wurzeln zu wissen, sprich einen Teil seiner Herkunftsfamilie
überhaupt nicht zu kennen, ist schon ein dicker Hund. Wir anderen Schwestern haben unseren Vater wenigstens bewusst erleben
können, wenn zum Teil auch mit Verspätung oder nur über einen
kurzen Zeitraum. Christa hatte diese Chance nie. Sie war drei Jahre alt, als er sie und ihre Mutter unterm Weihnachtsbaum sitzen
ließ. Insofern, finde ich, hat es sie am härtesten getroffen.

Um uns ein wenig auf andere Gedanken zu bringen, überrede ich
Petra, trotz Schaukelei aufzustehen und ein paar Minuten nach
draußen an die frische Luft zu gehen.
Der kalte, feuchte und vor allem salzhaltige Wind von mindestens 12 Knoten verlangt uns einiges ab. Teilweise bläst er so stark,
dass ich das Gefühl habe, er drückt mein Gesicht ein wie eine
Karnevalsmaske aus Pappe. Wir halten es nur kurze Zeit aus und
flüchten uns zurück in die Kabine. Ein Blick in den Badezim-
merspiegel beruhigt mich. Keine Beulen, keine Dellen und auch
keine Salzkruste auf dem Gesicht.
Von unten aus der Kombüse riecht es verlockend nach irgendetwas Gebratenem und ich merke, dass ich ohne Probleme eine
Kleinigkeit essen könnte. Petra verzieht zwar das Gesicht, kommt
aber trotzdem mit. In der Offiziersmesse ist Rommel dabei, alles
für eine weitere bewegte Nacht vorzubereiten. Weder Salz, Pfef-

fer, Öl, Essig noch Salatsaucen stehen auf den Tischen. Alles ist sicher in Schränken oder im Kühlschrank verstaut. Drei Tassen und fünf Teller seien bereits zu Bruch gegangen, erzählt er uns. Seit sechs Monaten ist das für ihn die schlimmste Überfahrt. Um ihn von seiner schlechten Stimmung abzulenken, versuche ich, ein bisschen über sein Leben zu erfahren. Bereitwillig schildert er uns, dass er vor seiner »Oldendorff-Zeit« als Steward auf dem Kreuzfahrtschiff *Aida* gearbeitet hat. Obwohl er auf der *May* weniger verdient, weil es kein Trinkgeld gibt, gefällt es ihm auf dem Frachter besser. Seine erste Frau war dagegen weniger begeistert und schlug permanent Alarm wegen der Finanzen. Vor drei Jahren ließ sie sich scheiden und zog mit der gemeinsamen Tochter weg. Ich werfe ein, dass das vielleicht weniger am Geld gelegen haben könnte, als daran, dass er nur drei Monate im Jahr zu Hause war. Doch Rommel schüttelt den Kopf. Seine jetzige Frau hat damit überhaupt kein Problem. Sie sind jetzt schon fast ein Jahr räumlich getrennt und kommunizieren nur über Skype. Vor sieben Monaten bekam sie ein Baby, das er allerdings bisher nur aus Facebook kennt. Die Fotos hat er auf sein Smartphone geladen und zeigt sie uns stolz. Ich schlucke. Er war weder bei der Geburt dabei, noch hat er das erste Brabbeln seines kleinen Sohns gehört. Vielleicht würde er es gerade noch schaffen, die ersten Schritte des Kleinen mitzuerleben. Ich wünsche es ihm.

Rommel hat große Pläne mit seinem Sohn, der es einmal besser haben soll als er. Damit er ihm später eine gute Ausbildung finanzieren kann, muss er noch weitere zehn Jahre zur See fahren. Meinen Vorschlag, vielleicht doch etwas früher mit dem Seemannsleben aufzuhören, um sein Kind aufwachsen zu sehen, lehnt er brüsk ab. Auf den Philippinen liege das durchschnittliche Monatseinkommen unter 300 Dollar. Hier an Bord verdiene er als Steward das Fünffache, und wenn er irgendwann den Sprung zum Koch schaffte, könnte er das Zehnfache einstreichen. Sein Sohn würde, wenn er eines Tages erwachsen sei, bestimmt verstehen, warum sich sein Vater für diesen Weg entschieden hat.

Petra und ich haben berechtigte Zweifel und versuchen, ihm in Kurzform unsere eigene Geschichte nahezubringen. Als er sich wieder seiner Arbeit zuwendet, wirkt er zumindest ein wenig nachdenklich. Vielleicht fruchtet da ja etwas?

Nachdem ich ein Stück Braten mit Kartoffelbrei verspeist habe – Petra hat sich mit einem leichten Rührei zufriedengegeben und sich dann in ihre Kabine getrollt –, kommandiert mich Muchta zum Krabbenpulen in die Küche ab. Er ahnt noch nichts von Rommels Koch-Ambitionen und wähnt sich fest im Sattel. Ich lasse ihn auch dort und will nun auch ein wenig über seine Familie erfahren.

Meine Frage, ob er zu Hause auch kochen würde, verneint er mit einem übertriebenen Augenaufschlag. Nicht, weil er im Urlaub keine Lust habe, sich in die Küche zu stellen, sondern weil seine beiden Kinder sowieso am liebsten bei McDonalds essen und sich daheim von Instant-Nudeln ernährten. Und seine Frau, tja, die koche sowieso ihr eigenes Süppchen. Er lacht zwar bei diesem Satz, aber es klingt bitter.

Für mich war es immer wichtig, mit einem Partner zusammen kochen zu können. Eine Art Indikator, ob es auch in anderen Bereichen auf Dauer klappen könnte. Selbst wenn es am Anfang schwierig ist, die unterschiedlichen Gewohnheiten und Vorlieben unter einen Kochtopfdeckel zu bekommen. Gutes Essen hält Leib und Seele zusammen und gemeinsam zubereitetes erst recht. Doch wie soll in einem Seemannsleben eine solche Gemeinsamkeit entstehen? Ist das überhaupt möglich?

Es liegt vor allem an der Frau, sagt Muchta. Sie muss etwas Besonderes sein und viel Liebe mitbringen, um die lange Zeit des Alleinseins aushalten zu können.

Aushalten? Sollte man das Leben nicht eher genießen? Natürlich kann man auch jemanden lieben, der nicht ständig um einen ist. Das kann sehr romantisch sein. Oft ist es sogar einfacher, denn die anfänglichen rosa Wölkchen werden nicht so schnell vom grauen Alltag überdeckt. Die Zeit des Getrenntseins wird gemildert durch die Süße der Sehnsucht und die Vorfreude, den anderen wiederzusehen. Aber auf Dauer? Ich weiß nicht. Wenn ich mir überlege, wie viele Wochenend- und Fernbeziehungen scheitern, habe ich so meine Zweifel. Selbst wenn man die Kurve bekommt und doch irgendwann zusammenzieht, heißt das, dass zumindest einer von beiden sein gewohntes Lebensumfeld aufgeben muss. Und der andere den Partner in seines integrieren. Alles nicht so einfach … Aber vielleicht ist die Seemannsehe ja auch eine ganz praktikable Alternative für den postmodernen Menschen, der zwar seine Unabhängigkeit und das Single-Leben liebt und sich gleichzeitig eine gewisse Verbundenheit zu einem anderen Menschen wünscht? Auch auf diese Frage werde ich wohl heute Nacht keine Antwort mehr bekommen.

Nachdem ich der letzten Krabbe den Kopf abgerissen habe, schrubbe ich mir mit einer aufgeschnittenen Zitrone den Fischgeruch von der Hand und wünsche Muchta eine gute Nacht.

Die verläuft ziemlich unruhig. Ich wache ein paarmal auf und fühle mich in meine Kindheit zurückversetzt, als nachts in meinem Zimmer die Stofftiere lebendig wurden und ich Angst hatte, gleich würde ein Monster aus dem Schrank herausspringen. Für derlei Dinge ist an Bord der Klabautermann verantwortlich.

Ich erinnere mich daran, dass mein Vater mir auf unserer gemeinsamen Reise öfter von dem berühmten Schiffskobold erzählt hat. Früher, als die alten Transportsegler noch hauptsächlich aus Holz bestanden hatten, soll er geräuschvoll die morschen Stellen abgeklopft, und so die Besatzungen auf drohende Gefahren aufmerksam gemacht haben. Außerdem konnte er angeblich Unwetter vorhersagen. Gesehen hatte mein Vater den Klabautermann natürlich auch noch nicht, was in seinen Augen aber nichts hieß. Schließlich hätten sich viele als Seemannsgarn abgetane Geschichten als wahr entpuppt. Solche über Seeungeheuer, die ganze Schiffe in die Tiefe reißen konnten (Riesenkalamare!), über Monsterwellen oder das Verschwinden von Schiffen im Bermudadreieck.

Plötzlich ist mir mein Vater so nah wie eigentlich noch nie. Seine zwei Seiten werden mir erst jetzt so richtig bewusst. Seine charmante, offene und humorvolle Art – und seine Angst vor tiefen Emotionen, seine Unfähigkeit, Beziehungen einzugehen. Christa hat diese dunkle zweite Seite am schlimmsten von uns Geschwistern zu spüren bekommen. Und sie hatte keine Chance, die helle kennenzulernen. Bevor ich endlich einschlafen kann, nehme ich sie fest in den Arm.

Verzweiflung

Nachdem Jochen Christas Wohnung in einen Zustand versetzt hatte, der nach einer Totalrenovierung schrie, trennte sie sich von ihm und wohnte übergangsweise mit Vincenz bei einer Freundin.

Kaum war sie wieder bei sich eingezogen, stand Jochen vor der Tür und klingelte Sturm. Christa blieb standhaft. Immer wieder schellte er und polterte gegen die Tür. Als ein Freund die Klingel abstellte, stieg er auf Telefonterror um. Da er damit auch keinen Erfolg hatte, warf er schließlich eine Fensterscheibe ein, um in die Wohnung zu gelangen. Dort fiel er vor Christa auf die Knie, bat um Verzeihung und gelobte Besserung. Sie knickte wieder ein.

Für Vincenz war es eine von vielen vertanen Chancen, diesen Mann loszuwerden. Christas Sohn ging inzwischen zur Schule und trug den Wohnungsschlüssel an einer Schnur um den Hals gebunden. Er war meist auf sich allein gestellt. Nach den Schulaufgaben belohnte er sich mit stundenlangem Fernsehen. Am liebsten zog er sich amerikanische GI-Serien rein, wie »A-Team« oder »Hogan's Heroes«. Die toughen Jungs waren für ihn Vorbilder. Sie stellten für ihn die Ordnung wieder her, die ihm in seinem realen Lebensumfeld oft fehlte.

Christa lag morgens oft noch im Bett, wenn Vincenz zur Schule ging, und wenn er nach Hause kam, roch die Wohnung fast immer nach Haarspray, um den Haschischgeruch zu überdecken. Auch wenn seine Mutter zwischendurch immer wieder arbeitslos war, gab es dank ihres Nebenverdienstes immer genug Geld im Haus.

An der Tür zu ihrem Schlafzimmer hing ein Bademantel aus Frottee, dessen Taschen stets mit größeren Scheinen gefüllt waren; Vincenz konnte sich nach Bedarf bedienen. Materiell fehlte es ihm an nichts. Er trug nur Markenklamotten und wenn seine Mutter ihn einkaufen schickte, durfte er das Wechselgeld behalten. Bereits mit 15 Jahren ließ sie ihn abends ausgehen, ohne dass er zu einer bestimmten Uhrzeit zu Hause sein musste. Von außen betrachtet geradezu paradiesische Zustände für einen Teenager.

Christa wollte, dass es ihm gutging, ihn dafür entschädigen, dass er nicht in einer heilen Familie aufwuchs. Sie litt darunter, dass sie ihm das, was ihr selbst gefehlt hatte, nicht geben konnte: einen Vater. Vincenz trug ihr das nie nach.

Womit er allerdings seine Probleme hatte, war die Sache mit den Drogen. Wenn er von der Schule kam, standen hin und wieder die Bullen vor der Tür. Einmal waren sie sogar fündig geworden, was Christa eine hohe Geldstrafe eingebracht hatte.

Jochen erwischte es fast zur gleichen Zeit, wenn auch wesentlich härter. Er wanderte wegen einer größeren Menge Koks, die man in seiner Autowerkstatt entdeckt hatte, für zwei Jahre in den Bau. Nach diesem Schock beschloss Christa, das Dealen aufzugeben und noch einmal ganz von vorne anzufangen.

Über das Arbeitsamt bekam sie eine Umschulung zur Fachfrau für Tourismus, die sie mit Auszeichnung abschloss. Da sie dennoch keinen festen Job fand, eröffnete sie mit einigen anderen Absolventinnen einen Service für Touristenführungen. Im Prinzip eine gute Idee, allerdings war sie damit ihrer Zeit voraus und musste den Laden wieder schließen. Damals hatte das Fremdenverkehrsamt diesen Bereich fest in der Hand und gab nichts an private Unternehmen ab. Inzwischen kann man bei den verschiedensten Anbietern Einzel- und Gruppenführungen, Hafenrundfahrten etc. buchen.

1996 starb Jochen, kurz nachdem er aus dem Gefängnis entlassen worden war, an einer Überdosis Heroin. Er lag drei Tage tot in seiner Wohnung, bis er gefunden wurde. Christa war am Boden zerstört. An dem Abend, als sie die Nachricht erhielt, legte sie eine Scheibe von Bob Marley auf, Jochens Lieblingssänger, zündete sich einen Joint an, und ließ ihren Tränen freien Lauf. Vincenz versuchte, seine Mama so gut es ging zu trösten, wenngleich er heilfroh war, dass dieses Kapitel zu Ende war.

Auch Klaus, Vincenz' Vater, fand kurz darauf ein trauriges Ende. Trotz unzähliger Entziehungskuren konnte er nicht vom Alkohol lassen, und das brach ihm im wahrsten Sinne das Genick. Nach einem einsamen Trinkgelage brach er in der Küche zusammen und schlug so unglücklich auf, dass er starb. Nur einige Tage zuvor hatte er seinen Sohn angerufen und sich bei ihm entschuldigt, dass er so ein schlechter Vater sei – als habe er geahnt, dass er nicht mehr viel Zeit hatte.

Das alles geballt zu erleben, überforderte sowohl Christa als auch ihren Sohn. Vincenz bekam immer wieder Stress mit seiner Mutter, die ihn bislang eher an der langen Leine hatte laufen lassen. Nun begann sie, ihn zu kontrollieren, und bestand mit einem Mal darauf, dass er unbedingt sein Abitur machte. Sie setzte Grenzen und versuchte, ihn eng an sich zu binden. Damit erreichte sie allerdings genau das Gegenteil.

Im vorletzten Schuljahr haute er von zu Hause ab und trampte nach Lille, um sich bei der Fremdenlegion zu melden. Christa war entsetzt, als sie davon erfuhr, und heilfroh, dass man in postwendend zurückschickte. Er war zu jung. Sie machte ihm Vorwürfe, was in ihn gefahren sei, konnte aber keinen Zusammenhang erkennen. Nämlich dass sich Vincenz über die Maßen nach Ordnung, Sicherheit und einem geregelten Leben sehnte.

Ich habe irgendwo einmal gelesen, dass man früher in kommunistischen Ländern gerne Jungs, die ohne Vater aufgewachsen waren, für Agententätigkeiten rekrutiert hat. Weil sie sich nach männlicher Führung sehnten und leichter in militärisch strukturierte Organisationen zu integrieren waren. Ich weiß nicht, ob das tatsächlich stimmt, doch bei Vincenz war der Wunsch, sich in eine feste Ordnung einzufügen, offenbar sehr stark.

Volljährig und das Abitur in der Tasche, verpflichtete er sich sofort bei der Bundeswehr; seine Grundausbildung absolvierte er bei den Fallschirmjägern in Zweibrücken. Eine Entwicklung, die so gar nicht in Christas Weltbild passte. Ausgerechnet ihr Sohn ging zu diesem Verein, der zu ihren Revoluzzer-Zeiten der Inbegriff all dessen gewesen war, was sie und Klaus bekämpfen wollten. Sämtliche Versuche, ihn davon abzubringen liefen ins Leere. Der Sohn war erwachsen und konnte tun und lassen, was er wollte. Bissig herrschte sie ihn an, von nun an sei er nicht mehr als eine Nummer. Was sogar stimmte, sofern man ihre Bemerkung auf die Erkennungsmarke bezog, die jeder Soldat um den Hals trägt.

Nachdem sie nun auch noch von ihrem Sohn verlassen wurde, versuchte Christa, sich noch einmal beruflich zu verändern. Sie nahm eine Tätigkeit als »Senioren-Animateurin« beim Betreuungs- und Erholungswerk Bremerhaven an. Dort lernte sie, mit alten Menschen umzugehen, was ihr schon bald zugute kommen sollte. Ihre Mutter Anneliese, inzwischen achtzig Jahre alt, wurde dement. Sie räumte nasse Wäsche in den Schrank, ließ sich von Drückern alles Mögliche aufschwatzen und fand nach dem Einkaufen nicht mehr nach Hause. Ihr Partner war inzwischen verstorben und sie konnte unmöglich weiter alleine wohnen. Deshalb kaufte Christa für sie beide in Bremerhaven ein zentral gelegenes Häuschen mit kleinem Garten. Natürlich im Namen der Mutter, über deren Konto sie auch bisher den Großteil ihrer Nebengeschäfte abgewickelt hatte.

Damit erfüllte sie sich einen lang gehegten Traum. Wenn schon nicht mit Mann und Kind, dann lebte sie nun wenigstens mit ihrer Mutter in einem eigenen Haus. Die lebte unten, Christa oben.

Sie wollte, dass es Anneliese in ihren letzten Jahren gutging, und sie keinesfalls in ein Heim abschieben und tat alles, um ihrer Mutter etwas von der Liebe zurückzugeben, die sie als Kind nur schwer hatte annehmen können. Vielleicht war ihr inzwischen bewusst geworden, wie ungerecht sie ihre Mutter manchmal behandelt hatte. Anneliese konnte nichts dafür, dass unser Vater ihnen den Rücken gekehrt hatte. Sie hätte sich auf den Kopf stellen können, Christa hätte dennoch das Gefühl gehabt, es genügt nicht.

Von dieser sicheren Basis aus fand sie endlich auch eine Lebensaufgabe, die sie erfüllte. Mit einer Seniorin zu Hause wurde ihr die Arbeit im Altenheim zu viel, und sie wechselte zu einer Jugendfreizeitstätte. Ein Volltreffer! Der Umgang mit jungen Menschen machte sie glücklich. Sie verstand deren Wünsche und Sehnsüchte, ihre Schwierigkeiten und Probleme. Vor allem, wenn es um Drogen und andere Formen der Abhängigkeit ging. Sie organisierte regelmäßig Ausflüge und veranstaltete jedes Jahr ein Indianercamp mit Tipis und abendlichem Lagerfeuer.

Ich weiß nicht, ob sie versuchte, bei diesen jungen Menschen etwas von dem wiedergutzumachen, was sie glaubte, an ihrem Sohn versäumt zu haben. Vielleicht genoss sie es aber einfach nur, gebraucht zu werden und sich durch die Jugendlichen wieder jung und unabhängig zu fühlen.

Seelenreise

Kurz vor Weihnachten 2007 bekam Vincenz in Zweibrücken einen Anruf von einer Freundin, die ihn bat, sofort nach Hause zu kommen. Seiner Mutter gehe es nicht gut.

Sie lag im Krankenhaus, wo er zum ersten Mal erfuhr, dass sie seit vielen Jahren an Hepatitis C litt. Aus einer schweren Leberzirrhose hatte sich mit der Zeit Krebs entwickelt. Es war ein Schock. Christa sah um Jahre gealtert aus, ihr Gesicht hatte eine gelbliche Farbe und ihr Bauch war aufgebläht wie bei einer Schwangeren. Nur eine Spenderleber konnte ihr Leben vielleicht noch verlängern.

Zu weiteren Untersuchungen wurde sie in eine Spezialklinik nach Hannover verlegt, wo sich herausstellte, dass sie bereits Metastasen im ganzen Körper hatte. Damit war ihr Todesurteil besiegelt. Sie wurde von der Transplantationsliste gestrichen und zurück nach Bremerhaven verlegt. Dort fiel sie in eine schwere Depression und konnte überhaupt nicht mehr aufhören zu weinen. Vincenz konnte wenigstens durchsetzen, dass man ihr Antidepressiva gab. In Stunden, in denen es ihr etwas besser ging, saß sie in der Krankenhaus-Kapelle und betete. Ob in diesem

145

Moment der christliche Glaube, in dem sie aufgewachsen war, stärker war als ihre buddhistische Überzeugung, kann keiner sagen. Vielleicht war die Kapelle auch der einzige Raum, in dem sie Ruhe fand. Mit Vincenz hat sie nicht über das, was in ihr vorging, gesprochen. Und schon gar nicht über ihren bevorstehenden Tod.

Über Silvester war Vincenz auf Drängen seiner damaligen Freundin zurück nach Zweibrücken gefahren. Als er am Neujahrstag wieder nach Bremerhaven kam, lag seine Mutter bereits im Wachkoma. Sie atmete schwer, quälte sich, als wäre sie nicht fähig, endgültig loszulassen.

Eine der Schwestern erklärte ihm, dass manche Menschen ein klares Zeichen bräuchten, damit sie gehen konnten. Eine Art Aufforderung, dass es in Ordnung sei, wenn sie sich nun auf den Weg machten. Vincenz saß am Bett und griff nach ihrer Hand. Mit leiser Stimme sagte er: »Mama, alles ist gut, du kannst in Frieden aufbrechen.« Unmittelbar danach tat sie einen tiefen letzten Atemzug.

An diesen Moment mit seiner Mutter hat sich Vincenz oft erinnert, vor allem, als er nach Afghanistan ging. Sie war immer voller Sorge, dass er einmal zu einem Auslandseinsatz musste, und hatte im Scherz damit gedroht, ihn eigenhändig von dort zurückzuholen. Ein halbes Jahr später saß er in einer Transportmaschine nach Kandahar. Wenn Christa noch gelebt hätte, wäre sie tausend Tode gestorben.

Petra hat mir ohne Unterbrechung fast den ganzen Tag zugehört. Nun steht sie trotz heftiger Schiffsbewegung auf und öffnet das Fenster meiner Kabine. Es kommt uns beinahe so vor, als würde Christas Seele noch einmal hinausfliegen.

Eine Weile bringt keine von uns ein Wort heraus. Auch die Gedanken beginnen nur langsam wieder zu kreisen. Als gläubiger Mensch hat man ja wenigstens noch die Möglichkeit, ein solches Leben als »Gottes Plan« anzunehmen. Als eher spirituell-esoterisch veranlagter Mensch könnte man sagen, die Seele hat sich alle diese Herausforderungen gesucht, um zu wachsen und sich selbst zu erkennen. Mir fällt eine solche Sichtweise schwer. Ich versuche eher, rational nach Zusammenhängen zu suchen, Erklärungen zu finden. Und lande damit schnell bei der Frage nach Schuld. Ich bedauere aus tiefstem Herzen, dass mir aus besagten Gründen der Familiensinn fehlte, dass ich mich nicht mehr um sie gekümmert habe. Doch hätten Petra, die ja einen engeren Kontakt hatte, oder ich ihr wirklich helfen können? Es muss auch in ihrem Leben Menschen gegeben haben, die sie unterstützten. Konnte sie deren ausgestreckte Hand nicht annehmen? Oder gab es wirklich niemanden?

Keiner von uns Geschwistern wusste von Christas schwerer Krankheit, niemand von uns ist am Ende bei ihr gewesen. Hätte besagte Freundin ihren Sohn nicht angerufen, wäre sie auch diesen letzten Schritt ganz alleine gegangen. So ist wenigstens er bei ihr gewesen.

Wir können das Rad nicht zurückdrehen, nicht noch einmal von vorne beginnen und es besser machen. Dennoch bleibt ein schaler Geschmack. Die Endgültigkeit des Todes hat etwas Grausames und nichts, was versäumt wurde, kann nachgeholt werden.

Meine Schwester erzählt mir traurig, dass sie bei ihrem letzten Treffen beschlossen hätten, eines Tages gemeinsam auf Reisen zu gehen. Alle sieben Weltwunder zu besuchen. Außerdem wollte Christa sie in Marokko besuchen. Dabei wären sie sich bestimmt näher gekommen. Doch keiner dachte daran, dass die zehn Jahre jüngere Schwester eher gehen würde. Wir setzen oft die falschen Prioritäten, verschieben Dinge nach hinten, als hätten wir unbegrenzt Zeit. Ich bin froh, dass Petra und ich diesen Fehler diesmal wenigstens nicht gemacht haben.

Hier an Bord werden nun auf einmal auch die wenigen eher unbedeutend erscheinenden Erinnerungen an Christa wichtig und groß. Dass sie gerne Erdbeermarmelade aß und Limandes liebte, einen besonderen Plattfisch. Dass ich noch ein paar schwarze Wollsocken von ihr im Schrank habe und Petra eine Vase, die sie gemeinsam auf dem Flohmarkt gekauft haben. Christas besondere Leidenschaft für altes Geschirr und Antiquitäten überhaupt erscheint uns erst jetzt in einem schlüssigen Zusammenhang. Auch ich hatte so eine Phase und wollte unbedingt die alten Möbel und allen möglichen Nippes von meiner Großmutter haben. Ich glaube, dass dies Ausdruck einer Sehnsucht ist nach etwas von Bestand, nach etwas, das schon so einiges »er- und überlebt« hat. Eine tiefe Sehnsucht nach Familie, Tradition sowie der Suche nach den eigenen Wurzeln.

Die Ruhe nach dem Sturm

Ich wache erstaunlich früh auf. Es ist erst 9 Uhr. Irgendetwas ist anders. Erst nach einer Weile begreife ich: Es schaukelt nicht mehr. Meine Daunenjacke, der Fleecepullover und das Badehandtuch hängen ganz ruhig an ihren Haken an der Wand. Ich ziehe die Jalousie vor meinem Fenster hoch und bin geblendet. Strahlender Sonnenschein, wolkenloser Himmel. Sanft pflügt der Bug der *May* durch eine nur ganz leicht gekräuselte Wasseroberfläche. Halleluja, es ist überstanden. Neptun hat seinen Dreizack wieder weggepackt. Auch der Wetterbericht, den E. längst unter der Tür durchgeschoben hat, weist kein dunkles Violett mehr auf.

An Deck wird schwer gearbeitet. Die Crew sieht mit ihren bunten Helmen und blauen Arbeiteroveralls von hier oben aus wie Playmobilmännchen auf einer Großbaustelle. Jetzt, nachdem das Meer sich endlich beruhigt hat, wuseln sie emsig über den mit

Rostschutzfarbe gestrichenen, orangenen Boden und versuchen, die Reste des Eisenerzes zu beseitigen, die beim Entladen danebengefallen waren. Sie spritzen mit Hochdruckschläuchen die klebrige, schwarzbraune Masse ins Meer, wo sie eine hässliche Schmutzwolke hinterlässt. Ob das die Fische freut?

Mal sehen, wie kalt es ist. Ich drehe an den schweren Schraubverschlüssen des Fensters, das sich erst nach einer Weile quietschend öffnet, und lasse frische Atlantikluft in meine Kabine.

Bevor ich hinunter zum Frühstücken gehe, schmettere ich ein »Guten Morgen« und ein »Wie geht's?« durch die offene Tür der Nachbarkabine. E.'s Antwort kommt prompt: »Kann mich nicht beklagen. Der Wetterbericht ist gut, klarer Himmel, kein Wind.«

Mit anderen Worten: Alles bestens, weil das Wetter gut ist. Wie einfach manche Dinge auf See sind. Neben dem Essen ist das Wetter der zweite große Gradmesser für die Stimmung an Bord. Vor allem für die des Kapitäns. Bei gutem Wetter ist er logischerweise relaxter als angesichts einer dunklen Wolkenwand, die sich von irgendwoher heranschiebt. Mitten auf dem Meer kann man noch einmal ganz anders zum Spielball der Naturgewalten werden als an Land. Das muss ich mir immer wieder bewusstmachen. Auch wenn E. täglich mit Hilfe des Programms »BonVoyage system 6.0« genaueste Wettervorhersagen aus dem Netz fischt, heißt es trotzdem, immer vorbereitet zu sein. Ein Schiff wie die *May* kann zwar einem angekündigten Sturm ausweichen, aber Tornados und Hurrikane ändern gern mal ohne vorherige Ankündigung ihre Richtung. Und dann kann auch ein dicker Pott wie unserer schnell in die Bredouille geraten. Ich glaube, in solchen Momenten braucht man gute Nerven – aber ohne die kommt ja sowieso keiner aus, der in der ersten Reihe steht.

Abgesehen davon, Schiff und Crew in allen Situationen im Griff zu haben, hat E. jede Menge Papierkram zu erledigen: Tagesberichte, Abrechnungen, Verpflegungs- und Instandhaltungslisten und vieles mehr. Während mein Vater all das noch mithilfe seiner mechanischen Schreibmaschine bewältigen musste, steht E. natürlich heute ein Computer zur Verfügung. Doch der beschert ihm auch viel zusätzliche Arbeit.

Täglich sendet die Reederei in Lübeck über Satelliten-Intranet ellenlange neue Anweisungen und Informationen bezüglich des internationalen Schiffsverkehrs, die erst einmal gefiltert werden müssen. E. zeigt mir zum Beispiel eine Anweisung des US Department of Homeland Security, dem die United States Coast Guard unterstellt ist. Darin geht es befremdlicherweise nicht um amerikanische Gewässer, sondern um libysche. In strengem Befehlston fordern die Amis jedes Schiff in dieser Region auf, sich ausschließlich gemäß US-Regeln zu verhalten und ihnen zu melden, wenn sie irgendetwas Auffälliges beobachten sollten. Hintergrund der Meldung war, dass in letzter Zeit Schiffe ohne »Nummernschild« nachts illegal Öl in libyschen Häfen abgezapft hatten. E. kommentiert den Wisch mit einer Schimpftirade über die derzeitige US-Politik, die nur noch darauf aus sei, andere zu kontrollieren oder zu maßregeln. Wir sollten endlich aufhören, nach ihrer pseudodemokratischen Pfeife zu tanzen.

Während er vom Leder zieht, flattert eine Erinnerungsmail herein, dass in den nächsten Wochen wieder eine Inspektion wegen der »Asian Gypsy Moth« fällig sei. Eine Motte, die sich mit Vorliebe auf Schiffen und in unglaublicher Geschwindigkeit vermehrt. Auch darum muss sich der Kapitän kümmern. Im Bilderordner auf seinem Laptop hat er ein Foto von einem Frachter abgespeichert, der vollständig übersät ist mit diesen Tieren. Sie legen Millionen von Eiern in jede noch so winzige Ritze. Werden die Larven nicht rechtzeitig entdeckt und vernichtet, hat man verloren. Dann muss die chemische Keule ausgepackt werden und anschließend ist der Kahn wochenlang nicht mehr einsetzbar. Ein Verlustgeschäft für die Reedereien.

E. druckt die Mail aus und geht zu seinem Schreibtisch, auf dem penible Ordnung herrscht. Computerausdrucke und andere Unterlagen liegen säuberlich geordnet in ihren dafür vorgesehenen Ablagefächern, ansonsten steht dort nur ein voller Aschenbecher.

Aha! Zwanghaftigkeit und Suchtpotenzial. Ich bin durch die tägliche »Vergangenheitsbewältigung« voll auf dem Psychotrip und vermute schon hinter allem eine Kindheitsstörung. Vielleicht ist er ja einfach nur ordentlich? Aber die vielen Zigarettenkippen …

E. ist meinem Blick gefolgt und zitiert einen kroatischen Werbeslogan: »Mit einer Zigarette sind Sie niemals allein.«

Na bitte, daher wehte also der Wind. Ist aber in seinem Fall selbst gewähltes Schicksal. So langsam dämmert mir, warum fast alle hier an Bord rauchen und ich schon öfter den Spruch gehört habe: »My girl is my cigaret.«

Muss ich nun Mitleid mit den Seeleuten haben? Wer ist schon gerne allein? Oben auf der Brücke, wo das Satellitentelefon installiert ist, stehen sie Sonntag für Sonntag Schlange, um für einen Dollar pro Minute die Stimmen ihrer Liebsten zu hören. Auch wenn ich die wenigsten Sprachen hier an Bord verstehe, kann ich mir vorstellen, was sie da in den Hörer rufen und wie weh es manchmal tun muss, so weit weg zu sein.

Völlig aus dem Blauen heraus fragt mich E. plötzlich, ob es mir und meiner Schwester Freude machen würde, wenn er uns vom Schreiner Sonnenliegen bauen lassen würde. Schließlich kämen wir ja bald in wärmere Gefilde.

Wie süß ist das denn! Und auch noch ganz ungefragt. Sehr aufmerksam. Natürlich stimme ich sofort zu. Ich hatte mir tatsächlich schon Gedanken gemacht, wo Petra und ich es uns an warmen Tagen gemütlich machen könnten. Die *May* ist schließlich kein Passagierschiff mit Pool und Sonnendeck. Spontan wollte ich ihm vor Freude um den Hals fallen, konnte mich aber gerade noch zurückhalten. Nicht auszudenken, wenn just in diesem Augenblick jemand hereingeplatzt wäre. Hier an Bord würde das, wie in einem kleinen Dorf, sofort die Runde machen. Und dann wäre nicht nur sein Ruf, sondern auch meiner im Eimer. Wer weiß, vielleicht müsste er mich am Schluss noch heiraten ... Das will ich ihm lieber nicht zumuten.

Als ich endlich zu Petras Kabine komme, ist meine Schwester bereits ausgeflogen. Ein gutes Zeichen. Sie sitzt beim Frühstück. Und nach dem zu urteilen, was da an Essen vor ihr aufgebaut ist, scheint es ihr wieder richtig gutzugehen. Sie ist tipptopp geschminkt, die Wimpern hinter der Brille sind sorgfältig getuscht, die Lippen kirschrot nachgezogen. Der Lippenstift steckt wie immer griffbereit in ihrem BH.

Ich dagegen habe längst sämtliche die»Schönheit« unterstützenden Maßnahmen aufgegeben, renne nur noch in meiner ausgeleierten dunkelblauen Jogginghose plus Pulli herum und habe mir die Haare zum Pferdeschwanz zusammengebunden. Selbst der zaghafte Wunsch, eine gewisse Aufmerksamkeit unseres Kapitäns auf mich zu ziehen, hält mich nicht davon ab. Petra erträgt meinen Schlendrian mit Gelassenheit.

Nach dem Frühstück wollen wir unbedingt raus in die Sonne. Ich melde das, wie versprochen, auf der Brücke, und kurz darauf sind wir unterwegs nach vorne zum Bug. Die Luft ist erstaunlich mild, die See ruhig und damit auch die *May*. Wir setzen uns in den Windschatten der riesigen Ankerwinden und blicken hinaus aufs Meer.

Zum ersten Mal folge ich mit meinem Auge ganz bewusst den Formationen der Wellen und ihren Ausläufern. Ich überlege, ob diese riesigen Wasserflächen, die für unsere Erde eine große reinigende Kraft haben, nicht auch unseren Geist und unsere Seele säubern können. Allein schon die Beruhigung der Sinne, die dadurch entsteht, dass man seine Konzentration auf nichts anderes als auf die Weite und das reduzierte Farbspektrum verschiedener Blau- und Grüntöne lenkt, muss etwas bewirken. Nichts verstellt den 360-Grad-Blick. Eine große, runde, blaue Scheibe. Das, was sozusagen hinter der Krümmung liegt, spielt keine Rolle. Wind und Wellen machen einen taub für den ganzen Unsinn, den man sich sonst so reinzieht. Auch die Gerüche bieten wenig Ablenkung. Ein bisschen Diesel, ein bisschen Zwiebel und gebratenes Fleisch aus dem Abzug der Kombüse, ansonsten nur frische Seeluft.

Die eigene Bewegungsfähigkeit und Tatkraft sind eingeschränkt. Alles geht langsamer als sonst. Man steigt nicht mal schnell in ein Flugzeug, ins Auto oder in die Bahn, um durch einen Ortswechsel neuen Erlebnissen hinterherzujagen. Eine Überfahrt mit dem Schiff dauert. Es gibt auch wenig Möglichkeiten, im »Außen« etwas zu verändern. Es ist unmöglich, mal schnell den Rasen zu mähen, das Auto zu waschen, ins nächste Café zu hüpfen oder die Möbel umzustellen, wenn man nichts mit sich anzufangen weiß. Das Umfeld ist unverrückbar, man muss es nehmen, wie es ist. Nur die Gedanken lassen sich hier ganz gut bewegen und können nach einigem Hin- und Herrücken einen stimmigen Platz finden. Neue halten Einzug und die ausgedienten kann man über die Reling werfen. Bestimmt kommen heute ein paar davon dazu, wenn ich Petra meine Lebensgeschichte erzähle. Denn ich bin die nächste auf der Agenda unseres Vaters.

9
MEIN LEBEN

Was für Petra Opa Willi und für Christa Mama Anneliese, war für mich meine Großmutter. Ich bin ein typisches Oma-Kind. Kaum war ich nämlich abgestillt, übernahm sie das Steuer. Mein Vater spielte zu dieser Zeit schon längst keine große Rolle mehr. Er soll sich noch mit folgendem Satz über die hohe Rechnung der Privatklinik aufgeregt haben, in der meine Mutter entbunden hatte: »In Afrika kriegen sie die Kinder auf dem Feld!« Danach war Schicht im Schacht.

Wenn überhaupt, hat er mich danach höchstens zwei- oder dreimal gesehen, woran ich keine Erinnerung habe. Seiner Ansicht nach konnte man mit einem Kind offenbar erst etwas anfangen, wenn es tausend Wochen alt war. Das sind ungefähr 19 Jahre. Und als ich dieses Alter erreicht hatte, lernten wir uns ja auch kennen. Gutes Timing!

Nach der Scheidung wohnten meine Mutter und ich in München bei der Großmutter, die immer noch an Studenten untervermietete. Wir lebten in einem Zimmer und teilten uns Küche und Bad mit den Untermietern. Ich kam in die Kinderkrippe, meine Mutter jobbte in einer Kosmetikfirma und versuchte wieder Halt im Leben zu finden. Wenn es gar zu eng wurde, wichen Omi und ich an den Tegernsee aus, wo sie in einem umgebauten Bauernhaus eine kleine Einzimmerwohnung gemietet hatte. Ihr ehemaliges Ehebett war auseinandergesägt und als Stockbett übereinandergestellt worden. Ich schlief oben, sie unten. Wenn meine Mutter uns dort besuchte, nächtigte sie auf der »Couch«, einem alten Feldbett mit Polstern und einem Überwurf drauf. Viel Geld war nicht vorhanden; die Studenten finanzierten die Wohnung, Oma bekam eine Kriegswitwenrente und meine Mutter steuerte den Rest bei. Für mich war die Zeit auf dem Land einfach nur schön. Direkt hinter dem Hof plätscherte ein Bach entlang, in dem ich mit dem Bauernjungen Kaulquappen fing. Wir bauten ein Baumhaus und ich saß mit auf dem Trecker, wenn der Nachbarbauer das Heu einbrachte. Jeden Abend zogen meine Großmutter und ich mit einer kleinen Kanne los, um bei ihm frische Milch zu holen. Ich trug die leere Kanne hin, sie die volle zurück. Im Sommer waren wir oft den ganzen Tag am See. Meine Oma brachte mir das Schwimmen bei, das Ski- und das Radfahren. Unvergesslich wird mir immer bleiben, wie sie mich hinten am Fahrradsattel festhielt, neben mir herlief und irgendwann losließ. Ich fuhr alleine weiter und sie freute sich mit mir wie eine Schneekönigin. Abends kuschelten wir uns auf die Feldbettcouch und sie las mir »Fury«, »Black Beauty« und fast alle Bücher von Karl May vor. Ich konnte gar nicht genug kriegen von Old Shatterhand oder den Abenteuern Kara Ben Nemsis und Hadschi Halef Omars im Orient. Vielleicht wurde ich auch durch diese Lektüre für die weite Welt angefixt.

Weihnachten verbrachten wir immer zu dritt. Meine Mutter schmückte den Baum und spielte das Christkind, das die Geschenke brachte, während Omi mit mir in den verschneiten Winterwald hinausging, damit das Christkind freie Bahn hatte. Heile Welt, heile Kindheit, ohne männlichen Störenfried? Der Vater wurde nie erwähnt, und da es im Bekanntenkreis meiner Mutter viele Alleinerziehende gab, hatte ich nicht den Eindruck, dass der in irgendeiner Form für mein Dasein notwendig sein könnte.

Mit sechs Jahren wurde ich in München eingeschult und zog erstmals allein mit meiner Mutter in eine Wohnung: zwei Zimmer, mit Blick über die Stadt. Allerdings nur spuckweit von der meiner Oma entfernt. Nach der Schule ging ich zu ihr zum Mittagessen und anschließend wachte sie streng darüber, dass ich meine Hausaufgaben erledigte. Nach Büroschluss sammelte mich meine Mutter ein und wir gingen zu uns nach Hause.

Sie war inzwischen von der Kosmetikfirma zu einem Kinderbuchverlag gewechselt und versorgte mich nicht nur mit ausreichend Lesestoff, sondern nach jeder Spielwarenmesse in Nürnberg auch mit allem übrigen, was ein Kinderherz so begehrte.

Ich hatte zum ersten Mal ein eigenes Reich, das ich mir selber gestalten durfte. Auf einer meerblauen Wolldecke fuhren dreidimensionale Schiffe aus Pappe, die ich aus unzähligen Bastelbögen ausschnitt, falzte und zusammenklebte. Mein Lieblingsaufenthaltsort war jedoch unter dem Schreibtisch meiner Mutter im Wohnzimmer. Dort hatte ich mir eine kleine Höhle eingerichtet, die auch am Abend nicht abgebaut werden musste und in der ich meine vielen Bücher las. Meine Mutter und ich kamen gut miteinander aus – rückblickend war das unsere beste Zeit.

Meine Oma, die durch ihre amerikanische Mutter gut Englisch sprach, jobbte jeden Sommer als Reiseleiterin für eine Organisation, die Touren für angehende amerikanische Akademiker nach Deutschland organisierte. Sie brachte Generationen von Studenten ein bisschen Bayreuth, ein bisschen Oberammergau und ein bisschen den Märchenkönig Ludwig nahe. Dadurch konnte sie über die Jahre ein erkleckliches Sümmchen ansparen und sich, wie es damals gerade in Mode kam, als Alterssitz ein Haus in Südspanien und eine Wohnung auf Madeira kaufen.

Von meinem zehnten Lebensjahr an verbrachten wir die Osterferien auf der portugiesischen Blumeninsel, die Sommerferien an der Costa del Sol. Während ich sechs Wochen Sonne,

Strand und Meer genoss, leistete meine Mutter uns meist nur 14 Tage Gesellschaft. Als der Busen langsam spross, nähte meine Oma mir Bikinis, machte mit mir Ausflüge ins schicke Marbella, fuhr mit mir nach Malaga zum Stierkampf, aß mit mir Paella und weckte so meine Liebe für dieses Land, das ich heute mehr denn je liebe. Omi und ich waren ein Herz und eine Seele, doch letztlich stand ich genauso unter ihrer Fuchtel wie meine Mutter – auch wenn ich mich bei ihr sicher aufgehoben, bestätigt und anerkannt fühlte. Etwas, das meine Mutter offensichtlich nie von ihr vermittelt bekam und deshalb auch nur schwer weitergeben konnte.

Wahrscheinlich ist deshalb zwischen uns auch nie eine wirklich enge Mutter-Kind-Beziehung gewachsen. Diese Rolle hat meine Oma übernommen, und dafür habe ich sie auch lange genug auf ein Podest gestellt, von dem niemand sie herunterschubsen durfte. Schon gar nicht meine Mutter. Hinter jedem Versuch, sich zu erklären, witterte ich sofort Verrat an der geliebten Großmutter und blockte ab. Auch darin liegt wohl ein Grund für unsere seit Jahren anhaltende Funkstille.

Unser Leben als Dreimädeltruppe endete, als meine Mutter – ähnlich wie die anderen Frauen meines Vaters – sich entschied, noch einmal zu heiraten. Sie hatte seit einiger Zeit einen Freund, mit dem sie auch zusammenziehen wollte. Eine Wohnung in der Innenstadt hatten sie bereits gefunden. Die Bedingung für den Mietvertrag war allerdings die Vorlage einer Heiratsurkunde. Damals gab es noch den sogenannten Kuppelparagraphen, der es Vermietern verbot, unverheirateten Paaren eine Wohnung zu geben. Es ist aus heutiger Sicht schwer zu begreifen, dass dies in den frühen Siebzigern noch Alltag in jedem »anständigen« Mietshaus war. Nach der Hochzeit wurde unser kuscheliges Domizil gegen eine riesige Altbauwohnung mit hohen Stuckdecken und Flügeltüren in der Münchner Innenstadt getauscht. Mein Zimmer war dreimal so groß wie das alte; allerdings blickte ich nun nicht mehr über die Dächer sondern in einen düsteren Innenhof, in dem stinkende Mülltonnen standen.

Alles war neu! Die Wohnung, die Umgebung, meine Schule und vor allem der Mann im Haus, der von nun an die Hauptaufmerksamkeit meiner Mutter erhielt. Ich kam mir manchmal vor, als wäre ich Luft. So ähnlich muss es sich für ein Einzelkind anfühlen, das ein neues Geschwisterchen bekommt, wogegen ich nichts gehabt hätte. Das hätte wenigstens nicht Kette geraucht. Selbst beim Autofahren qualmte der neue Mann meiner Mutter, was regelmäßig dazu führte, dass mir schlecht wurde.

Und dann fehlte mir natürlich meine Oma, die jetzt immer öfter auch außerhalb der Ferienzeiten auf ihren Latifundien in südlichen Gefilden weilte. Zu wem sollte ich jetzt gehen, um meinen Kummer loszuwerden? Sie war immer diejenige in meinem Leben gewesen, die meine Tränen getrocknet hatte, wenn ich hingefallen war, die mich für meinen ersten Deutschaufsatz gelobt und die mir, als ich die Windpocken hatte, nachts die Hände festgehalten hatte, damit ich mich nicht kratzte. Ich fühlte mich einsam und verlassen, obwohl wir jetzt doch eigentlich eine richtige Familie waren.

Der Umzug brachte leider auch mit sich, dass ich jetzt auf eine katholische Mädchenschule ging, die in Laufweite zur neuen Wohnung lag und vom Orden der »Armen Schulschwestern« geleitet wurde. Die Pinguine machten es mir nicht leicht, und ich entwickelte mit der Zeit eine Scheiß-Prüfungsangst, die mich selbst vor dem kleinsten Test oft die ganze Nacht nicht schlafen ließ. Dazu kamen chronische Magenschmerzen und eine Art Neurodermitis in den Handinnenflächen. Meine Haut schälte sich dort in mehreren Schichten ab, und ich musste nachts eine stinkende Creme auftragen und weiße Handschuhe darüberziehen.

Ich sehe mich noch mit elf oder zwölf Jahren in meinem rosa gepunkteten Schlafanzug spät nachts verzweifelt aus meinem Bett krabbeln und ins Wohnzimmer tappen. Meine Mutter und mein Stiefvater reagierten oft genervt und schickten mich mit den Worten »ach du armes Waisenkind« zurück in mein Zimmer, wo ich weitere ruhelose Stunden verbrachte, bis ich irgendwann gegen Morgen einschlief.

Den Spruch mit dem armen Waisenkind bekam ich immer dann zu hören, wenn meine Mutter sich nicht mit meinen Gefühlen oder Bedürfnissen auseinandersetzen wollte. Damit wurde auch jede Diskussion abgewürgt, egal, ob sie mich zum Friseur schleppte, um mir einen Bubikopf schneiden zu lassen, obwohl ich so gerne lange Haare gehabt hätte, oder mir Klamotten aufdrängte wie einen kotzgrünen, kratzigen Lodenmantel.

Petra unterbricht mich in meinem Redefluss und blickt mich mit ernster Miene an. Als ich sie frage, was los ist, meint sie, ich würde mich auch manchmal mit zynischen, herablassenden Bemerkungen über die Gefühle anderer hinwegsetzen. Ob ich das von meiner Mutter übernommen hätte?

Das sitzt. Ich muss schlucken. Aber im Grunde hat sie Recht. Statt mir ruhig und verständnisvoll anzuhören, was jemand auf dem Herzen hat, bin ich ebenfalls schnell dabei, wenn es darum geht, andere abzubügeln. Sie nicht ernst zu nehmen und sogar auf sie herabzusehen, wenn sie mit ihren Problemen gerade mein Harmoniebedürfnis stören oder ich einfach keine Lust habe, mich mit ihrem »Kleinkram« auseinanderzusetzen. Ich will, dass mein Leben schön ist. Probleme haben da nichts zu suchen, also schnell den Deckel drauf. Meist rechtfertige ich mich damit, dass mein Gegenüber schlicht zu sensibel für diese Welt sei – »Stell dich doch nicht so an!« – oder im Falle offener Kritik, dass man nicht jedes meiner Worte auf die Goldwaage legen muss.

Keine schöne Eigenschaft, sich auf diese Weise von den Sorgen und Nöten anderer abzugrenzen. Mag sein, dass ich das unbewusst von meiner Mutter übernommen habe. Aber ein Vorwurf ist ihr deswegen nicht zu machen, dafür bin ich schon selbst verantwortlich. Ich werde versuchen, mir beim nächsten Mal selbst auf die Finger zu klopfen und mitfühlender mit anderen umzugehen. Petra verspricht, mich behutsam darauf aufmerksam zu machen, sollte ich nicht merken, dass ich wieder ins gewohnte Fahrwasser gerate.

Sweets and Party

Wir müssen unser Gespräch unterbrechen, denn wir wollen am Nachmittag endlich unser Versprechen einlösen, zwei große Bleche Kuchen für die ganze Mannschaft zu backen. Ich bin mal gespannt, ob Muchta uns sang- und klanglos sein Reich überlässt. Ist bestimmt nicht leicht für ihn, schließlich ist er dort der Master. Tatsächlich begrüßt er uns etwas aufgeregt, als wir die Kombüse betreten. Die Küche hat er blitzblank geputzt. Extra für uns, meint er grinsend. Etwas unschlüssig steht er da. Gehen oder bleiben? Als er sich gerade aus dem Staub machen will, fällt mir siedendheiß ein, dass wir keine Ahnung haben, wo Mehl, Hefe, Butter, Eier, Zucker und Salz zu finden sind. Er stöhnt übertrieben auf, verdreht die Augen, willigt dann aber doch ein, den Laufburschen und Handlanger zu spielen, auch wenn das natürlich völlig unter seiner Würde ist. Wir versprechen ihm dafür im Gegenzug ein besonders großes Stück Kuchen.

Geduldig erklärt er uns, wie die Küchengeräte funktionieren und erträgt sogar stumm, dass ich aus Versehen Milch in den laufenden Mixer schütte und er eine kleine Dusche abbekommt. Doch als er zum siebten Mal hinunter in die Tiefen seiner Vorratskammer stiefeln muss, um fehlende Utensilien heranzuschleppen, reicht es ihm. Wir entlassen ihn großmütig.

Während ich mich – relativ frei Schnauze – um den Teig kümmere, schält und entkernt Petra die Äpfel. Und zwar ganz schön viele, damit der Teig, der auf den zwei riesigen Backblechen ausgestrichen wird, schön eng belegt werden kann. Zum Abschluss alles noch fein mit Zucker und Zimt bestreut und dann ab in den Ofen. Der bald aufsteigende süße Duft lockt den einen oder anderen der Mannschaft in die Küche. Seit Monaten hat es nämlich keinen Kuchen oder irgendwelche anderen Süßigkeiten gegeben. Wir liegen also goldrichtig und können uns angemessen dafür bedanken, dass wir hier an Bord so gut angenommen worden sind. Und Freund Muchta werden wir stecken, dass er doch in den nächsten Wochen selbst einmal zeigen sollte, wie fit er auf dem Gebiet der Zuckerbäckerei ist.

Am Abend erfahre ich von E., dem ich höchstpersönlich unsere »Tarte aux pommes« serviere, dass der kleine Koch – Kuchen hin oder her – momentan ohnehin keinen so einfachen Stand hat. Rommel soll bald seine Chance am Kochtopf bekommen. Eine Aussicht, die dem kleinen Indonesier überhaupt nicht schmeckt. Aber letztlich bleibt ihm nichts anderes übrig, als dem Steward zu Übungszwecken sein Reich zu überlassen.

Um auf einem Frachter kochen zu dürfen, braucht man offenbar keine abgeschlossene Ausbildung; etwas Talent und ein Gespür für Geschmack scheinen zu reichen. Muchta besitzt immerhin so etwas wie ein Kochdiplom, auch wenn er es, wie er mir mal gestanden hatte, während eines Wochenendkurses in Singapur für 300 Dollar erworben hat. Er hegt natürlich die Hoffnung, dass der »Grünschnabel Rommel« gegen seine jahrzehntelange Erfahrung nicht ankommt. Nichtsdestotrotz ist ihm eine leichte Verunsicherung anzumerken. Sein strahlend-verschmitztes Grinsen, das er sonst kaum aus dem Gesicht bekommt, wirkt etwas bemüht. Jeder behauptet eben so gut er kann seinen Platz. Besonders wenn er hart erkämpft ist und die Kohle stimmt. Das ist auf See nicht anders als an Land. Wie unter einem Brennglas zeigen sich hier in der kleinen Gemeinschaft die Befindlichkeiten besonders deutlich. Und wenn das Gefühl entsteht, ein anderer versucht, einem das Wasser abzugraben, zieht man plötzlich nicht mehr gemeinsam an einem Tau.

Die unsichere Lage hatte offenbar Auswirkungen auf das Abendessen an diesem Tag. Denn die Zusammensetzung stellt alles Bisherige in den Schatten: Tintenfisch, Blumenkohl und Nudeln, in Bratensauce schwimmend. Petra nimmt Muchta trotzdem in Schutz: Alles, was ein Tellerrand halte, sei ein Gericht.

»Wenigstens ist der Nachtisch ein Gedicht«, füge ich hinzu. Auch wenn nicht mehr viel davon da ist. Unsere Apfeltarte war ein voller Erfolg.

Als kleines Dankeschön werden wir hochoffiziell zur Party gebeten, die später am Abend in der Mannschaftsmesse gefeiert wird. Natürlich sagen wir zu. So viel Männerüberschuss hat man schließlich selten.

Auf dem Weg zur Party-Zone riecht es bereits vielversprechend nach Rasierwasser. Sicher uns zuliebe. Das Ambiente ist dann aber doch etwas merkwürdig. Eine mit Scheinwerfern angestrahlte Disco-Kugel lässt bunte Lichtflecken durch den Raum tanzen. 15 Seemänner sitzen aufgereiht auf einer langen Bank und starren auf einen riesigen Flachbildschirm. Zu sehen sind halbnackte brasilianische Mädchen, die sich zu heftiger Technomusik verrenken. Offenbar die Aufzeichnung irgendeines Megaevents in Rio. Dagegen sind Petra und ich natürlich chancenlos.

Obwohl es ohrenbetäubend laut ist und die wummernden Bässe bestimmt die Fensterscheiben zum Klirren gebracht hätten, wären sie nicht so sturmfest eingebaut, setzen wir uns dazu. Und trotz der sexy »Bildschirmkonkurrenz« bieten uns gleich vier Männer gleichzeitig Bier und Salzstangen an. Na also! Aber leider war's das dann schon. An eine Unterhaltung ist bei dem Getöse ohnehin nicht zu denken, zumal alle längst wieder auf den Schirm starren. Und wir dachten, wir seien zu einer Party eingeladen und nicht zum Fernsehschauen ... Oder hatten wir da etwas falsch verstanden? Offensichtlich müssen wir selbst die Initiative ergreifen. Meine Schwester hatte wohl eine ähnliche Eingebung, jedenfalls fordern wir fast gleichzeitig je eine der »Couchpotatoes« zum Tanzen auf. Die Jungs zieren sich etwas, doch dann siegt entweder die Höflichkeit oder die Lust. Ist ja auch egal, Hauptsache, es kommt etwas Leben in die Bude. Ein wenig Bewegung tut den Herren bestimmt gut, einige von ihnen stehen wirklich ordentlich im Fleisch. Als vor kurzem das Gerücht kursierte, dass internationale Crew-Agencies nur noch Seeleute unter 80 Kilo vermitteln würden, dürfte der eine oder andere ganz schön dumm aus der Wäsche geschaut haben.

Das Tanzen macht Spaß. Und nach einer Weile folgen auch die anderen unserem Beispiel. Als wir beinahe alle durchhaben, sind Petra und ich völlig verschwitzt und fallen angemessen erschöpft in unsere Sessel. Ich äußere die bescheidene Bitte, die Lautstärke des Videos etwas herunterzufahren, in der Hoffnung auf ein wenig Smalltalk. Doch für die Jungs ist ein Gespräch mit uns offensichtlich nicht abendfüllend, denn schon nach kurzer Zeit wummert es wieder aus allen Boxen. Für uns das Zeichen zum Aufbruch. Wir verabschieden uns höflich und in dem Gefühl, dass die Mannschaft sich über unseren Besuch gefreut hat.

Als ich in meine Kabine gehe, ist E.'s Tür noch offen, und er bittet mich auf ein Schwätzchen herein. Ich zögere, aber nur ein bisschen. Der arme Kerl kann eben nicht in der Mannschaftsmesse abfeiern oder mit der Crew Karten spielen, sondern muss seine Autorität wahren. Das ist der Nachteil, wenn man in der Hierarchie ganz oben steht.

Mein Vater hatte auch immer gesagt: Kapitänsein ist ein einsamer Job. Ich kann mich an viele lange Abende zu zweit in seiner Kajüte erinnern, und wenn ich dann weit nach Mitternacht irgendwann schlafen gehen wollte, hieß es:»Ach bitte, bleib doch. Nur noch fünf Minuten. Ist gerade so schön.« Also beschließe ich, auch E. aus seiner Einsamkeit zu befreien, zumal er nicht nur mit seinem Grinsen, sondern auch einer Flasche leckeren südafrikanischen Rotweins lockt. Ich stelle mich schon mal darauf ein, mein Bett nicht so schnell zu sehen und morgen mit dem Schreiben etwas später anzufangen ...

Lehrjahre

Schon merkwürdig, wie ähnlich die Kindheit von uns Halbgeschwistern war. Wir alle, auch die jüngeren, hatten es mit Stiefvätern zu tun. Ist ja irgendwie klar, schließlich war unser Vater für seine Frauen eine große Enttäuschung gewesen und sie hatten alles Recht dieser Welt auf ein neues Glück. Aber genau wie damals für Petra, war es für mich schwer, mit meinem Stiefvater zurechtzukommen. Jene Zeit zu dritt gehört nicht unbedingt zur glücklichsten meines Lebens. Meine Mutter registrierte das zwar, sah aber keinen Zusammenhang zu ihrem Partner. Sie glaubte, ich hätte vor allem Probleme mit der Umgebung – in einem Haus mit Garten auf dem Land würde bestimmt alles besser werden. Für dieses Vorhaben bot sich ein unbebautes Grundstück ihres verstorbenen Vaters am oberbayerischen Schliersee an, das ihr laut Testament nach dem Tod ihrer Mutter sowieso zustehen würde. Also bat sie meine Oma um das vorzeitige Erbe. Man wollte die eine Hälfte verkaufen und mit dem Geld auf der anderen Hälfte bauen. Baugenehmigungen, Architektenplan und Finanzierung standen bereits und sogar ein Käufer für das Teilgrundstück war gefunden. Doch aus irgendeinem Grund fühlte sich meine Oma von ihrem neuen Schwiegersohn übergangen, hielt das Ganze plötzlich für eine schlechte Idee und machte einen Rückzieher.

Natürlich eine riesige Enttäuschung für meine Mutter. Sie glaubte, dass hinter diesem »Nein« mehr stand. Nicht nur die möglicherweise berechtigte Sorge, ein schlechtes Geschäft zu machen. Sondern eine Form der Missachtung gegenüber dem Leben ihrer Tochter. Wut, Ohnmacht und Hilflosigkeit waren die Folge. Wie stand sie jetzt da? Vor ihren Freunden, vor allem aber vor ihrem Mann?

Indirekt war aber er dann derjenige, der meiner Mutter die Schere in die Hand drückte, um die Nabelschnur zu ihrer Mutter endgültig durchzuschneiden. Er hatte selbst eine »Übermutter« und konnte deshalb bestens verstehen, was in seiner Ehefrau vor sich ging. Er ahnte, dass sie nicht gegen sie ankommen würde. Und so war es dann auch. Das Resultat war totale Funkstille. Wieder einmal! Scheint in dieser Familie zum Programm zu gehören.

Petra unterbricht mich mit der Frage, ob dieser Eklat mein Großmutterbild beschädigt habe. Ich kann sie beruhigen. Genau wie für unseren Vater, der ganz bestimmt kein Engel gewesen war, werde ich auch für sie immer Liebe und Dankbarkeit empfinden. Die Beziehung zwischen ihr und ihrer Tochter steht auf einem anderen Blatt, als die zu mir. Es gibt für jedes Verhalten plausible Gründe, auch wenn die für andere nicht immer nachvollziehbar sind oder zu Verletzungen führen. Wie man damit umgeht, kann jeder nur für sich selbst entscheiden. Meine Mutter hat sich in diesem Fall für einen Kontaktabbruch entschieden, was für mich nicht leicht war. Oft hatte ich das Gefühl, zwischen zwei Stühlen zu sitzen und es keinem mehr rechtmachen zu können.

Statt selbstgebautem Eigenheim wurde nun nach einer finanzierbaren Immobilie am Stadtrand von München gesucht. Die Wahl fiel auf ein Reiheneckhaus in Pasing. Was man beim Kauf offensichtlich nicht bedacht hatte, war, dass die Landsberger Straße, Münchens bekanntester Straßenstrich, ganz in der Nähe lag. Es dauerte nicht lange, bis zwei Häuser weiter ein privates Bordell eröffnete. Das nächtliche Knallen der Autotüren trieb meine Mutter, deren Schlafzimmerfenster auf die Straße ging, schier in den Wahnsinn. Besonders in den Stoßzeiten zwischen 22 und 2 Uhr nachts war es heftig. Erst nachdem sie wegen nächtlicher Ruhestörung mehrfach die Polizei gerufen hatte, war Schluss mit dem illustren Treiben.

Wir hatten nun zwar ein eigenes Zuhause, mussten aber von da an jede Mark umdrehen. Billiger Aufschnitt, eingesiegelter Käse, Fleisch nur aus dem Sonderangebot und Klamotten von C&A. Die Stimmung war oft gedämpft, weil meine Mutter und ihr Mann Sorgen hatten, von denen ich nichts ahnte.

Abgesehen davon, dass ich hin und wieder über das motzte, was auf den Tisch oder in meinen Schrank kam, hatte zumindest ich es mit dem Umzug nicht schlecht getroffen. Statt auf Mülltonnen blickte ich von meinem Zimmer durch helle Dachfenster ins Grüne und hatte sogar mein eigenes Bad. Außerdem konnte ich wieder in meine alte Schule im benachbarten Laim gehen, ja ich kam sogar in meine alte Klasse. Ich schlief auch wieder besser, obwohl meine Noten nach wie vor zu wünschen übrig ließen. Vor allem in naturwissenschaftlichen Fächern.

Mein Stiefvater, seines Zeichens Ingenieur bei Siemens, fühlte sich dazu prädestiniert, Abhilfe zu schaffen. Leider fehlte es ihm an pädagogischem Feingefühl, denn während fast jeder seiner Nachhilfestunden brach ich in Tränen aus. So dass oft selbst richtig gelöste Aufgaben vom Blatt flossen. Am liebsten hätte ich meinem Peiniger jedesmal, wenn er mich mit gleichschenkligen Dreiecken quälte, den Zirkel in den Bauch gestochen. Ich fand ihn unerträglich, auch wenn er es nur gut meinte. Meine Noten allerdings profitierten kaum davon, wahrscheinlich machte ich bereits in dem Moment dicht, in dem er mit dem Mathebuch ankam.

Meine Banknachbarin Angelika war damals meine beste Freundin und blieb es bis zum Abitur. Ihr hatte ich es zu verdanken, dass ich meine Schulzeit irgendwie überlebte. Sie ließ mich nicht nur morgens ihre Hausaufgaben abschreiben, sondern platzierte auch während der Prüfungen ihr Blatt stets so, dass ich unauffällig einen Blick darauf werfen konnte. Da mich der Unterricht meist langweilte, sehnte ich Tag für Tag nichts mehr herbei als die letzte Stunde. Dann ging es nämlich zu Angelika nach Hause, wo ich über mehrere Jahre mit am Mittagstisch saß und oft bis zum Abend blieb. Sie hatte das, was man eine »intakte Familie« nennt. Ihr Vater war Rechtsanwalt, der seine Kanzlei unten im Haus hatte, die Mutter kümmerte sich klassisch um Haushalt und Familie. Im Garten stand eine Tischtennisplatte, im Keller befand sich ein riesiger Partyraum, in dem man ordentlich abfeiern konnte. Außerdem hatten sie ein Luftgewehr, mit dem wir hunderte von Schießkarten durchlöcherten, die wir dann stolz ihren Eltern präsentierten. Das Höchste für mich war jedoch Purzel, der Rauhaardackel, den ich am liebsten mit nach Hause genommen hätte. Ich hatte es gerade mal zu einem Hamster gebracht, und den bei meiner Mutter durchzusetzen, war schon schwierig genug gewesen.

Angelikas Eltern besaßen auch noch eine urige Hütte in Österreich, mitten in einem wunderbaren Skigebiet gelegen. Im Winter ging es fast jedes Wochenende dorthin, und da meine Freundin ein Einzelkind war, nahmen sie mich oft mit. Natürlich besaß sie die bessere Ausrüstung und fuhr auch besser Ski als ich, aber mit der Zeit holte ich auf und lernte sogar Tiefschneefahren. Wir verbrachten viele herrliche Tage auch abseits der Pisten, was wir ihren Eltern wohlweislich verschwiegen.

Nach dem Abendessen saßen wir gemütlich am knisternden Kachelofen, um eine Runde »Monopoly« zu spielen. Manchmal erzählte Angelikas Vater von schwierigen Fällen aus seiner Kanzlei. Dann leuchteten die Augen meiner Freundin und man konnte ihr ansehen, wie stolz sie auf ihren Vater war. In solchen Situationen wurde mir schmerzlich bewusst, dass ich so jemanden nicht hatte. Einen Vater, auf den ich stolz sein konnte, der in Null Komma nichts einen Ofen anzündete und spannende Storys über böse Buben zum Besten gab. Damals ahnte ich natürlich nicht, dass mein eigener Vater ein mindestens ebenso guter Geschichtenerzähler war, wenn auch der Wahrheitsgehalt seiner Stories möglicherweise nicht denen des Rechtsanwalts entsprachen.

Neid oder Missgunst waren mir glücklicherweise fremd, und so blieben Angelika und ich unzertrennlich. Wir gehörten keiner Clique an, sondern hingen meist nur zu zweit rum. Am Anfang boxten und zwickten wir uns noch fast wie Jungs; später ging es dann um Jungs, aber selbst da mussten wir uns nicht trennen. Ihr erster Freund war der beste Freund meines ersten Freundes, was also lag näher, als fortan zu viert um die Häuser zu ziehen.

Das alles endete seltsamerweise nach dem Abitur. Obwohl wir in der gleichen Stadt blieben, haben wir uns von diesem Moment an nicht mehr getroffen. Sie trat in die Fußstapfen ihres Vaters und studierte Jura. Und da ich keinen wirklich klaren Berufswunsch hatte, ging ich auf die Sprachenschule. Hauptfach Spanisch. Meine Mutter sah mich bereits als Dolmetscherin Karriere machen. Vielleicht bei der UNO in Genf, mit Aussicht auf Eheschließung mit einem schmucken Diplomaten. Ich dagegen träumte von Reisen ins ferne Südamerika.

Schon während meiner Schulzeit hatte ich mich immer wieder um längere Auslandsaufenthalte bemüht. Bei der Verwandtschaft in Amerika, als Austauschschülerin in England, als Au-pair in Frankreich. Weg von zu Hause, war für mich das Höchste, weil ich mit dem Daheimsein nicht immer Glücklichsein verband. Ein Gefühl, das sich lange gehalten hat und auch meine spätere Berufswahl beeinflusste. Immer auf Achse, hieß meine Devise. Woanders schien es mir stets besser, freier, unkomplizierter. Auf Reisen konnte ich ich selbst sein, da saß mir keiner im Nacken, da engte mich niemand ein, da wollte keiner etwas von mir, außer dass ich meinen Pass und meine Boardingcard zeigte.

Für meine Mutter nicht leicht zu akzeptieren, vielleicht schwang da auch noch die Erinnerung an meinen Vater mit. Ursprünglich dachte ich ja, die Reiselust und eine gewisse Abneigung gegen Sesshaftigkeit von ihm zu haben, aber jetzt wird mir klar, dass es dafür auch andere Gründe gibt.

Hauptsächlich hat es wohl mit meiner sehr eigenständigen Großmutter zu tun, die in dieser Richtung einen prägenden Einfluss auf mich hatte. Sie richtete mir schon früh ein Konto ein, was mich im Gegensatz zu meinen anderen Geschwistern aus einer sicheren Poleposition selbstbestimmt ins Leben starten ließ. Dass ich nicht geheiratet und keine Familie gegründet habe, ist auch indirekt ihr zuzuschreiben: »Mach dich nie von einem Mann abhängig«, hatte sie mir immer gepredigt, was aus ihrer Erfahrung heraus nur zu verständlich ist. Die Wucht des Krieges, der Tod ihres Mannes und der Verlust von Hab und Gut müssen ihr Vertrauen in das starke Geschlecht ziemlich angeknackst haben. Sie ist nie wieder eine eheähnliche Partnerschaft eingegangen. Und vielleicht war deshalb auch keiner »gut genug« für meine Mutter. Wahrscheinlich bin ich – in der dritten Generation – selbst noch von diesem angekratzten Männerbild geprägt. Ich bin schnell entflammt, aber bis ich wirklich einen Mann andocken oder gar

bei mir einziehen lasse, müssen die Tampen ganz schön festge-
zurrt sein.

»Ladies first«

Das Telefon klingelt. E. ist dran. Ob wir mal kurz hoch auf die
Brücke kommen könnten?

Dort stehen E., der Bootsmann aus Sri Lanka und zwei phi-
lippinische Deckarbeiter stolz vor zwei Prachtstücken aus Sperr-
holz, die man gut und gerne als Designerliegen bezeichnen könnte. Aus zwei Spanplatten gefertigt, eine leicht erhöht für den Kopf,
eine gerade für den Körper und das Ganze auf vier Beinen liebe-
voll zusammengeschraubt. Petra und ich sind begeistert. Die Liegen müssen natürlich sofort ausprobiert werden. Die Jungs tragen sie nach draußen auf
das linke Brückendeck und wir legen eine kleine Sunbathing-Ses-
sion ein. Züchtig versteht sich. Ich hole vorsichtshalber die Son-
nencreme aus meiner Kabine, denn schließlich sind wir schon fast
auf Höhe der Kanaren. Meiner Wahlheimat. Zu sehen bekommen wir die Inseln allerdings nicht – dafür sind wir viel zu west-
lich – trotzdem gibt es mir ein warmes Gefühl, sie in der Nähe zu
wissen.

Kaum haben wir Platz genommen, fragt uns der Dritte Offizier, der gerade Dienst hat, ob wir etwas zu trinken aus dem Brü-
ckenkühlschrank wollen. Zu nett. Der Mann hat nun wirklich
Wichtigeres zu tun. Es ist schon erstaunlich, dass man uns hier
an Bord mit einer Höflichkeit und Zuvorkommenheit begegnet, wie ich das an Land selten erlebt habe. Und zwar vom öl-
verschmierten Maschinenarbeiter bis zum Kapitän und egal, zu
welcher Tageszeit. Als Petra kürzlich beim Essen Senf vermiss-
te, sausten gleich drei Männer gleichzeitig los, um ihn zu holen.

Kommentar Petra: »Für mich alte Seekuh macht das noch nicht mal zu Hause einer …«

»After you! Ladies first«, höre ich mindestens fünfmal am Tag. Man lässt mir immer den Vortritt, und ich gehe nicht davon aus, dass sie mir unbedingt auf den Hintern gucken wollen. Oder doch? Spaß beiseite. In diesem abgeschirmten Kosmos hat sich tatsächlich etwas erhalten, das da draußen längst der Gleichgültigkeit zum Opfer gefallen ist. Nämlich Respekt und Achtung vor Frauen. Da es auf Frachtschiffen bislang kaum Kapitäninnen, weibliche Offiziere, geschweige denn Ingenieurinnen gibt, ist diese kleine Welt bisher von manchen »Fehlentwicklungen«, die sich mit der Emanzipation eingeschlichen haben, verschont geblieben. Keine Frage, ich kann mir selbst die Tür aufmachen, allein in den Mantel schlüpfen und mir ein Glas Wein einschenken – aber will ich das immer? Oh Alice, ich höre dich schon schimpfen! Doch manchmal finde ich es viel schöner, wenn ein Mann mir diese Dinge abnimmt und ich ihn mit einem Lächeln dafür belohnen kann. Und wer weiß schon, was aus diesem Lächeln entsteht? In jedem Fall signalisiert es gegenseitige Wertschätzung.

Und die herrscht auch generell hier an Bord. Ich habe noch nicht erlebt, dass einer seine Stimme über andere erhebt. Keiner verhält sich hochmütig, weiß alles besser oder schlägt unter die Gürtellinie. Natürlich gibt es Hierarchie, die ist auch nötig, aber eben rein sachlich auf die Sache beschränkt. Hier darf jeder sein, wie er will. Keiner der Multikulticrew stört sich an der Hautfarbe, an der Religion, dem Bildungsstand, den Klamotten oder den Essensgewohnheiten des anderen. Alle sind eine große Familie, die sich gegenseitig akzeptieren und sogar voneinander lernen. Wenn das doch in richtigen Familien auch so wäre. Aber das bleibt wohl ein frommer Wunsch.

Doch jetzt genießen wir erst einmal die Sonne und den warmen Wind, der sanft über unsere Haut streicht. Fehlen eigentlich

172

nur noch Massage, Maniküre, Pediküre … aber man kann schließlich nicht alles haben. Das Rundum-Versorgungspaket ist sowieso ganz schön dick geschnürt. Dreimal am Tag steht etwas zu essen auf dem Tisch. Kaffee ist immer in der Maschine. Mein Bett wird gemacht, das Bad geputzt und die Kabine alle paar Tage bis in den letzten Winkel gesäubert. Petra wollte sich unbedingt einen gewissen Grad an Selbstständigkeit erhalten. Sie hat herausgefunden, wo das Klopapier gelagert wird, und holt sich das jetzt selbst, obwohl das nicht gern gesehen wird. Auch als sie heute früh in der Küche ihren Haferbrei umrühren wollte, wurde ihr gleich der Löffel aus der Hand genommen. Ich bin bei häuslichen Tätigkeiten ja eher zurückhaltend. Hier an Bord wird das wenigstens geschätzt.

Mit Volldampf ins Leben

Wir passten zusammen wie Schlüssel und Schlüsselloch. Ich, siebzehn Jahr blondes Haar, neugierig auf das Leben. Er 22 Jahre älter, Wiener Journalist mit Schmäh und auf der Flucht vor seiner Freundin, die ihm gerade eine Tochter geboren hatte. Er sah mich als Rettungsanker, um nicht im Ehehafen versauern zu müssen, und mir eröffnete er eine völlig neue Welt, ein neues Lebensgefühl. Mein bestandenes Abitur, das zu Hause nur mit einem »Na, Gott sei Dank« kommentiert worden war, gab für ihn den Anlass zu einer Party, die er in seiner Wohnung für mich schmiss. Der bestandene Führerschein wurde während eines Wochenend-Trips nach Wien gefeiert. Seine Anerkennung war Balsam für die blauen Flecken auf meiner Seele.

Während meine Freundinnen noch mit Akne gestraften Spätpubertierenden abhingen, hatte ich einen Freund, der über Segelreisen und Off-Road-Ralleys schrieb und mich sogar mitnahm auf seine diversen Trips. In Ungarn zogen wir Jeeps mit Seilwinden über quergelegte Baumstämme und fuhren mit einem Amphibienfahrzeug durch die Donau. In der Adria schipperten wir auf einer privaten Segelyacht von Insel zu Insel. Er war stolz darauf, eine so junge Freundin zu haben, und ich genoss zum ersten Mal die volle Aufmerksamkeit eines Mannes. Er führte mich auf einfühlsame Weise an die Liebe heran, nicht eingeklemmt auf dem Rücksitz eines Kleinwagens, sondern auf einem mit Rosenblättern bestreuten zweimal zwei Meter breiten Wasserbett.

Meine Mutter konnte ihn nicht leiden, doch glücklicherweise war sie in jener Zeit zu beschäftigt, um zu intervenieren. Für sie stand noch einmal eine große Lebensveränderung an. Nicht nur, dass ich bald volljährig wurde und sie aus der Verantwortung raus war; nein, sie wollte mit meinem Stiefvater nach Mexiko City ziehen, wo er ein neues Fertigungswerk für Siemens mit aufbauen sollte. Einerseits sah ich das Licht der Freiheit am Horizont aufflackern, andererseits fühlte ich mich übergangen. Die beiden hatten nicht einmal gefragt, ob ich mitwollte. Auch wenn die letzten Jahre für uns alle nicht einfach gewesen waren, fühlte ich mich doch außenbords gedrückt und nicht erwünscht.

Unser letztes Treffen gab mir den Rest. Da er bereits vorausgeflogen war, brachte ich meine Mutter zum Flughafen. Dort machte sie mir recht unmissverständlich klar, wie froh sie sei, von nun an nur noch aus der Ferne Mutter sein zu müssen. Das war bitter. Ich war ganz schön geknickt, und mein Restvertrauen in sie löste sich so ziemlich in Luft auf. Wieder brach ein Kontakt in unserer Familie ab, wieder herrschte Funkstille.

Ich habe sie erst Jahre später in Mexiko besucht, und dabei kam nicht eine Silbe über meine Lippen, dass ich inzwischen meinen Vater getroffen hatte und es nun Geschwister mit eigenen Familien in meinem Leben gab. Irgendwann, viel später, habe ich dann mal davon angefangen, aber wirklich hören wollte sie es nicht.

Mein Journalist war damals derjenige gewesen, der mich ermuntert hatte, nach meinem Vater zu forschen. Er konnte gar nicht begreifen, dass ich so gut wie nichts über meinen Erzeuger wusste. Ihn zu finden, wurde meine erste eigene journalistische Recherche.

Er war auch »schuld« daran, dass ich die Dolmetscherschule in den Wind schoss und damit die Diplomatenehe. Ich wechselte zur Uni und schrieb mich für Journalismus ein – um in »Ersatzpapas« Fußstapfen zu treten. Neugierig war ich schon immer gewesen, und habe auch gerne mal meine Nase in Angelegenheiten anderer Leute gesteckt. Der Idealberuf also, zumindest fürs Erste.

Doch noch während des Studiums streckte ich meine Fühler in eine ganz neue Richtung aus. Durch den »Künstlerdienst«, eine Agentur, die Kleindarsteller und Statisten an Film, Fernsehen und Werbung vermittelte, landete ich beim Jungen Deutschen Film. Genauer gesagt bei einem Film von Rainer Werner Fassbinder. In »Die Sehnsucht der Veronika Voss« ging es um den Abstieg einer drogensüchtigen Schauspielerin. Ich sollte das junge Flittchen spielen, das ihr die Rollen wegschnappte. Der Produzent im Film wurde von einem bärbeißigen korpulenten Typen gespielt, 35 Jahre älter als ich. Peter war ein alter Hase im Business, der mir viele gute Tipps gab und mit dem ich mich auf Anhieb verstand. Klar, dass ich nach Drehschluss mit ihm ausging, was dazu führte, dass sein Freund Fassbinder ihm zuliebe meine Rolle erweiterte und ich als »Geliebte des Produzenten« vier zusätzliche Drehtage erhielt. Daraus entstand eine Freundschaft, die uns bis heute verbindet. Natürlich wurde er mein nächster »Papa«.

Einladungen nach Rom, wo er in einer Dachterrassenwohnung in Trastevere lebte, folgten. Verwöhnaroma pur. Shopping, Ausflüge in die Toskana, Parties in Cinecittà, der legendären Filmstadt im Südosten von Rom. Später nahm er mich auch nach Cannes zu den Filmfestspielen mit. Roter Teppich, Ausflüge auf Yachten, edle Restaurants, Jetset. Aber mir drohte keine Gefahr, irgendwo abzustürzen, denn »Papa« war ja immer dabei.

Es versteht sich von selbst, dass ich nun nicht mehr Journalistin, sondern Schauspielerin werden wollte. Durch die Nähe zu Fassbinder bekam ich prompt das Angebot, in seinem nächsten Film »Ich bin das Glück dieser Erde« die Tochter von Hanna Schygulla zu spielen. Er wollte sogar, dass Peter und ich heirateten; als Hochzeitsgeschenk würde er einen Rolls Royce springen lassen. Ich war entrüstet und erwiderte, dafür würde ich doch keinen Mann heiraten, der mein Vater sein könnte. Zum Glück war Peter deswegen nicht beleidigt.

Leider starb Fassbinder, noch bevor die erste Klappe zu dem Film fiel, durch den ich vielleicht berühmt geworden wäre ...

Bei einer weiteren Reise nach Cannes lernte ich den damaligen Filmkritiker der ZEIT kennen, der gerade die Fronten gewechselt hatte und seinen ersten eigenen Film vorbereitete: »Tausend Augen« mit Barbara Rudnik, Armin Mueller-Stahl, Hannelore Hoger und vielen anderen. Warum gerade ich in diesem Film eine größere Nebenrolle spielen durfte, lag sicher nicht an meinem Talent als Schauspielerin. Jedenfalls bekam ich damals die Chance, auch hinter den Kulissen mitzuerleben, wie ein Spielfilm entstand. Nach dem Ende des Drehs wollte ich natürlich Regisseurin werden!

Ich bewarb mich an der Hochschule für Fernsehen und Film. Schauspieler, zumindest weniger berühmte, das hatte ich inzwischen mitbekommen, saßen sowieso nur neben dem Telefon und warteten auf den berühmten Anruf aus Hollywood, der nur in den seltensten Fällen kam. Mein Freund Peter konnte dem nur zustimmen. Er selber entzog sich dieser Hängepartie immer mehr durch Produzententätigkeiten und später durch das Schreiben von historischen Romanen. Sein Steckenpferd waren das Mittelalter und die Kreuzzüge, stundenlang konnte er davon erzählen. Als ich vor ein paar Jahren für das ZDF eine Serie über christliche Orden drehte, die fast alle im Mittelalter gegründet worden waren, musste ich oft an seine präzisen Ausführungen über jene Zeit denken. Natürlich war auch er es gewesen, der nicht nur mein Interesse für Geschichte geweckt, sondern mich auch ermuntert hatte, doch selbst einmal zur Feder zu greifen. Inzwischen habe ich tatsächlich meinen ersten halbhistorischen Roman geschrieben, ein Abenteuer, das ich ohne seinen Zuspruch bestimmt nicht gewagt hätte. Denn von Haus aus war ich weder mit dem Wissen noch dem nötigen Selbstbewusstsein gesegnet. Deshalb bin ich bis heute dankbar für all die »lebendigen Wegweiser«, die mir immer wieder neue und interessante Richtungen aufgezeigt haben.

Dass ich unter 8000 Bewerbern eine von acht Auserwählten war, die an der Filmhochschule aufgenommen wurden, verdanke ich jedoch indirekt meinem Vater. Das grauköpfige Gremium bekam den Mund nicht mehr zu, als ich von meiner Schiffsreise rund um Südamerika erzählte. Stand da am Ende ein weiblicher Werner Herzog vor ihnen? Was das anging, würde ich sie enttäuschen müssen. Ich drehte keine berühmten Spielfilme wie »Fitzcarraldo« oder »Aguirre, der Zorn Gottes«, aber immerhin führte mich später eine ganze Reihe von Dokumentarfilmen nach Südamerika.

Bevor das erste Semester begann, gönnte ich mir eine Auszeit in Asien und Australien. Und zwar mit einem Firstclass Ticket von Singapore Airlines. Ich hatte der Fluggesellschaft über einen Freund eine werbewirksame Szene in »Tausend Augen« vermittelt und das Ticket als Honorar erhalten. Zudem durfte ich in bestimmten Hotels zum Airline-Tarif übernachten. Allein und nur mit einem Rucksack auf dem Rücken zog ich los, voller Neugierde auf all das Unbekannte, das vor mir lag.

Petra sieht mich fast ein wenig neidisch an. Eine solche Solotour wäre für gleichaltrige Frauen aus ihrer Generation undenkbar gewesen; sie selbst war damals zudem schon Mutter. Eine junge Frau alleine in Bangkok oder in einem Bus quer durch Sumatra reisend? Nie und nimmer. Man hätte sie für komplett verrückt gehalten. Sie wäre wahrscheinlich nicht mal bis zum Bahnhof Altona gekommen. Andere Zeiten … Ich jedenfalls habe dieses Abenteuer gut gewuppt und landete pünktlich in München zum Semesterbeginn an der Filmhochschule.

Meinen ersten Übungsfilm drehte ich mit den Schauspielerinnen Barbara Rudnik und Kristina van Eyk, die gute Freundinnen von mir waren und denen ich deshalb keine Gage zahlen musste. Denn trotz Omis Polster musste ich schauen, wie ich über die Runden kam.

Als Mitte der achtziger Jahre private Radio- und Fernsehsender wie die Pilze aus dem Boden schossen, wurde ich Filmkritikerin; zuerst bei Radio M1, dann bei Radio Xanadu. Beide gibt es längst nicht mehr. Für mich als Film-Junkie ein Superjob. Dreimal pro Woche saß ich vormittags in einer Pressevorführung, wurde danach verköstigt und schrieb dann über etwas, das mich ohnehin brennend interessierte. Richtig niedergemacht habe ich nie einen Film, denn ich wusste ja aus eigener Erfahrung, wie unendlich schwer es ist, überhaupt einen Dreh auf die Beine zu stellen.

Später schickten sie mich auf Filmfestivals nach Cannes, Venedig und Berlin, eine Szene, die ich durch meinen Freund Peter schon gut kannte. Ich interviewte Größen wie Anthony Quinn, Omar Sharif, Isabella Rossellini, Peter Ustinov und viele andere.

Petra erinnert sich daran, dass sie sich in dieser Phase meines Lebens einen unglaublichen Kopf um mich machte, Tendenz übrigens anhaltend. Das alles schien ihr höchst suspekt. Ein gefährliches Pflaster für ein junges, schwärmerisches und begeisterungsfähiges Mädchen. Wie schnell konnte man da unter die Räder kommen! Männer, Drogen, falsche Versprechungen ... Ihre Sorgen waren für mich natürlich Schall und Rauch. Die ältere Schwester eben.

In der Villa eines reichen Filmfinanziers wartete mein nächster »Wegweiser« auf mich. Ein baltischer Baron, seines Zeichens Anthropologe und Gastprofessor für vergleichende Kulturwissenschaften in Harvard. Wieder einmal war ich schwer beeindruckt, wenngleich ich dieses Mal nicht umgehend Professorin werden und nach Harvard gehen wollte. Allerdings ließ ich mich auf eine Art Assistentenstelle bei ihm ein: Als »WiMi« (wissenschaftliche Mitarbeiterin), und Dolmetscherin begleitete ich ihn auf eine längere Südamerikareise. Dafür hatte ich ein wirklich verlockendes Angebot für eine Spielfilm-Co-Regie in den Münchner Bavaria Studios abgesagt. Der Sog der großen weiten Welt war stärker.

Über ein halbes Jahr lang reisten wir von Venezuela über Surinam bis nach Feuerland. Mein »Indiana Jones« wollte herausfinden, warum sich dieser Kontinent so gegensätzlich zu Nordamerika entwickelt hatte. Was jene bunte Mischung aus Indios, Spaniern, Portugiesen und Afrikanern ausmachte, aus der sich die lateinamerikanische Identität herausgebildet hatte. Und so interviewten wir Schuhputzer in Ecuador, Präsidenten in Peru und Bolivien, Lama-Hirten in den Anden, Medizinmänner in Brasilien, Farmer in Paraguay und Banker in Argentinien.

Besonders gut in Erinnerung habe ich noch, wie wir ein paar Tage Pause in einem kleinen, von Hippies bevölkerten Ort irgendwo an der Küste Brasiliens zwischen Rio und Porto Seguro machten. Wir hatten wochenlang weder Zeitung gelesen noch ferngesehen und wurden dort von Deutschen mit der Nachricht überrascht, dass die Mauer gefallen war. Natürlich glaubten wir ihnen kein Wort und hielten diese Neuigkeit für eine reine Kiffer-Fantasie. Erst Tage später, zurück in der Zivilisation, wurde uns dieses historische Ereignis bestätigt. Wir konnten es kaum fassen und haben ordentlich die Korken knallen lassen.

Leider endete diese gemeinsame Reise abrupt, als ich bei einem Reitausflug vom Pferd fiel und mir sämtliche Bänder im linken Knie riss. Ich wurde nach Caracas gekarrt, von wo aus wir früher als geplant zurück nach Europa flogen.

Ein netter Arzt aus meinem Bekanntenkreis, der an einer Orthopädischen Klinik in München arbeitete, flickte mich wieder zusammen. Im Krankenhausbett liegend und mit dem Bein hoch in die Luft fiel dann endlich der Groschen, was ich mit meinem Leben anfangen wollte. Eigentlich ganz einfach: Dokumentarfilme drehen! Damit konnte ich unterwegs sein, eine Kamera um mich herum haben, meine schier unstillbare Neugierde befriedigen, Brücken zu anderen Kulturen bauen …und wenn ich Glück hatte, damit auch noch Geld verdienen.

Und ich hatte mal wieder Glück.

Mit Hilfe von »Indiana Jones« gelang es mir, einen Redakteur des damals noch existierenden Südwestfunks zu beeindrucken. Am Ende machte der Sender tatsächlich Kohle für meinen ersten Dokumentarfilm locker, der immerhin zur Primetime um 20.15 Uhr gesendet werden sollte. Spannende Themen hatte ich nach der Südamerikareise viele im Angebot, doch am besten war das über *Candomblé* angekommen. Ein religiöser Kult, den afrikanische Sklaven vor 300 Jahren mit nach Brasilien gebracht hatten.

Ich fuhr also zum dritten Mal in dieses faszinierende Land, allerdings nicht als »WiMi«, sondern als Chefin eines Filmteams. »Indiana Jones« war leider nicht mehr dabei. Psychische Probleme zwangen ihn zu einem längeren Klinikaufenthalt. Ich tauchte ein in die mystische Welt der afrikanischen *Orixá* (Götter), in *Macumba* (eine Abwandlung des *Candomblé*-Kultes) und den Kampftanz *Capoeira*. Ich verliebte mich in Salvador da Bahia, in den Samba, die Musik von Stan Getz und die landestypische Küche.

Am liebsten wäre ich für immer dort geblieben. Doch das ging nicht, schließlich musste der Film ja geschnitten werden. Zurück in München war es gar nicht so einfach, einen günstigen Schneideraum zu finden. Damals bannte man die Bilder noch nicht auf Chips oder Festplatte, sondern auf Zelluloid. Durch Zufall, aber wie gerufen, stolperte ich bei einer Münchner Filmparty über einen Fernsehproduzenten, der alles auffuhr, was ich brauchte. Er besorgte mir sogar eine Cutterin, die mein schmales Budget nicht sprengte, und stellte seinen eigenen Schneidetisch zur Verfügung. Wir wurden ein Paar und blieben es beinahe fünf Jahre.

In jener Zeit stellte mir Peter, der inzwischen ein bekannter Schriftsteller geworden war, seinen Literaturagenten vor. Der interessierte sich sehr für Dokumentationen und bot mir an, bei der Erstellung des Kommentartextes für den Brasilien-Film zu helfen. Michael war ein genauso neugieriges »Trüffelschwein« wie ich und immer offen für Neues. Wir konnten stundenlang über ein Thema sprechen und waren bei unserem Lieblingsitaliener immer die Letzten, die gingen, wenn alle Stühle längst zusammengestellt waren. Er vertrat interessante Autoren, die ich teilweise kennenlernte und die mir die Grundlagen für den einen oder anderen Dokumentarfilm lieferten.

Mein Fernsehproduzent dagegen verwirklichte sich in Heimatserien für das Vorabendprogramm. Etwas, womit ich mich damals überhaupt nicht identifizieren konnte und ihm meine Geringschätzung höchst unsensibel auch immer wieder reindrückte. Ich fand das alles viel zu seicht und konnte auch mit der Kitschpostkartenidylle, die in solchen Filmen als Kulisse diente, nichts anfangen. Erst jetzt, bei der Auseinandersetzung mit meiner eigenen Geschichte, kann ich vielleicht ein Stück weit nachvollziehen, warum ihn das erfüllte: Er kam aus einem lieblosen Elternhaus, in dem Alkohol eine so große Rolle spielte, dass alles darin ertrank. Gefühle, Alltag, ein normales Leben. Mit diesen Produktionen konnte er seinen Traum von der heilen Familie inszenieren. Und so vielleicht Wunden schließen, wenn auch nur behelfsmäßig.

In der Realität konnte er damit nicht umgehen. Als ich einmal glaubte, schwanger zu sein, rannte er sofort zu einem Anwalt und ließ – ganz der Produzent – eine Kalkulation erstellen, was ihn ein Kind bis zum 18. Lebensjahr kosten würde. Auch wenn ich selbst nicht auf Familiengründung aus war, fühlte ich mich durch diese Aktion vor den Kopf geschlagen.

Dass ich ihn nicht verließ, mag von außen betrachtet egoistisch anmuten. Seine guten Kontakte zu Fernsehsendern ermöglichten mir, verschiedene Beiträge für das ZDF zu drehen, womit ich mich nach der Filmhochschule ganz gut über Wasser halten konnte. Er bot mir sogar an, mich ein Jahr lang finanziell zu unterstützen, damit ich Ruhe hatte, um ein eigenes Spielfilm-Drehbuch zu schreiben. Leider habe ich das damals abgelehnt – die Worte meiner Oma im Ohr, mich niemals von einem Mann abhängig zu machen. Wenigstens nicht finanziell.

Seine berufliche Erfahrung dagegen nahm ich gerne an, denn wie konnte es anders sein, ich wollte nun ebenfalls Produzentin werden.

Auf nach Hollywood

In den Neunzigerjahren überflutete eine Buddhismus-Welle die Medienwelt. Bernardo Bertolucci drehte »Little Buddha«, ein Jahr später brachte der deutsche Esoterikfilmer Clemens Kuby »Living Buddha« in die Kinos, einen Film über die Suche nach dem reinkarnierten Panchen Lama. Auch Michael ächzte unter der Flut buddhistischer Manuskripte. Darunter war auch eines über »Shambhala« (besser bekannt unter der Bezeichnung »Shangri-La«), ein mystisches Königreich, das irgendwo in Zentralasien verborgen sein soll. Die Idee zu meinem ersten Kinofilm war geboren.

Es sollte eine Art buddhistisches Roadmovie werden, angesiedelt in der Äußeren Mongolei, die gerade dank Perestroika und Glasnost selbständig geworden war und eine Renaissance des Buddhismus erfuhr. Während das Land Teil der Sowjetunion war, wurde dort jeder Mönch, der an der Gebetsmühle erwischt wurde, einen Kopf kürzer gemacht. Doch schon bald nach Gorbis heldenhaftem Einsatz etablierten sich in der Mongolei wieder buddhistische Klöster. Einer der Mönche, die zu Zeiten der Verfolgung im Untergrund agieren mussten, wurde mein Hauptdarsteller. Für die Kamera pilgerte er barfuß von Ulan Bator, der Hauptstadt der Mongolei, nach Bodhgaya im Nordosten von Indien, wo Buddha einst unter dem Bodhibaum Erleuchtung fand.

Ein weiterer Protagonist des Films war der Dalai Lama, den wir in seinem Exil im indischen Dharamsala filmen durften. Für mich ein ganz besonderes Geschenk und ein Drehtag, den ich nie vergessen werde. Ich stand unter höchster Anspannung, denn wir hatten ein Zeitfenster von nur 15 Minuten. Alles musste klappen. Aber seine Heiligkeit grinste mich nur breit an, kniff mich in die Wange und meinte dann, er sei doch *nur* der Dalai Lama, ich solle mich entspannen.

Der Film wurde ein Erfolg, was die Kritiken anging, finanziell allerdings nicht. Deshalb kam mir ein Angebot aus einer komplett anderen Richtung sehr gelegen. Gangsterjagd! Ede Zimmermann von »Aktenzeichen XY« nahm mich auf in seine Sonderkommission »Wanted in Germany«. Das volle Kontrastprogramm. Aber die dunkle Seite des Lebens wollte schließlich auch ergründet werden. Ich inszenierte übelste Morde, Raubüberfälle und Vergewaltigungen, alles reale Fälle. Nach einem Jahr jedoch verfolgten mich die Bilder der Opfer in meinen Träumen und ich streckte die Waffen.

Mein treuer Fernsehproduzent baute mich wieder auf und sorgte für einen alptraumfreien Anschlussauftrag bei Pro 7. Eine Kinderserie mit einem Zauberer. Später vertraute er mir sogar eine eigene Produktion an, eine dreiteilige Serie, wieder für das Jugendprogramm. Danach trennten wir uns, was die alte Regel »Bier ist Bier und Schnaps ist Schnaps« einmal mehr bestätigte. Letzterer war leider zu seinem ständigen Begleiter geworden, neben dem ich langfristig keine Chance hatte. Rückblickend muss ich sagen, dass ich damals nicht einmal ansatzweise versucht habe, ihn zu verstehen. Ich habe seine innere Einsamkeit nicht gesehen, die er mit dem unermüdlichen Produzieren von Familienserien zu füllen suchte. Umgekehrt hat er immer wieder versucht, mir mit Fürsorge zu begegnen, und ich habe ihm einiges zu verdanken. Das hätte ich ihm gerne noch gesagt. Doch leider starb er vor ein paar Jahren an einem Herzinfarkt, und jetzt ist es dafür zu spät. Ein großes Versäumnis, das mich traurig macht.

Michael war inzwischen mein bester, wenn auch rein platonischer Freund geworden und wir beschlossen, uns gemeinsam ein Haus im Grünen zu suchen. Wir fanden eine etwas schäbige Fünfzigerjahre-Villa in einem großen Garten mit altem Baumbestand, die sich perfekt für zwei getrennte Parteien eignete. Gemeinsamer Treffpunkt war natürlich die Küche im Erdgeschoss, in der wir mit und ohne Besuch die meiste Zeit verbrachten.

Eines Morgens holte mich die Vergangenheit wieder ein. Meine Großmutter, die seit ein paar Jahren in einer Seniorenresidenz in Spanien lebte, rief an. Sie wolle zurück nach Deutschland, da es ihr gesundheitlich schlecht gehe.

Das klang besorgniserregend.

Obwohl ich auf einiges gefasst war, als ich sie am Flughafen abholte, bekam ich einen riesigen Schreck. Sie war nur noch Haut und Knochen. Außerdem hatte sie überall blaue Flecken, die sie zunächst als »Pillepalle« abtat. Erst im Auto rückte sie damit heraus, dass sie immer wieder unter extremen Gleichgewichtsstörungen litt und häufig stürzte.

Für mich war sonnenklar gewesen, dass sie bei uns in der »Villa Kunterbunt« einzog, doch ich merkte bald, dass sie mehr Pflege brauchte, als ich ihr dort geben konnte. Und so beschloss ich – trotz aller Differenzen – meine Mutter, die inzwischen wieder in Deutschland lebte, ins Boot zu holen. Seit der geplatzten Grundstücksgeschichte hatte zwischen den beiden Frauen Funkstille geherrscht und mir graute ein wenig davor, wie das erste Wiedersehen verlaufen würde.

Doch zu meiner Überraschung hielt das einstige Dreigestirn in der Not zusammen. Wir fanden ein Pflegeheim ganz in der Nähe, wo Omi gut untergebracht war und wir sie oft besuchen konnten. Meine Mutter und ich näherten uns wieder ein wenig an. Allerdings wurden hauptsächlich praktische Dinge besprochen und Gefühle ausgeklammert.

Drei Monate später starb meine Großmutter. Wir beerdigten sie im Familiengrab am Schliersee. Es war die zweite Beerdigung in meinem Leben, und wie schon bei der ersten kam ich mir vor, als würde ich nicht dazugehören. Als wäre ich fehl am Platz, als hätte das alles nichts mit mir zu tun. Ich wollte nicht traurig sein, ich wollte, dass Schmerz aus meinem Leben fernblieb.

Meine Mutter konnte nun endlich ihr Erbe antreten und den alten Plan, auf dem Grundstück ihres Vaters zu bauen, in die Tat umsetzen. Es war bestimmt wichtig für sie, endlich den Platz einzunehmen, der ihr so lange verwehrt geblieben war. Doch so richtig versöhnt haben sich die beiden in den Monaten vor dem Tod meiner Großmutter leider nicht.

Während meine Mutter zu ihren Wurzeln in Oberbayern zurückgekehrt war, zog es mich nach Hollywood. Ein Freund drehte dort einen Independent-Film und bot mir die Regieassistenz an. Klar, dass ich zusagte. Hollywood war noch immer das Mekka für alle Filmschaffenden, das durfte ich mir nicht entgehen lassen. Außerdem hatte Michael sein Arbeitsfeld nach Los Angeles ausgedehnt und dort eine Wohnung gemietet, in der er mir ein Zimmer anbot.

Schon nach dem ersten Drehtag merkte ich, dass die auch nur mit Wasser kochten. Das Leben in LA war zwar bunt und aufregend, doch Richard Gere lief einem nicht täglich über den Weg und der Sunset Boulevard verlor auch irgendwann seine Anziehungskraft. Das Wertvollste, das ich aus Hollywood mitbrachte, war kein Oskar, dafür aber ein Wesen, das mir zwölf Jahre lang die Treue halten sollte: Marnie. Eine bildhübsche Mischung aus Schäferhund, Collie und Golden Retriever.

Wir brauchten für eine Filmszene ein Hundebaby, das von einem miesen Automechaniker beiseitegekickt werden sollte; ich war in ein Tierheim geschickt worden, um dort zu casten. Als ich mit Marnie zurück zum Set kam, war die Szene gestrichen worden. Ich war froh, auch wenn der Fußtritt ohnehin nur Fake gewesen wäre. Natürlich brachte ich es nicht übers Herz, Marnie zurück in den »Knast« zu bringen, und fahndete am Set nach Adoptiveltern. Doch keiner unserer amerikanischen Kollegen wollte sie haben. Und damit stand fest: Marnie bleibt bei mir und wir würden gemeinsam über den großen Teich reisen.

Der Moment des Abschieds kam dann recht unerwartet. Ich riss mir beim Skifahren auf Kunstschnee in den kalifornischen Bergen mal wieder die Bänder – dieses Mal im rechten Knie. Mein Arztfreund in München würde noch einmal Hand anlegen müssen. Ich sagte Hollywood adieu, Marnie kam in eine Hundebox und war von da an Europäerin, auch wenn sie ein gewisses divenhaftes Hollywood-Gebaren nie ganz abgelegt hat.

Rettungsübungen

Ohrenbetäubend schallt die Alarmsirene über das Schiff. Petra ist sofort auf den Beinen. Wir sind in diesem Fall strikt angewiesen, sofort in unsere jeweiligen Kabinen zu eilen, uns Schwimmweste und Überlebensanzug zu schnappen und auf ein Mannschaftsmitglied zu warten, das uns auf die Brücke hochbringt. Kaum ist Petra verschwunden, klopft es auch schon, und der Dritte Offizier fordert mich auf, ihm im Galoppschritt zu folgen. Netterweise trägt er mir den Sack mit dem schweren Anzug die Treppe hinauf. Noch immer schrillt der Alarm so heftig aus allen Lautsprechern, dass ich mir die Ohren zuhalten muss.

Wir proben den Ernstfall, Security-Übung! Oben auf der Brücke werden wir von E. empfangen, der bereits Schwimmweste und Helm trägt. Jetzt sind wir dran. Wir müssen beweisen, dass wir in der Lage sind, in Rekordzeit die Schwimmweste anzulegen – und wir versagen auf ganzer Linie. Weder Petra noch ich schaffen es, mit den Gurten fertig zu werden. Meine sind irgendwie ständig verdreht, und das sperrige Ding rutscht mir immer wieder nach oben über die Nase.

E. und der Erste Offizier müssen Hand anlegen, bis alles sitzt. Jetzt noch schnell den Helm auf und ich wäre bereit zum Sprung ins Wasser – wobei ich im Ernstfall das Rettungsboot bevorzugen würde. Denkste! E. ist noch nicht zufrieden. Das ganze nochmal von Anfang. Weste aus und wieder an. Diesmal allein und diesmal klappt es auch.

Als Nächstes ist der Anzug dran. Ein rotes Super-Neoprenteil, mit Lämpchen dran und allem, was zum Überleben im Ozean nötig ist. Meiner ist viel zu groß. Ich sehe aus wie ein überdimensionaler Krebs und komme mir vor wie eines dieser »lebenden Stofftiere«, die vor Kaufhäusern manchmal Werbung verteilen. Außerdem ist es da drinnen heiß wie in einem Backofen, binnen kürzester Zeit bin ich schweißgebadet. Doch bevor ich mich befreien kann, müssen erst einmal Fotos gemacht werden! Und natürlich wollen alle, die sich gerade auf der Brücke tummeln, mit drauf. Das war dann aber fürs Erste der letzte Spaßmoment. Petra und ich halten uns von nun an im Hintergrund, damit die Crew mit ihren Übungen fortfahren kann. Sie proben als Nächstes, was zu tun ist, wenn Feuer ausbricht, anschließend wird das Rettungsboot überprüft. Ich frage mich, warum immer nur von einem Boot die Rede ist. Ich habe die Filmbilder von jenen Ruderbooten bestens im Kopf, die nicht ordentlich zu Wasser gelassen wurden, umkippten und vor allem nicht genügend Platz für die Passagiere boten. Aber die Zeiten sind offenbar vorbei. Das »Boot« sieht aus wie eine orangefarbene Mondkapsel, in der genügend Platz für die gesamte Mannschaft – nebst Mitreisenden wie uns – und allerlei Überlebensutensilien ist. Man steigt ganz bequem ein und per Knopfdruck – selbstverständlich vom Inneren der Kapsel aus – wird das Ding über eine Rutsche ins Wasser gelassen. Doch auch das will geprobt sein, denn wenn es wirklich gebraucht wird, muss jeder Handgriff sitzen.

Stunden nach der Übung will E. endlich ein Versprechen einlösen, das er mir bei einem Gläschen Rotwein gegeben hatte: nämlich mir für kurze Zeit das Steuer zu überlassen. Auch das ist nicht mehr wie früher rund und aus Holz, sondern eher eine Art Joystick, wie bei einer Nintendo-Spielkonsole. Kaum habe ich es etwas voreilig berührt, geht auch schon ein Mordsgepiepse los. Offensichtlich verlasse ich gerade den eingegebenen Kurs, und der Computer ist noch nicht auf Handsteuerung umgeschaltet. Im nächsten Moment zeigt auch noch das AIS einen griechischen Frachter mit Namen *Herodot* an, der direkt auf uns zuhält. Ok, schlechter Moment, ich räume sofort meinen Platz.

Die *Herodot* ist gut vier Knoten schneller als wir. Stellt sich die Frage, wer nun wem ausweichen wird. Es soll ja auf diesen riesigen Wasserflächen tatsächlich schon zu Kollisionen gekommen sein, auch wenn das eigentlich unvorstellbar scheint. Der Zweite Offizier, der gerade »on duty« ist, rechnet mit griechischer Sturheit und lässt vorsichtshalber 30 Grad Backbord steuern. Nach dem Motto: der Klügere gibt nach. Als der Flitzer schließlich auch mit bloßem Auge erkennbar in Sichtweite kommt, fahren wir mit mindestens einer Meile Abstand an ihm vorbei. Trotzdem eine ganz schöne Aufregung.

Nachdem sich alles wieder beruhigt hat, bekomme ich dann doch noch die Chance, unsere *May* durch die Wellen zu steuern. Es gelingt mir sogar, den Kurs zu halten. Kinderspiel! Auch wenn ich zugeben muss, dass mir die Sicherheitsübung vom Morgen noch etwas nachgeht. Wenn ich mir vorstelle, dass so ein Pott mitten auf dem Ozean untergeht, tausend Meilen von der nächsten Küste entfernt, überkommt mich ein Kribbeln. Zumal E. mir kürzlich bei einem unserer nächtlichen Gespräche gestanden hat, dass es gerade bei einem neuen Schiff zu ernsten Zwischenfällen kommen kann. Der berühmte Lack ist zwar noch dran, die Matratzen sind noch nicht durchgelegen, die Duschen noch nicht verrostet. Doch was die Sicherheit betrifft, bedeutet das nichts. Die Einzelteile eines so großen Frachters werden nämlich getrennt gebaut und erst später zusammengeschweißt. Und im Gegensatz zu einem Schiff, da schon mehrere Jahre auf dem Buckel hat, weiß man am Anfang nie, ob das alles auch hält. Sehr beruhigend!

Äquatortaufe

Jetzt sind es nur noch ein paar Tage, bis wir die berühmte Mittellinie überqueren. Für Petra ist es das erste Mal. E. hat mich schon mehrfach nach einem »nautischen« Namen für sie gefragt, um ihr ein richtiges Äquatorzeugnis ausstellen zu können. Boshaft wie ich bin, war mir als Erstes »Gestrandeter Wal« oder »Seekuh« in den Sinn gekommen, wie sie sich selbst schon mehrfach an Bord bezeichnet hatte. Aber das geht natürlich auf keinen Fall, zumal ich aus dem Buch »Der Schwarm« weiß, dass Matrosen sich früher in Ermangelung von Frauen an Seekühen schadlos gehalten haben. E. schlug schließlich »Mermaid of the South« vor, Seejungfrau des Südens. Warum nicht? Wird ihr bestimmt gefallen.

Ich selbst habe bereits einen Äquatornamen: *Barracuda*. Ein gefährlicher Raubfisch mit starrem Blick, großem Maul und scharfen Zähnen, der Menschen zwar angreifen, sie aber nicht töten kann. Keine Ahnung, was sich mein Vater dabei gedacht hatte, mir ausgerechnet diesen Namen zu verpassen.

Der Brauch jedenfalls hat seinen Ursprung in der Zeit der Entdeckungs- und Eroberungsreisen der Portugiesen. Bis dahin hatte man geglaubt, die Äquatorregion sei viel zu heiß, um sie lebend durchqueren zu können. Doch wenn die Portugiesen weiterkommen wollten, mussten sie es riskieren. Gott würde ihnen beistehen. Siehe da, es klappte. Dankbar bezeugten sie ihren Glauben durch eine ganz besondere Taufe. Und eben die musste ich auf der Reise mit meinem Vater über mich ergehen lassen.

Wir waren damals, 1981, in der Gegenrichtung unterwegs. Von Brasilien nach Norden in die Karibik. Ich hatte schon so einiges über dieses weltweit übliche Ritual gehört und wusste, da durfte man nicht zimperlich sein. Angeblich wurde der Täufling vor der Äquatorüberquerung mit irgendeinem stinkenden Zeug – Fischöl oder Schmiere aus der Maschine – »eingeseift« und dann per Wasserschlauch gereinigt, sprich getauft. Ich war überzeugt, mit mir junger Frau und Tochter des Kapitäns würden sie bestimmt sanfter umgehen.

Doch weit gefehlt. Bereits ein paar Seemeilen vor dem Breitengrad Null schleppten mich zwei vermummte Matrosen »im Auftrag von Neptun« aus meiner Kabine an Deck und sperrten mich dort in einen Verschlag, in dem normalerweise Farbeimer und sonstige Ausbesserungsmaterialien aufbewahrt wurden. Es war brüllend heiß und stank so sehr nach Farbe, dass ich beinahe ohnmächtig wurde. Ich hämmerte an die Tür und schrie laut, dass sie mich rauslassen sollten. Keine Chance. Mir lief der Schweiß in Strömen herunter und ich war kurz davor loszuheulen.

Nach gefühlten zwei Stunden wurde ich erlöst und vor »Neptuns Gericht« gestellt. Die Schaulustigen waren zahlreich und die Jungs hatten sich wirklich Mühe gegeben. Sparky, der türkische Funker, trug ein grünes Gewand und unter seiner Pappkrone goldenes Lametta aus der Weihnachtskiste. Seine beiden Helfer zur Rechten und zur Linken hatten zusammengeknotete Tischtücher um den Körper gewickelt und ihre Gesichter schwarz angemalt. Sie sahen mich mit todernstem Ausdruck an. Es war wie bei einem Tribunal. Und von meinem Vater keine Spur.

Der türkische Neptun fragt mich mit donnernder Stimme nach den Vergehen, die ich an Bord begangen hatte. Schüchtern gab ich zu, einmal nachts Käse aus der Küche stibitzt und mich außerdem vor dem Kartoffelschälen gedrückt zu haben. Mehr fiel mir beim besten Willen nicht ein. Die kleinen Schwärmereien für »Omar Sharif« waren ja wohl nicht der Rede wert ... Auf ein Zeichen von Neptun hin wurde ich zur Strafe aus mindestens zwanzig Bierdosen gleichzeitig bespritzt. Wie eklig!

Ich hatte unvorsichtigerweise irgendwann erzählt, dass ich den Geruch von Bier nicht ausstehen kann. Das muss sich jemand gemerkt haben. Jedenfalls stank ich nun wie eine ganze Brauerei. Und die sengende Sonne sorgte dafür, dass sich in Minutenschnelle eine klebrige Schicht auf meiner Haut bildete. Der Wasserstrahl, den sie anschließend auf mich richteten, war also eigentlich eine Erlösung, wenngleich er mich beinahe von Deck fegte.

Tropfend und erschöpft und glücklicherweise mit BH unter dem nassen T-Shirt nahm ich mein Taufzeugnis in Empfang. Danach wollte ich nur noch in meine Kabine, mich umziehen, die Haare trocknen und das Wasser aus den Ohren bekommen. Die anschließende Party mit Barbecue und selbstgemachtem russischen Kartoffelsalat entschädigte mich jedoch für diese Tortur. Und mit einem Stück saftigen Steak zwischen den Zähnen konnte ich wenigstens einigermaßen meinem Taufnamen gerecht werden ...

Petra blieb das alles erspart.

Wir überqueren den Äquator am frühen Abend und E. überreicht ihr oben auf der Brücke das Zeugnis, auf dem alle Besatzungsmitglieder unterschrieben haben. Sie freut sich riesig und ich weiß schon jetzt, dass es einen Ehrenplatz an der Wand über ihrem Bett bekommen wird. Dort hängt schon eines, seit sie vor ein paar Jahren auf einer Tour der Hurtigrouten den nördlichen Polarkreis gekreuzt hat. Doch den Äquator zu überqueren, zumal von Norden nach Süden, ist noch einmal etwas anderes. Davon erzählen auch alte Seekarten aus längst vergangenen Tagen. Die Südhalbkugel war für die Europäer lange *Terra Incognita*; dieser historische Begriff bezeichnete Regionen, die noch unerforscht waren oder über deren Existenz man nur Vermutungen anstellen konnte. Jene Gegenden wurden oft mit Drachen oder anderen dämonischen Fabelwesen ausgeschmückt. Man konnte ja nie wissen, was einen dort erwartete.

Und das trifft im übertragenen Sinn auch auf unsere innere Reise zu. Petra und ich stoßen immer wieder auf unbekanntes Territorium, auf dem sich ganz bestimmt der eine oder andere Dämon versteckt hält. Den herauszulocken ist allemal ein Abenteuer. Zeit, dass wir es wieder aufnehmen.

Mit meiner besten Freundin Angelika, 1980

Als angehende Regisseurin auf der Filmhochschule

Mit Marianne Sägebrecht 1988 in Cannes

Mit dem Dalai Lama 1993 bei Dreharbeiten zu meinem ersten
Kinodokumentarfilm

Mein Bruder Heiner 1991 in Ägypten

Wir vier Schwestern v. l.: Christa, ich, Tina und Petra, 2001

Meine jüngste Schwester Tina
1988 auf dem Weg zum Flughafen am Tag ihrer Abreise
nach Südamerika

Familientreffen, 2003

Umrahmt von meinen beiden älteren Schwestern Petra (l.) und Christa

Meine Schwester Tina mit Eric auf dem Cotopaxi in Equador

Meine zweite Reise mit dem Containerschiff, 2014. Blick auf die Ladeluken, alle bis oben hin voll mit Eisenerz aus Brasilien.

In Rotterdam vor der über 300 Meter langen May Oldendorff

Navigieren mit dem guten alten Sextanten. Auch das will gelernt sein.

Auf den möchte man lieber nicht angewiesen sein.

Wie auf der Titanic, fehlt nur noch Leonardo di Caprio.

Im Dokumentarfilmhimmel

Nicht lange nach meiner Rückkehr aus den USA bot mir ein Hamburger Produzent die Regie für eine sechsteilige ZDF-Dokumentarserie über Schamanismus an. Die Arbeit sollte ich mir mit einem anderen Filmemacher teilen, den ich nicht kannte. Also erst mal googeln. Er stellte sich als renommierter Dokumentarfilm-Regisseur heraus, der schon internationale Preise eingeheimst hatte. Ich war beeindruckt. Das schrie nach sofortiger Kontaktaufnahme. Er wohnte in Starnberg, ich in München. Wir trafen uns in einem kleinen Ort in der Mitte. »Mister Starnberg« war er nicht gerade, aber sonst fassten unsere Zahnräder ganz gut ineinander. Wir redeten bis spät in den Abend und beschlossen, uns auf das Wagnis einzulassen. Nach einigen Terminen in Hamburg setzten wir uns gemeinsam an die Drehbücher.

Trotz extra eingeflogenem Schamanen mit Rassel und Glöckchengewand entschied sich die gesetzte Herrenrunde in Mainz dann aber doch für nur drei Folgen und das Wort Schamanismus sollte am besten gar nicht vorkommen. Um 19:30 Uhr, zur Abendessenszeit, wollte man den deutschen Fernsehzuschauer offenbar nicht mit aufwühlenden Ritualen erschrecken. Nach langen Diskussionen einigte man sich darauf, dass es »nur« um altes Wissen von Ureinwohnern verschiedener Regionen gehen sollte.

Die erste Folge führte den Zuschauer in die Welt der traditionellen chinesischen Kampfkünste. Ein Thema, das ich großzügig meinem Kollegen überließ. Die zweite drehte sich um altes Heilwissen der Amazonas-Indianer und war wie geschaffen für mich. Die letzte Folge hatte die Südsee und alte Schiffsbau- und Navigationskenntnisse zum Thema. Wir beschlossen, gemeinsam daran zu arbeiten: Er Regie, ich Drehbuch. Natürlich wollte ich als Kapitänstochter unbedingt bei den Dreharbeiten dabei sein, was ich auch durchsetzen konnte. Wer schreibt, der bleibt.

Bei den Vorbereitungen zu den drei Filmen steckten der Premiumregisseur und ich die Köpfe immer mehr zusammen, bis auch irgendwann zwischen unseren Lippen keine Luft mehr war. Ruckzuck (und das zeigt, wie sehr es mich erwischt hatte) war er bei mir und Michael in der Villa Kunterbunt eingezogen und es begann eine wunderbare und aufregende Zeit. Als ich Petra mit ihm im Schlepptau damals in Hamburg besuchte, war sie happy über meinen Neuen. Sie hatte das Gefühl, ich wäre endlich angekommen. Er trug mich auf Händen, konnte sich benehmen, glänzte mit Bildung und zeigte Interesse für alles, was auf der Welt so vor sich ging. Nur zu gerne hätte sie ihn als Schwager gesehen. Aber zunächst ging es um die Frage, ob wir gut zusammen arbeiten konnten. Und das klappte tatsächlich.

In China tricksten wir gemeinsam wachsame »Regierungsfiffies« aus, und wir überlebten gefährliche Situationen auf einer abgelegenen Insel in der Südsee. Ich allerdings nur um Haaresbreite … Wir filmten den Bau eines Einbaumseglers; als Erstes musste dafür ein Urwaldriese geschlagen werden, was mit einem Ritual verbunden war. Die Insulaner versetzten sich mit vergorenen Pflanzensäften in eine Art Rauschzustand und hieben dann unter lauten Gesängen ekstatisch mit ihren Äxten auf den Baum ein. Ihre Frauen bereiteten in der Nähe in Palmblätter gewickeltes Essen zu, was ich mit einer kleinen Kamera drehte. Das restliche Team war mit den Männern zugange. Plötzlich ein gespenstisches Knarzen. Laute Schreie. Der Himmel verdunkelte sich und Millionen von Blättern prasselten auf uns nieder.

Der Riese fiel eindeutig nicht in die vorgegebene Richtung, sondern in meine. Ich packte ein Kind am Arm, das mich und meine Kamera neugierig beobachtet hatte und rannte los. Die Krone kam immer näher. Aus den Augenwinkeln sah ich, wie die anderen Frauen auseinanderstieben. Ich stolperte, fiel hin, stand wieder auf. Das Kind brüllte. Dann ein dumpfer Schlag. Wir hatten unendliches Glück gehabt. Der Baum war in letzter Sekunde von einem quer liegenden Stamm gestoppt worden. Gespenstische Ruhe. Nur mein Herzschlag und das wimmernde Kind in meinem Arm. Mein Premiumregisseur kam kreidebleich angerannt und schloss mich erleichtert in die Arme. Ich musste ihn mehr beruhigen, als er mich.

Damit keine bösen Erinnerungen zurückblieben, wurde vom obersten Schamanen für uns Frauen eine ganz spezielle und offensichtlich auch wirksame Trauma-Zeremonie abgehalten. Er umwedelte uns mit Palmblättern, murmelte dabei irgendetwas Unverständliches und spuckte dann jedem von uns auf die Füße. Tatsächlich habe ich nie von dem »Killerbaum« geträumt oder sonstige Macken von diesem Versuch, mich in den Boden einer einsamen Südseeinsel zu rammen, davongetragen.

Auf alle Fälle war das schon mal eine gute Einstimmung für den Amazonasfilm, der als Nächstes dran war. Denn dort sollte es um die Welt der Naturgeister gehen.

Diesmal war ich ohne meinen Regisseur unterwegs, nur mit einem Kamera- und einem Tonmann, beide Brasilianer. Wir planten, bei drei verschiedenen Indianerstämmen zu drehen, von denen wir wussten, dass sie Besuch von Scouts internationaler Pharmafirmen bekommen hatten, die ihnen gegen ein paar Glasperlen ihr Wissen um Heilpflanzen abluchsen wollten. Die westlichen Wissenschaftler gingen immer nach dem gleichen Schema vor: Sobald die Indios ihnen verraten hatten, welche Pflanzen sie gegen welche Krankheiten verwendeten, nahmen sie Proben davon mit in ihre Labors, veränderten dort die DNS und meldeten später das fertige Medikament als eigenes Patent an. Die Indianer sahen dafür nie auch nur einen Penny. Was ihnen zugegebenermaßen im Dschungel nicht wirklich etwas nutzen würde. Aber zumindest könnte mit dem Geld ein Fonds zu ihrem Schutz eingerichtet werden. Denn die meisten der Stämme sind vom Aussterben bedroht. Nicht nur wegen der Krankheiten, die von den Weißen einschleppt werden, sondern weil sie deren Lebensweise übernehmen wollen. Und das ist meist der Anfang vom Ende. Verrostete Wellblechhütten statt sauberer *Malocas* aus Stroh, versiffte T-Shirts statt natürlicher Nacktheit und Alkohol statt Kokosmilch. Ihr natürlicher Lebensraum wird immer stärker beschnitten. Der Amazonas ist zwar riesig, aber die Holz- und Kautschukindustrie ist längst bis an die Grenzen der Reservate vorgestoßen, zum Teil sogar darüber hinaus.

Die Zeit, die ich mit den Yanomamis, Zo'és und Corubos in ihrer Heimat mitten im Amazonasgebiet verbringen durfte, gehört zu den glücklichsten meines Lebens. Ohne Verbindung zum Wahnsinn, der auf dem Rest des Planeten herrscht, nur mit dem beschäftigt, was man braucht, um in Frieden mit sich und anderen zu existieren. Ich durfte zumindest für ein paar Wochen erleben, wie es sich anfühlt, vollständig im Einklang mit der Natur zu leben. Ein großes Geschenk, wofür ich immer dankbar sein werde.

Sehe ich hinaus in die unendliche Weite des Ozeans, steigt manchmal ein ähnliches Gefühl in mir hoch. Ich bin dann ganz bei mir. Dort treffe ich nicht die vaterlos aufgewachsene Tochter, die nach Halt sucht, die Geliebte irgendeines Mannes, die an Verlustängsten leidet, die Regisseurin oder Autorin, die nach Aufmerksamkeit lechzt, sondern einfach nur ein Wesen, das sich in den unendlichen Verzweigungen des Universums geliebt fühlt, sein und wachsen darf. Ein Zustand, der nicht zu toppen ist. Weder mit Erfolg und Geld, noch mit Macht und Ruhm. Vielleicht ist es eben dieses Gefühl des Seins, das der eine oder andere zu schätzen gelernt hat, der lange zur See gefahren ist.

Bom Dia Brasil

Nicht mehr lange, dann werden wir unseren Zielhafen Ponta de Madeira erreichen. Die Playmobilmännchen haben es endlich geschafft. Das 300 Meter lange Deck leuchtet mir orangefarben und blitzeblank entgegen. Und auch die Crew scheint sich fein zu machen, denn in den Gängen hängt ein Duft von Rasierwasser, Duschgel und Deodorant.

Ich trinke meinen Morgenkaffee heute auf der Brücke. Wir tuckern mit höchstens fünf Knoten an der brasilianischen Küste entlang, die sich noch verschämt mit Morgendunst umgibt. Nur ganz langsam kämpft sich die Sonne durch den weißen Schleier und wirft ihr erstes Licht auf die Hochhäuser von San Luis, die mir wie Wachtürme der modernen Zivilisation vorkommen. Die habe ich in den letzten drei Wochen erfolgreich ausgeblendet. Mein Bedürfnis danach ist auch jetzt nicht besonders groß. Was schon eher meine Sehnsucht weckt, sind die weißen Strände, die nun auch mit bloßem Auge immer deutlicher zu erkennen sind. Wäre nicht schlecht, sich mal wieder in die blauen Fluten des Atlantiks zu werfen und nicht nur darauf herumzuschippern. Aber daraus wird wohl so schnell nichts, denn wir werden einige Tage draußen auf Reede liegen müssen, bis im Hafen ein Platz frei geworden ist und wir beladen werden können.

Plötzlich aufgeregte Stimmen über Funk. Dem Akzent nach zu urteilen offensichtlich ein indischer Kapitän oder Offizier.»Stay clear, stay clear, keep distance, keep distance!«, schallt es ziemlich panisch aus dem Funkgerät. Das AIS piept und blinkt ebenfalls aufgeregt. Es zeigt einen Ozeanriesen mit Namen *Vale Calefón* an, der noch einmal 60 Meter länger ist als die *May*. Der wachhabende Zweite Offizier greift nach einem der Ferngläser, die immer bereitliegen und trotz modernster Technik an Bord unverzichtbar sind.

197

Es dauert nicht lange, bis ich den Kahn mit bloßem Auge sehe. In geringer Entfernung rauscht er mit mindestens 15 Knoten an uns vorbei. Entweder haben die es besonders eilig oder ein Problem, die Maschine zu drosseln, so zumindest die Meinung auf der Brücke. Unser Steuermann aus Sri Lanka hat da seine ganz eigene Theorie:»Indische Besatzung eben ...«, brummt er ein wenig von oben herab. Sollte ich da so etwas wie eine rassistische Bemerkung vernommen haben?

Die»Rennsemmel« jedenfalls gehört zur Flotte der weltweit zweitgrößten Bergbaugesellschaft Vale, die auch in Besitz des Hafens Ponte de Madeira ist. Mit einem Marktanteil von 35 Prozent bestimmt der brasilianisch-kanadische Konzern den Weltmarktpreis von Eisenerz. Denn das meiste davon wird in Brasilien gefördert, wo sowohl Lohnkosten als auch Steuerabgaben niedrig sind. Tja, wer so mächtig ist, darf offenbar auch rücksichtslos an allen vorbeipreschen!

Was ich später zusätzlich dem Internet entnehme – die Landnähe macht es wieder möglich – passt ebenfalls ins Bild. Man wirft dem Unternehmen nicht nur Menschenrechtsverletzungen und Umweltverschmutzung vor, sondern verlieh ihm 2012 auch den »Public Eye Award«. Ein Schmähpreis, der auf miese Firmenpraktiken und Verstöße gegen Mensch und Natur aufmerksam machen soll. Vale plant nämlich einen gigantischen Staudamm im Amazonasgebiet und hat dafür bereits 40.000 Menschen umgesiedelt. Sollte dieses Projekt tatsächlich bis zum bitteren Ende durchgezogen werden, würde ein großes Stück Urwald der Überflutung zum Opfer fallen. Man kann nur hoffen, dass es dazu nicht kommt.

Inzwischen haben wir den Liegeplatz erreicht, den uns die Hafenbehörden per Funk zugewiesen haben. Mit viel Getöse wird der Anker, der beinahe so groß ist wie ein kleines Einfamilienhaus, heruntergelassen. Dann hängen wir an der Kette. Die Klimaanlage läuft auf Hochtouren. Ohne Fahrtwind und nur ein paar Meilen vom Äquator entfernt ist die Hitze feucht und drückend. Damit sie nicht nach innen dringt, müssen alle Türen geschlossen bleiben.

Der Dunst über dem Meer hat sich inzwischen aufgelöst und man erkennt, dass wir uns in bester Gesellschaft befinden. Um uns herum sind mindestens zehn riesige Pötte auf Warteposition. Das AIS verrät mir auch ihre Identität: Links von uns liegt *Asphalt Tiger*, der unter der Flagge Singapurs fährt, daneben *Chemical Trust*, ein wenig Vertrauen erweckender Name für ein Schiff aus den USA. Vor uns liegen *Ocean China* und *Ocean Honkong*. Chinesische Schiffe, die dem Staat gehören und quasi zum Selbstkostenpreis den günstigen Rohstahl aus Brasilien ins Land der Mitte transportieren.

Ich bin gespannt, wie lange es dauern wird, bis wir an Land können. Momentan stehen wir auf der letzten Position in der Warteschlange. Aber offenbar geht es hier nicht nach dem Prinzip »wer zuerst kommt, mahlt zuerst«, sondern nach Beziehungen. Schon beim Mittagessen erfahren wir, dass die *May* auf wundersame Weise auf Platz zwei vorgerückt ist und schon morgen früh in den Hafen einlaufen soll. Na bitte! Oldendorff macht's möglich.

Den Wecker habe ich auf 5 Uhr morgens gestellt, um das Einlaufen auf keinen Fall zu verpassen. Ich weiß nicht warum, aber ich finde es immer wieder faszinierend, wie man trotz Strömung, Wind und ohne klassische Bremsen ein so riesiges Schiff beinahe zentimetergenau an der richtigen Stelle zum Stehen bringt.

Als ich um diese unchristliche Uhrzeit aus dem Fenster sehe, ist kaum etwas zu erkennen. Trotz der orangefarbenen Scheinwerfer, mit denen die *May* ausgeleuchtet ist wie bei einem Rockkonzert, kann ich nicht einmal vorne den Bug sehen. Alles ist in pottendicken Nebel getaucht.

Eigentlich hätte der Lotse mit dem Helikopter kommen sollen, aber daraus wird wegen der Witterungsbedingungen wohl nichts. Ich ziehe mich trotzdem an. Auch wenn es nicht nötig gewesen wäre. Als ich die Tür zur Außentreppe öffne, haut es mich fast um. Es ist gut 20 Grad wärmer als in meiner Kabine. Während ich zur Brücke hochgehe, höre ich auch schon irgendwo aus dem Dunst den Motor eines kleinen Bootes. Petra tapert etwas unsicher hinter mir her. Sie behauptet, gar nichts sehen zu können. Ihre Linsen adaptierten nicht mehr so gut bei schnellen Lichtwechseln. Das läge am Östrogenmangel. Schon wieder ein Seniorenmoment! Ich nehme sie bei der Hand, bis wir sicher auf dem linken Flügel des Brückendecks angekommen sind.

Das Motorgeräusch des Lotsenbootes wird immer lauter und kurz darauf taucht es mit aufgeblendeten Scheinwerfern längsseits der Bordwand auf. Wie in guten alten Zeiten wird die sogenannte Jakobsleiter heruntergelassen – nicht die biblische, die laut einer Vision des Jakobus den Auf- und Abstieg zwischen Erde und Himmel ermöglicht –, sondern eine stinknormale Strickleiter mit runden Holzsprossen. Da inzwischen auch das Ballastwasser abgelassen wurde, liegen wir so hoch, dass sie nur knapp bis hinunter zum Boot reicht. Behände wie Affen klettern drei Männer hintereinander die 18 Meter hohe Bordwand hinauf. Doch eine halbe Stunde vergeht, bis alle wohlbehalten oben auf der Brücke angekommen sind und jeder einen Humpen mit heißem Kaffee in der Hand hält.

Obwohl der Nebel noch immer ziemlich dicht ist, geben die Lotsen schließlich den Startschuss. Die Maschine wird angelassen, und die *May* setzt sich langsam Knoten für Knoten in Bewegung. Bestimmt ganz schön schwer, im Blindflug die Fahrrinne zu treffen. Nicht einmal die Bojen, die rechts und links ihren Verlauf eingrenzen, sind auszumachen. Doch kurz vor der Hafeneinfahrt lichtet sich der Nebel mit der Morgendämmerung, und ein strahlend schöner Tag kündigt sich an.

Kaum liegt die *May* sicher und gut vertäut am Pier, kommt auch schon der erste »Transloader« auf Schienen angerollt; anders als in Rotterdam nicht mit einer Baggerschaufel versehen, sondern mit einer Art Schnauze, die kaum eine halbe Stunde später Eisenerz in die Ladeluken spuckt. Das läuft wesentlich flotter ab als das mühsame Entladen in Holland. Eigentlich wie im richtigen Leben: Die Suppe hat man sich meist schneller eingebrockt, als man sie auslöffeln kann.

300 Millionen Tonnen Eisenerz werden jährlich von hier aus in alle Welt verschifft. Und das im Akkord. Im Hafen von Ponte de Madeira steht der größte Transloader der Welt. In nur zehn Stunden soll die *May* mit 200.000 Tonnen Eisenerz beladen sein. Genug Material, um nach der Verhüttung die Golden Gate Bridge dreimal zu bauen.

Von mir aus könnte das Beladen ruhig etwas länger dauern, und bestimmt hätten auch die meisten Jungs an Bord nichts dagegen. Denn dieser kurze Aufenthalt steht natürlich in keinem Verhältnis zu unserer langen Anreise. Aber »time is money«, und im Transportgeschäft sowieso.

Damit Petra und ich die kurze Zeit optimal nutzen können, habe ich mich bereits bei den Lotsen erkundigt, wie man am besten in die Stadt kommt, was das Taxi kostet und wie wir möglichst viele Sehenswürdigkeiten in einen Tagesausflug packen können. Sie empfahlen die koloniale Altstadt, den Markt und das Künstlerviertel. Tagsüber überhaupt kein Problem, nur nachts sollte man dort als Ausländerin besser nicht alleine herumlaufen. Aber das werden wir auch nicht, denn um 17 Uhr soll es bereits wieder zurück Richtung Rotterdam gehen. Die Uhr tickt unerbittlich.

Bevor wir einen Fuß an Land setzen dürfen, muss unendlicher Papierkram erledigt werden. Ein Beamter von der Hafenbehörde erwartet uns in E.'s Büro. Petra und ich machen auf unzähligen Seiten Kreuzchen in den dafür vorgegebenen Kästchen. Noch drei Unterschriften, Passkopie abgeben und den Impfpass vorzeigen, dann ist der Mann endlich zufrieden. Bevor E. ihn nach unten begleitet, bittet er mich, auf ihn zu warten. Er möchte, dass wir Handynummern austauschen, falls irgendwelche Probleme auftreten. Petra ist schon ab durch die Mitte, um sich landfein zu machen, sprich Lippenstift und Wimperntusche aufzulegen.

Ich schaue derweil aus dem Kabinenfenster auf die Pier hinunter und muss an früher denken. Zu sehen sind nur ein paar Typen im Blaumann. Keine Esmeraldas, Pilars oder Marthas in knappen Tops und kurzen Röcken. Irgendwie schade, zumindest für die Mannschaft. Die strengen Kontrollen verhindern jede Form von Empfangskomitee.

Bevor ich tiefer in die Erinnerungen an die Reise mit meinem Vater einsteigen kann, ist E. zurück. Als er seine Kabine betritt, salutiert er: »Good Morning, Captain.« Stimmt, ich stehe hinter seinem Schreibtisch. Den Rollentausch kann er haben. Freundlich, aber leicht »bossy« frage ich ihn, was er möchte. Mit eingezogenem Kopf und in witzigem Pidgin English trägt er sein Anliegen vor: »More respect, less work and my money not longer transferred to the account of my wife.« (Mehr Respekt, weniger Arbeit und mein Geld zukünftig nicht mehr auf das Konto meiner Frau überwiesen.)

Wir brechen beide in schallendes Gelächter aus. Was für ein Clown.

Eine halbe Stunde später fährt ein moderner Kleinbus mit Klimaanlage am Pier vor, um Petra und mich durch das weitläufige Hafengelände zum Ausgang zu karren, wo die Taxis stehen. Im Gegensatz zu dem Brasilien, das ich kenne, ist hier alles super

202

sauber und perfekt organisiert. An jedem Checkpoint ist man bereits über unser Kommen informiert, es gibt keinerlei Komplika-
tionen oder gar Wartezeiten.

Hinter der Sicherheitsschranke schlägt uns jedoch wieder das
normale Brasilien entgegen. Irgendwie beruhigend ... Wir stehen
über eine Stunde im Stau, bis wir die Stadt endlich erreichen. Links
und rechts Favelas. Es hupt und stinkt. Dazu feuchte Hitze. *Bom
dia Brasil.*

Der Fahrer lässt uns direkt in der Altstadt aussteigen. Heruntergekommene Kolonialstädte, wie Salvador da Bahia oder das
kubanische Havanna haben für mich seit jeher einen ganz besonderen Charme. Je bröckelnder und morbider, desto besser. San
Luis bietet genau das auf hohem Niveau. Traumhafte alte Häuser,
meist mit *azulejos*, blauen Kacheln aus Portugal, gefliest säumen
Straßen mit löchrigem Kopfsteinpflaster. Die meisten Gebäude
müssen sich an Holzgerüsten festhalten, um nicht gänzlich in die
Knie zu gehen. Von anderen ist nur noch die Fassade übrig, über-
wuchert von üppigem Grün. Den einstigen Wohlstand ihrer Besitzer kann man nur noch erahnen. Heute dominiert auf den Straßen eher die Armut.

Nach ein paar Schritten zwingt uns ein heftiger Tropenguss zum
Unterstellen. Ein netter Ladenbesitzer gewährt uns Schutz. Der
Schauer dauert keine halbe Stunde, doch danach sind alle Straßen
überflutet und man steht überall knietief im Wasser. Für die Menschen hier Normalität, das passiert um diese Jahreszeit beinahe
täglich. Uns bleibt nichts anderes übrig, als unser Sightseeing barfuß und mit hochgekrempelten Hosen fortzusetzen. Die Sonne
hat jedoch eine solche Kraft, dass die Straßen wie durch Zauber-
hand schon nach einer Stunde wieder trocken sind.

Auf einem großzügig angelegten Platz, um den einige reno-
vierte Häuser stehen, entdecken wir ein hübsches Lokal mit ba-
hianischer Küche. Das heißt, es wird mit Palmöl gekocht und

es schmeckt afrikanisch. Petra ist neugierig und will es ausprobieren.

Das koloniale Ambiente, die dunkelhäutige Bedienung im afrikanisch anmutenden Gewand, all das ruft plötzlich die Erinnerung an einen ganz speziellen Landgang mit meinem Vater wach. Noch nie habe ich mit jemandem darüber geredet. Denn das hatte ich ihm versprochen. Inzwischen ist unser Vater seit dreißig Jahren tot und er hat sicher nichts dagegen, wenn ich Petra davon erzähle.

Blackpoint

Wir lagen im Hafen von Salvador de Bahia, um Lebensmittel und Treibstoff für die Weiterfahrt in den Süden zu bunkern. Nachdem die Verhandlungen mit den einschlägigen Schiffshändlern abgeschlossen waren, lud mein Vater mich ein, eine alte Freundin auf ihrem Landsitz zu besuchen, zwei Autostunden entfernt. Ich war natürlich sofort dabei.

Ihr Mann war einer der damaligen Stahlkönige von Minas Gerais, dem eisenerzreichsten Bundesstaat von Brasilien. Als romantischer Teenager stellte ich mir damals ein altes Herrenhaus mit farbigen Bediensteten à la »Vom Winde verweht« vor. Und ein bisschen war es dann auch so. Eine pompöse Auffahrt zu einem weiß getünchten Haus mit mächtigen Säulen, umrahmt von Palmen. Davor eine überdachte Veranda, auf der zwei farbige Frauen eine Tafel für mindestens zwanzig Personen deckten. Die Bekannte meines Vaters war Deutsche und als Kind mit ihren Eltern nach Brasilien ausgewandert, wo sie später ihren Mann kennenlernte. Sie hatten vier Kinder. Zwei Jungs und zwei Mädchen. Eine der beiden war etwas älter als ich und hellhäutiger als ihre Geschwister. Natürlich habe ich mir erst einmal nichts dabei gedacht.

Es dauerte nicht lange, bis die anderen Gäste eintrudelten. Onkel und Tanten, Neffen und Nichten, alles Familie. Das Essen wurde in riesigen Schüsseln und auf Platten herbeigeschleppt. Fisch, Krabben und in Palmöl gebratenes Hühnchen, schwarze Bohnen und Reis, dazu das typische Maniok-Mehl, das in Brasilien fast über jedes Gericht gestreut wird. Hier lernte ich die bahianische Küche kennen. Sicher nicht jedermanns Geschmack, aber ich konnte gar nicht genug davon bekommen. Zumal es mir in einer großen Runde immer besonders gut schmeckt.

Auch wenn ich nicht viel verstanden habe, weil kaum jemand Englisch sprach, fühlte ich mich wohl in dieser lebendigen Großfamilie. Der Nachmittag verging wie im Flug. Auf der Rückfahrt zum Hafen kam dann der Knaller. Mein Vater rückte mit dem eigentlichen Grund seines Besuches raus. Er hatte seine Tochter sehen wollen. Noch eine Tochter! Einen Moment lang war ich geschockt. Hatte er mir doch gerade erst von seinen anderen vier Kindern erzählt. Als ob es das Normalste der Welt wäre, erklärte er mir, dass er mit dieser verheirateten Frau eine Affäre hatte, und da ist es eben »passiert«. Niemand außer den beiden kennt die Wahrheit. Es war bis dahin ihr Geheimnis gewesen. Ich sei nun die dritte im Bunde, aber er weiß, dass er mir vertrauen könne.

So absurd es klingt, es machte mich damals stolz und brachte mich trotz allem meinem Vater noch etwas näher. Weder der Ehemann, noch die Tochter selbst hatten den blassesten Schimmer. In diesem Fall bestimmt besser so. Schließlich wuchs das Mädchen in einer wunderbaren Großfamilie auf, in der es ihr an nichts fehlte. Auch Anneliese, zu jener Zeit die Frau meines Vaters, wäre bestimmt nicht erfreut gewesen, hätte sie davon erfahren.

Gespannt blicke ich Petra an. An ihrem Gesicht ist abzulesen, dass sie an der Richtigkeit meiner Theorie von der glücklichen

Großfamilie zweifelt. Doch bevor sie etwas sagen kann, kommt das Essen. Der Kellner bringt eine hübsche Tonschale an unseren Tisch, mit einer dampfenden *Moqueca de Camarão*, ein Krabbengericht in Kokosmilch, gewürzt mit Paprika, Zwiebeln, Tomaten und frischem Koriander. Meiner Schwester schmeckt es. Wir essen schweigend, bis auch der letzte Rest verputzt ist. Dann durchbricht Petra die Stille. Das Mädchen hat bestimmt irgendwann gespürt, dass ihr Vater nicht ihr Vater ist. Zumal sie auch noch heller war als ihre Geschwister. Wie muss sie sich gefühlt haben? Ich habe keine Antwort darauf. Wir werden es wohl auch nicht herausfinden. Und wenn doch, hätte ich meine Zweifel, ob es gut für sie wäre, mit der Wahrheit konfrontiert zu sein. Alles, was ich weiß, ist, dass unser Vater sie als einen seiner »Blackpoints« bezeichnet hatte. Das klingt nicht gerade respektvoll. Ich bin erstaunt, dass Petra nicht verärgert oder wenigstens überrascht auf diese Bezeichnung reagiert. Der Grund dafür haut mich allerdings fast vom Stuhl.

In einer schwachen Stunde habe unser Vater ihr ebenfalls von so einem »Blackpoint« erzählt. Das Kind sei in Polen gezeugt worden. Auch sie habe darüber mit niemandem sprechen dürfen.

Ich muss tief durchatmen. Wer weiß, wie viele Kinder er in den Zeiten vor der Pille noch gezeugt hat? Eine gute Freundin aus Hamburg hatte mich letzthin angerufen und gesagt, sie sei gerade in einem Café und am Nebentisch säße eine Frau, die würde mir so ähnlich sehen, dass sie meine jüngere Schwester sein könnte. Ob sie mal nachfragen soll? Ich mag solche Scherze nicht und bat sie inständig, es nicht zu tun. Sie tat es trotzdem. Die Frau wusste glücklicherweise, wer ihr leiblicher Vater war ... Aber kann man sich dessen immer sicher sein? Eine andere Freundin hatte mir vor kurzem eine krasse Geschichte zu diesem Thema erzählt. Seit sie denken konnte, hatte sie ein schwieriges Verhältnis zu ihrem Vater. Je älter sie wurde, um so stärker waren die

Zweifel, ob er ihr leiblicher Vater war. Erst nach seinem Tod fand sie die Wahrheit heraus. Als sie sich am offenen Sarg von ihm verabschiedete, riss sie ihm unauffällig ein Haarbüschel aus und ließ einen Vaterschaftstest machen. Es gab keinen Zweifel, dieser Mann war nicht ihr Erzeuger! Ihre Mutter war schon viele Jahre tot, es gab niemanden mehr, der ihr den Namen ihres leiblichen Vaters hätte sagen können. Natürlich hat sie sich im Lauf der Zeit damit abgefunden. Aber auch in ihrem Leben spürt man viel Unsicherheit. Mit dem Gefühl aufzuwachsen, dass in der Familie möglicherweise eine große Lüge gelebt wird, hat einfach Auswirkungen.

Wir trinken noch einen Caipirinha auf die Väter dieser Welt, dann wollen wir uns auf den Rückweg zum Hafen machen. Nicht, dass unser Schiff noch ohne uns ausläuft. Als wir zahlen, klingelt mein Handy. Es ist E. Unsere Abfahrt würde sich verzögern, wir bräuchten uns nicht hetzen. Wie nett von ihm, uns zu informieren. Doch irgendwie haben uns die »Blackpoints« ein wenig die Stimmung verhagelt, und trotz des exotischen Flairs dieser Stadt, trotz des guten Gefühls, mal wieder festen Boden unter den Füßen zu haben, zieht es uns zurück an Bord. Die *May* ist in den letzten Wochen unser Zuhause geworden, ein Ort, an dem wir uns sicher und aufgehoben fühlen.

Als wir gegen 20 Uhr wieder an Bord sind, ist von Vorbereitungen, die auf ein baldiges Auslaufen deuten würden, nichts zu merken. Wir sind beide noch viel zu aufgewühlt, um uns erneut auf unsere Reise nach innen zu begeben. Und so richtig müde sind wir auch noch nicht. Also beschließen wir, in meiner Kabine noch einen Film anzusehen. Entgegen meiner anfänglichen Befürchtung, nach wenigen Tagen filmisch auf dem Trockenen zu sitzen, ist es erst das dritte Mal, dass ich den »Movie-Ordner« auf meinem Laptop öffne.

E., der durch unzählige Abende, die er allein in seiner Kajüte verbracht hat, ein beträchtliches Spektrum an Filmen kennt, hatte mir begeistert von einem erzählt, den ich zufällig auf meinem Computer habe:»Hachiko – eine wunderbare Freundschaft.« Es geht um einen treuen Hund, der selbst zehn Jahre nach dem Tod seines Besitzers täglich zur gleichen Zeit an einem kleinen Bahnhof auf das Erscheinen seines Herrchens wartet. Klingt im ersten Moment nicht sehr spannend, aber das Treuethema passt irgendwie zum heutigen Tag, zu den»Blackpoints« und überhaupt.

Petra und ich heulen schon nach der ersten Hälfte Rotz und Wasser und leeren bis zum Ende des Films gemeinsam eine ganze Box mit Kleenextüchern. Von diesem Hund hätte sich unser Vater in Sachen Treue eine Scheibe abschneiden können.

Doch warum löst so ein Film wahrscheinlich bei den meisten ein solches Tränenmeer aus? Das kann doch nur heißen, dass da eine tiefe Sehnsucht in uns ist, die wir uns offenbar eher ungern eingestehen. Es geht nicht in erster Linie um Liebe, sondern um Treue. Aber warum heißt es treudoof, warum ist der treue Dackelblick so negativ besetzt? Warum will keiner mehr die Rolle des treuen Freundes, der bedingungslos zu einem steht, spielen? Ich würde mich über einen solchen Freund freuen. Doch wenn ich mich so umsehe, scheint es, als habe die»treue Seele« heute keine Konjunktur mehr, als sei das irgendwie uncool.

Petra fällt ein, dass unser Vater immer losgeheult hat, wenn er Seemannslieder hörte, in denen es um die Treue zum Meer ging. Nach dem Motto: meine Braut ist die See und nur ihr kann ich treu sein. Hat er ja auch durchgezogen. Fast bis zum Ende.

Ich muss schon wieder heulen und mir sofort ein paar Fotos von meinem Hund anschauen, der übrigens dem im Film ziemlich ähnlich sieht. Er ist der treueste Gefährte, den ich habe und vielleicht jemals haben werde. Was freue ich mich schon jetzt darauf, ihn wieder zu sehen.

Im Moment sieht es allerdings nicht danach aus, als ob wir hier je wieder wegkämen. Es ist fast Mitternacht, und die *May* liegt noch immer fest vertäut im Hafen; die Transloader sind längst abgezogen und alle Luken bis oben hin voll. Genau das ist das Problem. Wie ich auf der Brücke erfahre, haben wir extremen Tiefgang und müssen auf die Flut warten, weil wir sonst in der Fahrrinne auf Grund laufen würden. Das Ganze könnte sich bis in die frühen Morgenstunden hinziehen. Da nützt die beste Technik nichts, wenn die Natur nicht mitspielt, ist Stillstand. Irgendwie beruhigt mich das. Da noch nicht einmal ein Lotse an Bord ist, beschließen wir, schlafen zu gehen.

Das Vibrieren der Maschinen weckt mich. Ob das daher kommt, dass wir Strom produzieren müssen? Erst der Blick aus dem Bullauge belehrt mich eines Besseren. Wir sind längst auf dem offenen Meer. Ganz klammheimlich müssen die Playmobilmännchen irgendwann in den frühen Morgenstunden mobil- und die Leinen losgemacht haben. Ich jedenfalls habe nichts davon mitbekommen.

Voll beladen ist die *May* um einige Knoten langsamer unterwegs als bei der Hinfahrt. Petra meint beim Frühstück, nun könne wenigstens niemand mehr behaupten, es läge an ihrem Gewicht. Ich übergehe ihre Bemerkung geflissentlich und mache sie darauf aufmerksam, dass die Sonne bereits in den »Salon« scheint. Bislang hatte sie sich hier erst am späten Nachmittag gezeigt. Ein untrügliches Zeichen dafür, dass wir auf dem Weg nach Osten sind. Nach Hause. Zurück in die Normalität. Ich will gar nicht dran denken. Scheibenwischer an, höchste Stufe. Weg damit. Wir haben noch drei wundervolle Wochen vor uns. Nur mit Meer und Himmel. Und natürlich mit uns und mit dem, was war.

Höhen und Tiefen

Vor dem grauen Winter 2003 flohen mein Premiumregisseur und ich auf die Kanareninsel La Palma. Dort entdeckten wir einen Platz mit traumhaftem Meerblick und einer windschiefen Holzhütte darauf, die von magischen Drachenbäumen umgeben war. Als ich die kleine, gewundene Straße, die dort hinführt, zum ersten mal entlangfuhr, fühlte ich mich bereits, als sei ich angekommen. Schon als kleines Mädchen hatte ich immer von einem Haus am Meer geträumt. Und hier war es. Die Maklerin sagte, was alle Makler immer sagen, nämlich dass es noch weitere Interessenten gäbe und ich jetzt sofort »Ja« sagen müsste. Und ich sagte ja. Der Preis war gerade noch vertretbar, wenigstens ruinierte mich die Summe nicht vollständig. Mein Freund, den ich hier Ludwig nennen will, war ebenfalls Feuer und Flamme, und verwandelte den ehemaligen Ziegenstall in seiner Phantasie bereits zu einem Märchenschloss. Ich baute also nicht auf Sand, sondern auf die bewährte, handwerkliche Begabung des starken Mannes an meiner Seite. Gemeinsamer Nestbau. Wurde ja auch Zeit. Dort, unterm Drachenbaum, sollte später auch geheiratet werden. Aber nicht mit Pfarrer und Bibel, sondern mit Schamane und Rassel, Elfengewand und Blumen im Haar. Im Geiste tanzte ich bereits barfuß ins höchste Glück. Alles schien perfekt. Was wollte ich mehr?

Doch unsere Terminkalender und mein durch den Hauskauf schmal gewordenes Konto gemahnten zu weiteren Filmprojekten. Er drehte für den Bayerischen Rundfunk eine Dokumentation über die Isar. Mich dagegen zog es schon wieder hinaus in die Welt, diesmal auf den Spuren von Marco Polo. Ich sollte die Reise, die er von Venedig über den Vorderen Orient bis nach China unternommen hatte, im angehenden 21. Jahrhundert noch einmal nachvollziehen. Als Dreiteiler für einen deutschen Videovertrieb. Wofür der Italiener fast ein halbes Leben brauchte, wollte ich mit der Kamera gerade mal in zwei Monaten abreiten. Was für eine Herausforderung!

Ich teilte die Reise in drei Etappen ein und begann mit der zweiten im Iran, obwohl das Auswärtige Amt Reisen ins Reich der Ajatollahs zu jener Zeit für nicht besonders empfehlenswert hielt. Aber als »ewig Getriebene« ließ ich mich nicht davon abhalten. Das Gefühl, alles hinter mir zu lassen und ein neues Abenteuer zu bestehen, war für mich immer noch eines der schönsten. Vielleicht doch die Gene? Mein Vater hatte mir einmal erzählt, dass sein Wunsch, wieder an Bord zu gehen, oft schon nach zwei Wochen Heimaturlaub einsetzte. Nähe war für ihn offenbar schwerer zu ertragen, als die Sehnsucht nach eben dieser auszuhalten. Merkwürdig. Warum in die Ferne schweifen, wenn das Gute ist so nah, heißt es in einem alten Sprichwort. Soll das die ewig Umtriebigen im Land halten? Oder gehört es nicht unabdinglich zum Leben, immer wieder zu neuen Ufern aufzubrechen und an dieser Erfahrung zu wachsen, jedes Mal den eigenen Horizont ein wenig weiter hinauszuschieben?

Mein Horizont sollte sich diesmal von Teheran aus erweitern. Schon die Ankunft war anders, als ich es bisher kannte. Kaum kam aus dem Cockpit die Ansage, dass wir in einer halben Stunde landen würden, ging es in der Kabine zu wie in den Umkleiden von H & M beim Sommerschlussverkauf. Alle Frauen, ob jung oder alt, verwandelten sich zu schwarz verhüllten Gestalten, deren Weiblichkeit nur noch an ihrem Gang zu erkennen war. Als Ausländerin reichte es Gott sei Dank, dass ich ein Kopftuch trug, mit dem ich bis zum Ende der Reise so gut wie verwachsen war.

Ein persischer Professor für Geschichte, der gleichzeitig als mein Übersetzer fungierte, holte mich vom Flughafen ab und wich fortan nicht mehr von meiner Seite. Wir reisten entlang der einstigen Seidenstraße von Täbris an der Grenze zu Aserbaidschan bis hinunter an den Persischen Golf. Märchenstädte wie Isfahan, Shiraz oder Kerman, die ihren orientalischen Glanz bewahrt hatten, eröffneten mir eine neue Welt. Und dann natürlich Persepolis, die ehemalige Hauptstadt des Weltreiches, die selbst als Ruine fasziniert. Was mir jedoch am besten gefallen hat – und worüber sich auch Marco Polo in seinem Reisebericht »Il Milione« ausgelassen hat – waren die traumhaft angelegten Gärten. In einem Land, in dem sonst Kargheit dominiert, symbolisieren sie das Paradies. Übrigens ebenso wie manche Muster auf den persischen Teppichen. Ich habe mir keinen gekauft, mich dafür aber auf den Märkten mit Gewürzen für die nächsten Jahre eingedeckt.

Die Menschen begegneten mir mit großer Herzlichkeit und auch Klugheit. Trotzdem spürte man, dass jeder immer irgendwie unter Beobachtung stand. Spitzelsystem eben. Angst hatte ich in meinem jugendlichen Leichtsinn keine, wenn auch dogmatische Mullahs über Lautsprecher gegen die amerikanische Machtpolitik wetterten und Kampfsprüche wie »Nur ein toter Amerikaner ist ein guter Amerikaner« die Wände mancher Häuser zierten.

Erst unten am Golf, in der Küstenstadt Bandar Abbas, wurde es ernst. Als ich auf einem Markt Frauen filmte, die bis auf die Augen vollständig verhüllt waren, schleuderte jemand einen rohen Fisch gegen meine Kamera. Dann folgte fauliges Gemüse. Man beschimpfte mich wüst, und ich bekam den ganzen Hass zu spüren, den einige dieser Menschen auf uns Westler haben. Der Professor zog mich eilig weg und schubste mich beinahe ins Auto.

Nachdem ich heil aus dem Iran zurückgekehrt war, hieß es erst einmal, hopplahopp umzuziehen. Unsere Villa Kunterbunt sollte modernen Eigentumswohnungen Platz machen. Mein Regisseur hatte bereits ein neues Domizil auf dem Land für uns gefunden. Gemeinsam mit Michael und Hund Marnie zogen wir an den Ammersee, eine knappe Stunde von München entfernt. Da alles ganz schnell gehen musste, willigte ich ein ohne viel drüber nachzudenken, obwohl ich kein gutes Gefühl hatte. Das Haus war eigentlich zu klein für drei Personen plus Hund und zu weit weg von der Stadt. Doch ich war zu sehr mit Packen und den Vorbereitungen für die nächste Marco-Polo-Etappe in China beschäftigt, so dass ich diesen Gedanken verdrängte. Ludwig brachte mich zum Flughafen und los ging es ins Reich der Mitte.

Ausgangspunkt dieser Reise war Kashgar, eine Stadt in der Nähe der Grenze zu Afghanistan und Pakistan. Dort hatten zu Marco Polos Zeiten die großen Handelskarawanen die Yaks, mit denen sie über das gewaltige Pamir-Gebirge gezogen waren, gegen Kamele für die Weiterreise durch die Taklamakan getauscht. Sowohl auf dem Dach der Welt zu filmen als auch in der größten Wüste der Welt, waren wertvolle Erfahrungen, die bei mir einen tiefen Eindruck hinterließen. Wenn auch eisige Kälte, Sandstürme, zusammengebrochene Jeeps und sehr penible Militärposten das Drehen oft nicht leicht machten. Hinzu kam, dass mich an meiner letzten Station Peking nicht nur dichter Smog erwartete, sondern auch schlechte Nachrichten.

Meine jüngere Schwester Tina schrieb mir per Mail, dass Ludwig offenbar auf dem Absprung war. Er habe sich auf merkwürdige Weise verändert und sich offensichtlich ein zweites Domizil in München geschaffen. Und ich saß 20.000 Kilometer entfernt! Die Nachricht ließ mich natürlich mit den Flügeln schlagen wie eine aufgeschreckte Taube. Bestimmt hatte sie sich geirrt. Das konnte gar nicht sein. Trotzdem ließ mich der Gedanke nicht mehr los, und ich setzte alle Hebel in Bewegung, damit ich früher als geplant zurückfliegen konnte.

Bei meiner Rückkehr schienen die Wolken weniger dunkel als befürchtet; ich hielt das Ganze für eine den Umständen unseres

Berufes geschuldete, vorübergehende Krise. Als Ludwig mir aber ein paar Wochen später tatsächlich alles vor die Füße schmiss, krachte mein schönes Lebensgebäude in sich zusammen. Ich verstand die Welt nicht mehr. Er hatte mich doch jahrelang auf Händen getragen und nie etwas an mir auszusetzen gehabt. Ich fühlte mich wie ein Kind, das Prügel bezog und nicht wusste, wofür. Meine alte Strategie, ihn einfach nur für zu sensibel, seine Bedürfnisse für übertrieben zu halten und mir alles wieder schönzureden, klappte nicht.

Die Trennungsphase dauerte über ein Jahr, in dem ich mich gleich wieder in ein neues berufliches Abenteuer stürzte. Ablenkung ist alles. Ich drehte als Regisseurin für arte eine Reality-Serie über das Mittelalter auf einer Burg in Thüringen. Mit blanken Nerven, versteht sich. Eigentlich war das Projekt wie auf mich zugeschnitten, da ich mich dank meines Schriftstellerfreundes historisch gut auskannte und mir die für den Film geforderte Mischung aus dokumentarischen und Spielszenen einfach lag. Doch der Liebeskummer klebte wie die Pest an mir und schnürte mir oft die Luft ab. Ich wollte schlicht nicht wahrhaben, was gerade in meinem Privatleben passierte.

Am Ende konnte auch ein Paartherapeut nicht verhindern, dass mein Regisseur alleine weitersegelte. Und ich selbst nicht einmal mehr eine Handbreit Wasser unter dem Kiel hatte. Ich war auf Grund gelaufen. Wiederholte ich vielleicht die Fehler meines Vaters? Das war immerhin auch schon meine vierte Trennung. Lag es an meiner Reiselust oder waren es einfach die falschen Männer? Waren es bei meinem Vater die falschen Frauen gewesen?

Jetzt hieß es, wohl oder übel das Ruder herumzureißen und meinen persönlichen Kurs zu ändern. Wenn ich mir meine Verflossenen so ansah, schien es, als entsprächen schwierige und eher unsichere Männer offensichtlich meinem Beuteschema. Der Grund dafür war meine eigene Unsicherheit und Hilflosigkeit auf dem emotionalen Parkett. Fälschlicherweise erwartete ich gerade von meinen Männern Stärke, ein gesundes Selbstwertgefühl und Stabilität, womit sie natürlich auf Dauer überfordert waren und irgendwann die Flucht ergriffen. Wenn ich merkte, dass sie auf dem Absprung waren, kam bei mir die Verlustangst hoch und ich klammerte mich wie eine Ertrinkende an sie. Je mehr ich sie einengte, um so heftiger schubsten sie mich zurück und umso mehr ging mein eigenes Selbstwertgefühl in den Keller. So tief, dass ich mich selbst nicht mehr mochte.

Die Frage war nur: Hatte ich meine Lektion jetzt verstanden, mein Beziehungsmuster durchschaut? War dieses über Jahrzehnte verwendete Programm überhaupt zu löschen?

Für die nächsten drei Jahre hatte ich jedenfalls erst einmal genug von den Kerlen. Am schlimmsten war das erste Weihnachten, das ich mutterseelenallein auf La Palma verbrachte. Der Ziegenstall war leider nicht mehr zum Märchenschloss umgebaut worden, es schüttete wie aus Kübeln, und ich saß wie ein Häufchen Elend unter einem undichten Dach zwischen Schüsseln und Töpfen, die nicht nur das Regenwasser auffangen mussten, sondern auch meine Tränen. Unter der Haustüre kam eine schlammige Brühe durch, weil der Hof noch nicht gepflastert und der Abfluss verstopft war. Ich verfluchte nicht nur diesen Heiligen Abend auf die unchristlichste Weise, sondern vor allem den Premiumregisseur, der mich mit dieser Bruchbude hatte sitzen lassen.

Ich wollte sie in diesem Moment nur noch loswerden, bloß weg damit, selbst mit Schaden. Dass es dazu Gott sei Dank nicht kam, ist vor allem meinen Nachbarn zu verdanken. Nach den Feiertagen rauschten sie mit Hämmern und Sägen an, reparierten Dach und Abfluss und erklärten mir, wie die Solar- und Warmwasseranlage funktionierte. Sämtliche Kenntnis darüber war ja mit dem Regisseur die Isar hinuntergeschwommen.

Die Unterstützung tat gut und machte mir wieder Mut. Als Kapitänstochter sollte ich nicht so schnell untergehen und dieses scheinbar sinkende Schiff nicht kampflos verlassen. Ich krempelte also die Ärmel hoch und spuckte kräftig gegen den Wind. Noch heute muss ich mir dafür auf die Schulter klopfen, denn inzwischen ist aus dem Ziegenstall tatsächlich ein kleines Märchenschloss geworden – auch ohne den flüchtigen Prinzen.

Dummerweise erlitt mein Freund und WG-Partner Michael zur gleichen Zeit ebenfalls Schiffbruch. Ihm stand beruflich das Wasser bis zum Hals und auch in unserer gemeinsamen Kasse herrschte Ebbe. Da Ludwig längst über alle Berge war und ich die Miete für das Haus am See nicht alleine wuppen konnte, blieb mir nichts anderes übrig als auszuziehen. Michael steuerte einen neuen Job an der Spree an; ich dagegen blieb dem See treu und vertäute mich in einer kleinen Wohnung mit Schlauchboot am Steg. Für alle Fälle.

Zum ersten Mal seit langem lebte ich alleine und vor allem zölibatär. Was wiederum ganz gut zu meinem nächsten Projekt passte. »Te Deum«, eine sechsteilige Dokumentarserie für 3SAT über die großen christlichen Orden. Ich tauchte ab in fast 2000 Jahre christliche Kulturgeschichte. Damit war ich so gut beschäftigt, dass die Liebestrauer erst einmal in den Hintergrund trat.

Ehrlich gesagt, hatte ich mich bis dahin nie besonders für das Christentum und seine Rolle in der europäischen Geschichte interessiert, doch während meiner Recherchen begriff ich, wie groß ihr Einfluss selbst auf alltägliche Dinge war, die uns heute selbstverständlich erscheinen. Von der Bierbraukunst über die Käseherstellung bis hin zu medizinischer Kräuterkunde – an all dem hatten Mönche und Nonnen maßgeblichen Anteil. Die ersten Schulen, Krankenhäuser und die Armenspeisung gehen auf die Orden zurück. Fast alle engagieren sich in der Nachfolge Christi noch heute in hohem Maße im sozialen Bereich. Sie kümmern sich um Obdachlose, Suchtkranke oder Straffällige, und das mit einer Selbstverständlichkeit und Selbstlosigkeit, die man sonst selten findet.

Am Ende dieser sehr erfüllenden Dreharbeiten fühlte es sich an, als habe in mir jemand einen Stöpsel gezogen und meinen Liebeskummer abfließen lassen. Ich fühlte mich wie beseelt, so dass neben den sechs Filmen sogar noch mein erstes Buch entstand: »Komm mit, ich liebe dich. Eine Abenteuerreise in die Demut.« Auch wenn ich es unter großem Zeitdruck zu Papier bringen musste, war es die Initialzündung für eine neue große Liebe: Das Schreiben. Und die ist mir bis heute nicht mehr abhanden gekommen!

Nach erfolgreicher Ausstrahlung der Filme und vielen Lesungen in Buchhandlungen, Schulen und Gemeindesälen war die Luft raus und ich brauchte dringend eine längere Kreativpause. Ich war reif für die Insel!

Die angenehme Wärme, die Strände, der erfrischende Atlantik und Wanderungen durch traumhafte Natur brachten mich wieder in Form. So war ich auch einigermaßen gefasst, als etwa ein halbes Jahr später die Missbrauchsskandale diverser Kuttenträger die Republik schwer erschütterten und meine Filme vorerst nicht mehr gezeigt wurden.

Mich selbst ließ »der liebe Gott« allerdings nicht so schnell wieder gehen. »Irgendwas muss dran sein« hieß mein nächstes Buch, in dem ich ganz normale Menschen interviewte, die davon überzeugt waren, dass sie ohne Gott das Ruder in ihrem Leben nicht herumgerissen hätten. Von der Ex-Prostituierten zum Ex-Neonazi, von der Punkerin zur Adeligen, sie alle waren mir ein gutes Beispiel darin, das Vertrauen in sich und Gott niemals zu verlieren.

Und weil aller guten Dinge drei sind, kam noch ein drittes Projekt zu diesem Thema auf mich zu. Ein Buch des Amerikaners

William Paul Young mit dem Titel »Die Hütte. Ein Wochenende mit Gott« hatte es bis ganz nach oben auf den internationalen Bestsellerlisten geschafft. Und ich sollte für den deutschen Verlag in seinem Heimatstaat Oregon ein Portrait über sein Leben drehen. Als er das Buch schrieb, steckte er bis zum Hals in Schulden und wusste nicht, wie er seine Frau und die sechs Kinder durchbringen sollte. Das Buch erschien im Selbstverlag, er ließ nur 15 Bücher drucken. Niemand hätte damit gerechnet, dass er in den ersten zwei Jahren nach der Veröffentlichung über 6 Millionen Exemplare verkaufen würde. Inzwischen hat er keine finanziellen Sorgen mehr und ist überzeugt, dass sein Erfolg allein seinem festen Glauben zu verdanken ist.

Wie heißt es so schön, meint Petra: »Der Glaube versetzt Berge.« Ich neige dazu, ihr recht zu geben, allerdings mit einer Einschränkung. Selbst wenn Gott oder wer auch immer da oben die Fäden in der Hand hält und uns das eine oder andere Mal unter die Arme greift, bleibt die harte Basisarbeit nicht aus. Die an uns und mit unserem Inneren. Schließlich heißt es nicht umsonst: »Hilf dir selbst, dann hilft dir Gott.«

Gerade in Deutschland sind viele Menschen sehr auf ihre Arbeit fixiert, auf Status und Wohlstand. Dabei vergessen sie oft, dass es auch noch andere wichtige Dinge im Leben gibt, die sich nicht an diesen Maßstäben messen lassen. Zum Beispiel Zeit mit seinen Kindern zu verbringen, Familie und Freundschaften zu pflegen. Und zwar nicht nur via Handy oder Internet. Es geht darum, nicht nur im virtuellen Raum, sondern in der Wirklichkeit mit Menschen, die einem am Herzen liegen, in Verbindung zu bleiben. Ich weiß aus eigener, schmerzlicher Erfahrung, dass es irgendwann zu spät sein kann, wenn man zu lange damit wartet. Und dass, wenn man vor lauter Arbeit andere vergisst, meist auch sich selbst vergisst.

218

Damit ich zumindest in diese Falle nicht gleich wieder tappte, beschloss ich, meinen Hauptwohnsitz an die Atlantikküste zu verlegen und damit fürs Erste vom deutschen Hamsterrad abzuspringen. Nicht, dass mir meine Arbeit keinen Spaß mehr machte, im Gegenteil. Aber ich hatte das Gefühl, zwar viel erlebt, manches allerdings nicht richtig verdaut zu haben. Dafür war eine Auszeit auf der Insel genau das Richtige.

Nicht ganz unschuldig an meiner Entscheidung war ein vielseitig begabter Hippie, der vor 25 Jahren dort gestrandet war. Er sah nicht nur gut aus, sondern konnte auch wunderbare Liebesgedichte verfassen, Gitarre spielen, töpfern, gärtnern, Brot backen, Marmelade einkochen und war auch sonst gut zu gebrauchen. Ich weiß nicht, in wie viele Sonnenuntergänge wir gemeinsam von meiner Terrasse aus geschaut haben.

Auf La Palma verspürte ich zum ersten Mal in meinem Leben so etwas wie eine gewisse Verbundenheit zur Scholle. Ich hatte Radieschen, Tomaten und Salat im Garten und sogar einen Papaya-, einen Feigen-, einen Mango- und einen Avocadobaum. Hätte mir jemand vor ein paar Jahren gesagt, ich würde zum Landei mutieren, ich hätte ihm einen Vogel gezeigt. Ich und sesshaft werden! Heimat, Wurzeln, pah. Aber jetzt war es so weit, und ich fühlte mich wohl damit. Meine neue Liebe entwickelte sich hier ebenfalls prächtig: Ich schrieb meinen ersten Roman »Tochter des Drachenbaums«. Er handelt von der Insel, ihren Ureinwohnern, der Magie der Drachenbäume und natürlich von der großen Liebe.

Selbige erfüllte sich in den Armen des Hippies leider nicht. Doch dafür habe ich neue Freunde auf der Insel gewonnen, die so etwas wie Familie geworden sind. Meine spanischen Nachbarn, die Puppenspieler sind und in Schulen Stücke aufführen, die Kinder auf spielerische Weise über Drogenmissbrauch, Mülltrennung oder häusliche Gewalt aufklären. Meine beste Freundin, die einen kleinen Laden hat, wo sie selbstgemachte Produkte an Touristen verkauft. Der Bauer, der auf Teilen meines Grundstücks Bio-Ge-müse anbaut und damit die Naturkostläden der Umgebung be-liefert. Alles Menschen, die keine klassische Karriere gemacht haben, die manchmal auch jeden Cent zweimal umdrehen müs-sen, die aber irgendwie im Einklang mit der Natur, mit sich und ihrem sozialen Umfeld leben. Es geht hier nicht darum, was je-mand erreicht hat, wie er aussieht, oder ob er ein dickes Auto fährt, sondern darum, wer er wirklich ist.

Ich denke, das ist auch der Grund, warum ich bis heute die Hälfte des Jahres auf der Insel verbringe. Auch die große Wasser-fläche um einen herum vermittelt mir – ähnlich wie auf einem Schiff – das Gefühl, einen sicheren Abstand zum Rest der Welt zu haben. Unter diesem Aspekt kann ich die Seeleute und ihre ewige Sehnsucht nach dem offenen Meer gut verstehen.

Andererseits kann ich nicht verleugnen, dass ich auch ein Kind unserer Zeit bin und ihren Pulsschlag hören möchte. Es ist die Mischung von beiden Welten, die für mich die richtige ist. Immer wieder abgetrennt zu sein vom Alltagswahnsinn, zur Ruhe zu kommen und das, was mich bewegt, zu durchdenken, ist essenti-ell geworden. Aber eben nur für eine gewisse Zeit. Danach zieht es mich wieder zurück, bereit, etwas Neues zu erleben, mich neu-en Herausforderungen zu stellen und in meinem kleinen Lebens-und Berufsbereich auch Verantwortung zu übernehmen.

Kurskorrektur

Nach beinahe vier Wochen Pause sehe ich mir heute zum ersten Mal wieder auf dem Computer oben auf der Brücke via Intranet die aktuellen Nachrichten an. Es sind meist kurze Artikel, die den Seemann unterwegs auf dem Laufenden halten sollen. E. bezeich-net sie als »daily jokes«. Tatsächlich trägt nur wenig von dem, was hier unterteilt in die Rubriken Asien, South-Pacific, Amerika und Europa über die Ozeane geblasen wird, dazu bei, das Weltgeschehen ernst nehmen zu können. Aus Europa wird ausführlich vermeldet, dass Silvio Berlusconi als Strafe für seine schrägen Geschäfte zwei Stunden am Tag in einem Altenheim arbeiten muss! Aus Amerika ist zu hören, dass Justin Bieber zu schnell gefahren und in eine Radarfalle geraten ist und dass George Clooney eine muslimische Anwältin heiratet. Dass einer der letzten schönen Männer nun endgültig vergeben ist, trifft mich natürlich.

Ernstere Nachrichten über die nicht enden wollenden Dramen im Nahen Osten, die Gräueltaten des IS oder der Bürgerkrieg in der Ukraine sind gerade einmal ein paar Zeilen wert, aus denen kaum etwas herauszulesen ist. Wäre da nicht der ukrainische Chief Ingenieur, der jede Woche über Satellitentelefon mit seiner Familie spricht und uns über die neuesten Entwicklungen unterrichtet, man könnte sich kaum ein Bild machen.

Ich muss zugeben, so ganz langsam vermisse ich die Gespräche mit meinen engen Freunden und selbst den normalen Alltag. So schön der Ausnahmezustand hier an Bord ist, allmählich freue ich mich auf meine Rückkehr. Wer weiß, vielleicht gelingt es mir ja, mit meinen neuen Erfahrungen im Gepäck und einer damit verbundenen Kurskorrektur in manchen Bereichen wieder ganz neu ins Leben einzutauchen.

Apropos Kurskorrektur. Die muss, seit wir Ponte de Madeira hinter uns gelassen haben, ständig von neuem durchgeführt werden. Der über dem Steuer angebrachte Magnetkompass zeigt nämlich eine 25 Grad-Abweichung von unserem vorgegebenen Kurs. Trotzdem scheint das den dunklen Mann aus Sri Lanka nicht zu kratzen. Der Grund dafür, erfahre ich, liegt auf der Hand, beziehungsweise in den 9 Ladeluken unter Deck: Eisen! Das bringt auch den beständigsten Kompass aus dem Gleichgewicht. Das muss man einkalkulieren und korrigieren. Aber außer mir weiß das hier natürlich jeder.

Die alten Navigationsmittel, die viele Jahrhunderte gute Dienste leisteten, üben auf mich immer noch eine große Faszination aus. Besonders der gute alte Sextant, jenes Messinstrument, mit dem man seine Position auf dem offenen Meer bestimmen kann. Der Name kommt von der Form des Gerätes, die einen Kreissektor von etwa 60° (ein Sechstel eines Kreises) darstellt. Erfunden hat ihn Isaac Newton, der seinen ersten Entwurf 1700 bei der Royal Society einreichte.

Ich hatte so ein Ding schon mal vor dreißig Jahren in der Hand, aber da man es zur Positionsbestimmung im eigenen Leben eher weniger braucht, habe ich längst vergessen, wie man damit umgeht. Auch hier an Bord scheint der Sextant sein Holzkästchen, in dem er auf rotem Samt ruht, nur selten zu verlassen. Wenn überhaupt, dann nur zu Übungszwecken.

E. erklärt uns, wie man damit navigiert. Wenn ich ihn richtig verstehe, wird zuerst der Winkel zwischen Navigationsgestirn und dem Horizont gemessen. Auf der Nordhalbkugel ist das der Polarstern, auf der Südhalbkugel das Kreuz des Südens. Im Fall des Mondes oder der Sonne gilt die jeweilige Unterkante. Durch das Drehen an einem kleinen Rädchen wird innerhalb des Geräts Horizont und Gestirn zur Deckung gebracht. Dadurch lässt sich der Höhengrad bestimmen und mit Hilfe der Uhrzeit (Greenwich Time) plus unendlichen Tabellen, die nach Monat und Uhrzeit geordnet sind, der entsprechende Breitengrad. Auf diese Weise hätte man dann seine Position ausgemacht. Eigentlich ganz einfach. Hm.

Die frühen Entdecker dagegen wussten noch nicht mal, was ein Sextant war. Sie hielten sich auf der Nordhalbkugel im 30 Grad-Backbord-Winkel zum Polarstern und im Süden 30 Grad Steuerbord zum Kreuz des Südens. Das würde ich vielleicht auch noch hinkriegen. Ob meine neu erworbenen nautischen Kenntnisse ausreichen würden, um zurück nach Rotterdam zu schippern, daran habe ich dann doch so meine Zweifel …

Die Verantwortung, die man als Kapitän trägt, ist mehr als reine Pflichterfüllung gegenüber einem Arbeitgeber. Der Reeder hat natürlich ein Interesse daran, dass seine Ladung auf dem effizientesten Weg von A nach B transportiert wird. Aber es geht um mehr als das. Es geht auch um die Crew, um Menschen, die ihm ihr Leben anvertraut haben. Ich denke, wenn man diesen Beruf ergreift, ist es wie eine Art Versprechen: jeder Situation gewachsen zu sein, aber auch dafür geradezustehen, wenn etwas schiefläuft und die sonst üblichen Rechtfertigungen, Ausreden oder Schuldzuweisungen beiseite zu lassen.

Auch mein Vater muss so gedacht haben, sonst wäre er nicht vierzig Jahre in diesem Beruf geblieben. Vielleicht hat er seine mangelnde Fähigkeit, längere Bindungen einzugehen und echte Gefühle für seine Frauen und Kinder zu entwickeln, mit Verantwortung und Loyalität für Crew und Schiff kompensiert. Die Mannschaft war seine Ersatzfamilie, der er bestimmt oft näher war und die er besser verstand als seine eigene. Da tanzte ihm niemand auf der Nase herum oder ließ sich von ihm scheiden. An Bord wurde er von den meisten hoch geschätzt. Manche Offiziere folgten ihm sogar auf neue Schiffe, um weiter unter seinem Kommando fahren zu können.

10

DIE FÜNFTE FRAU

Nach der Scheidung von meiner Mutter im Oktober 1963 suchte unser Vater sich schnell wieder eine neue Frau. Er lernte sie in Barcelona kennen, wo er mit der *Imme Oldendorff* im Hafen lag. Helga war 26 und machte in der Stadt einen Spanisch-Kurs, um dem Mann, den sie eigentlich heiraten wollte, nach Südamerika zu folgen. Allerdings waren dessen Briefe in letzter Zeit seltener geworden und sie hatte nun schon seit Wochen nichts mehr von ihm gehört. In diesem Schwebezustand kam ihr etwas Ablenkung durch den charmanten Kapitän gerade recht.

Sie war mit einer Freundin im Hafen unterwegs auf der Suche nach einem deutschen Schiff. Die beiden hatten die Nase voll von spanischem Weißbrot und verspürten starke Gelüste nach Schwarzbrot und Leberwurst. Die Chancen standen gut, diese Leckerbissen auf einem der dort liegenden deutschen Schiffe zu ergattern. Und das erste, an dem sie vorbeikamen, war die *Imme*.

Heute würde man, wie gesagt, nicht einen Fuß mehr aufs Hafengelände kriegen, sofern man nicht auf irgendeiner Crewliste stand oder anderweitig registriert war. Damals aber hatten vor allem Frauen kein Problem, mit einem Lächeln und etwas Überredungskunst jedes Schiff zu entern.

Als sie durch die Flure spazierten, sah Helga unseren Vater durch die offene Kabinentür am Schreibtisch sitzen, den schweren Kopf in die Hände gestützt, mit leicht trübsinnigem Blick.

Vielleicht von einem vorhergegangenen nächtlichen Gelage, vielleicht dachte er aber auch über sein verpfuschtes Leben nach.

Beim Anblick der attraktiven Frau mit dem dunklen Kurzhaarschnitt nahm er jedoch Haltung an und nach kurzweiligem Hin- und Hergeplänkel lud er die Freundinnen für den Abend in ein feudales Restaurant ein. Das ließen sich die beiden nicht zweimal sagen, zumal sie immer knapp bei Kasse waren.

Noch vor der *Crema Catalana* war klar, dass mein Vater Feuer gefangen hatte. Er schlug seiner neuen Flamme gleich vor, mit dem Bus ins 60 Kilometer entfernte Blanes zu fahren, wo er am nächsten Tag einlaufen würde. Da sie sowieso nichts Besseres vorhatte, ließ sie sich darauf ein.

Schon an ihrem ersten Abend zu zweit machte er ihr spontan einen Heiratsantrag. Ob das nun wirklich ernst gemeint war oder aus einer Laune heraus, weiß keiner. Jedenfalls legte er sich mächtig ins Zeug und erzählte Helga, dass jeder Kapitän eine Villa in Blankenese und einen roten Porsche vor der Türe stehen hätte. Das waren durchaus nette Zukunftsaussichten. Dass er noch drei Kinder aus früheren Ehen zu versorgen hatte, erwähnte er natürlich mit keinem Wort.

In den nächsten Wochen hackte der inzwischen auch nicht mehr ganz taufrische Romeo einen Liebesbrief nach dem anderen in seine alte Reiseschreibmaschine, um das Feuer am Brennen zu halten. Da ging es um nächtliche Verabredungen, darum, zur gleichen Uhrzeit zum Mond oder zur Venus zu blicken, um klopfende Herzen voller Hoffnung auf ein neues Glück.

Offenbar war Helga dennoch nicht ganz überzeugt. Sie beschloss, ohne ihm davon zu erzählen, nach Rotterdam, seinem nächsten Zielhafen zu fahren. Wollte sie sich doch persönlich davon überzeugen, dass dort nicht eine Ehefrau am Pier stand, um ihn abzuholen. Doch davon konnte keine Rede sein. Stattdessen traf sie auf einen umso glücklicheren Kapitän. Der wollte sie auf keinen Fall mehr gehen lassen und überredete sie, auf seine nächste Tour nach Finnland mitzukommen. Helga wusste nicht mehr, wo ihr der Kopf stand, aber sie war sicher, dass dieser Mann ihr Schicksal bedeutete und sie ihm folgen musste. Sie bat ihre Freundin in Spanien, ihren Koffer mit nach Deutschland zurückzubringen, und ließ sich auf das Abenteuer mit dem Seemann ein.

Für die junge Frau aus eher kleinbürgerlichen Verhältnissen tat sich eine neue Welt auf. Das offene Meer, die Mitternachtssonne, ein weltgewandter und humorvoller Mann an ihrer Seite. Auch wenn er 22 Jahre älter war als sie, wirkte er deutlich jünger. Er war attraktiv und fit. Ihm war nichts zu viel und er ließ keine Gelegenheit aus, kleine Späßchen mit ihr zu machen. Als sie durch den englischen Kanal fuhren, forderte er sie auf, ihre Briefe und Postkarten bereitzuhalten, da sie gleich an der »Postboje« vorbeikommen würden. Helga nahm das natürlich ernst und stand brav »einwurfbereit« an Deck.

Während der Überquerung des nördlichen Polarkreises verlobten sich die beiden und mein Vater steuerte – volle Kraft voraus – den nächsten Ehehafen an. Diesmal sollte es für immer sein! Diesmal war er überzeugt wie nie zuvor, endlich die richtige Frau gefunden zu haben, in deren Schoß er sein langsam grau werdendes Haupt legen konnte.

Offiziell vertäut wurden die beiden im Jahr darauf auf dem Standesamt in Lübeck, wo es allerdings zu einer kleinen Verzögerung kam. Eines der vier Scheidungsurteile fehlte und musste bei Ehefrau Nummer 2 in Hamburg schnellstens besorgt werden. Nummer 5 musste solange auf der Holzbank vor dem Standesamt ausharren.

In der ganzen Hektik fiel ihm dann noch ein Babyfoto von mir aus der Brieftasche. Und so war ich die erste Tochter, von der Helga erfuhr. Doch sie trug es mit Fassung und wollte nun auch keinen Rückzieher mehr machen.

Vattern schaffte es jedenfalls, noch vor Schließung des Standesamtes alle Unterlagen vorzulegen und trug Helga anschließend über die Schwelle seiner Wohnung, die er inzwischen neu möbliert hatte. Nur eine blaue Küchenbank erinnerte noch an die gerade erst geschiedene Ehe mit meiner Mutter.

Wie schon ihre Vorgängerin, kam auch Helga mit den Nordlichtern nicht zurecht und fühlte sich einsam, zumal ihr frisch Angetrauter schon bald wieder auf große Fahrt ging. Wenn er dann wieder in Hamburg einlief, hatte sie zwar wie alle Seemannsfrauen die Möglichkeit in Brunsbüttel, dem Seehafen an der Elbmündung, zuzusteigen, doch ihn einen Tag früher zu sehen, war nur ein schwacher Trost.

Als sie ihn bat, in ihre Allgäuer Heimat zurückkehren zu dürfen, wollte unser Vater den gleichen Fehler nicht noch einmal machen und stimmte zu. Er ging sogar noch einen Schritt weiter und erklärte sich bereit, den Familienhauptsitz in Helgas einstigem Elternhaus in Mindelheim einzurichten. Ihre Mutter war inzwischen gestorben und er zahlte die Geschwister aus. Das kleine Häuschen am Waldrand ließ er nach seinem Gusto umbauen, da er glaubte, endlich einen Platz gefunden zu haben, wo er nicht nur seine Heimaturlaube verbringen, sondern auch später nach seiner Pensionierung leben wollte. Die geräumige Waschküche wurde zum Wohnzimmer und – ähnlich seiner Kapitänskajüte an Bord – mit dunklem Holz getäfelt und glänzenden Messingknöpfen an den Schränken ausgestattet. Im ersten Stock fanden Schlafzimmer und zukünftige Kinderzimmer ihren Platz. Es war zwar keine Blankenese-Villa, aber doch ein standesgemäßes Zuhause.

Für Helga bedeutete die Ehe mit einem Kapitän einen sozialen Aufstieg. Aber auch unser Vater fühlte sich in dem kleinen Städtchen bestens angesehen. Hier war er etwas Besonderes, anders als in Hamburg oder Lübeck, wo man über Kapitäne nur so stolperte. Es fiel ihm auch nicht schwer, einen neuen Freundeskreis aufzubauen, obwohl er nur selten da war. Wenn auch nicht alle den Preußen und seine Art schätzten, gab es genügend Leute, die ihm gerne in feuchtfröhlicher Runde zuhörten, wenn er sein Seemannsgarn spann.

Während seiner Heimaturlaube fanden fast jedes Wochenende große Gelage statt. Helgas indonesische Reistafel war berühmt bei der Hautevolee von Mindelheim und Vater genoss es, Leute um sich zu haben. Er konnte und wollte nicht alleine sein, nicht einmal mit seiner Frau. Ablenkung war alles, damit er nicht ins Grübeln kam. Nachts konnte er nur einschlafen, wenn die Nachttischlampe brannte. Lag es an jenem U-Boot-Erlebnis während des Krieges, dass er die Dunkelheit nicht ertrug? Oder verfolgten ihn Schuld-Dämonen, weil er sich so wenig um seine Kinder gekümmert oder sich bei seinen Exfrauen nie für sein Verhalten entschuldigt hatte? Wer weiß, vielleicht hatte er während des Krieges noch ganz andere Erfahrungen gemacht, die er verdrängte. Seinen Hinterkopf zierte eine dicke Narbe, und der kleine Finger an seiner rechten Hand war verkrüppelt. Wie die meisten dieser »Verdrängergeneration« hat er nie über seine Erlebnisse gesprochen, nicht einmal mit Helga. Sie bohrte allerdings auch nie nach. Die Gegenwart war ihr wichtiger. Zumal sie inzwischen Mutter geworden war und der kleine Stammhalter Heiner ihre ganze Aufmerksamkeit forderte.

Mit Heiners Geburt änderte sich einiges. Helga ging es danach lange nicht gut und sie brauchte mehr denn je die Unterstützung ihres Mannes. Doch genau dazu war er nicht bereit oder fähig. Hatte er selber einmal einen Durchhänger, nörgelte er solange an Helga herum, bis sie völlig am Boden war. Danach fühlte er sich besser. Je schwächer sein Gegenüber war, umso stärker konnte er wenigstens nach außen wirken. Darüber, wie es innendrin aussah, kann man nur spekulieren. Eigene Unzulänglichkeiten oder Gefühle, die man ihm als Schwäche hätte auslegen können, wurden weggedrückt. Niemand durfte davon etwas merken, Emotionen zeigte »Mann« nicht. Selbst wenn die Luft völlig raus war, ließ man noch immer die Muskeln spielen. Helga bekam diese »Machtspielchen einer Ehe« volle Breitseite ab. Nicht schön. Nicht nachahmenswert. Doch Paartherapien gab es damals noch nicht – Psychologen oder Psychiater waren etwas für Irre – und wer hielt es damals schon für nötig, seine Vergangenheit mal etwas genauer unter die Lupe zu nehmen? Für diese Generation galt noch immer die Devise: volle Kraft voraus.

Petra erzählt mir, dass Helga für sie oft ein rettender Engel gewesen sei und sie öfter ihre Schulferien bei der neuen Familie unseres Vaters im Allgäu verbrachte. Da ihre »Stiefmutter« nur ein paar Jahre älter war, empfand Petra sie mehr als große Schwester. Und im Gegensatz zu ihrer eigenen Mutter schenkte Helga ihr Anerkennung und Zuwendung. Sie weiß noch genau, wie sie ihr geduldig mit der Rundbürste die Haare föhnte oder ihr, ohne mit der Wimper zu zucken, 10 Mark in die Hand drückte, damit sie sich einen schönen Abend in der Disko machen konnte. In Hamburg musste sich Petra, selbst wenn sie nur ins Schwimmbad wollte, die 50 Pfennig Eintritt in der mütterlichen Drogerie verdienen.

Ihr graute es jedesmal davor, wenn die Ferien zu Ende waren und sie sich wieder auf die Heimreise machen musste. Doch auch über die räumliche Distanz hinweg ließ Helga sie nicht im Stich. Wann immer in Petras Leben Windstärke 12 herrschte, schickte sie ihr Trostpakete nach Hamburg. An eines erinnert sich Petra noch heute. Während ihrer Ausbildung bei der Post war sie oft der Verzweiflung nahe, wenn sie die grau gekleideten Kolleginnen sah, die dort schon seit gefühlten hundert Jahren saßen und sich jeden Abend vermutlich erst einmal den Staub von den Schultern klopfen mussten. Die Vorstellung, selbst einmal so zu werden, in dieser bleiernen Gleichförmigkeit und Tristesse versauern zu müssen, war alles andere als prickelnd. Helga schickte ihr postwendend ein knallrotes Kleid mit kleinen Rüschen am Ausschnitt, und schon sah die Welt etwas bunter aus.

Schade, dass meine eigene Mutter den Kontakt zu meinem Vater und seinen Familien so vollständig gekappt hatte. Ich habe nie mit meinen Geschwistern Ferien im Allgäu oder sonstwo verbracht. Abgesehen von der Zeit in Spanien mit Oma wurde ich über das Münchner Stadtjugendamt in irgendwelche Schullandheime oder auf Bauernhöfe verschickt. Nicht, dass es mir dort nicht gefallen hätte, aber nur von fremden Kindern umgeben zu sein, war doch etwas anderes.

Helga musste jedenfalls die rosarote Brille schnell ablegen. Das Verhalten unseres Vaters nach Heiners Geburt ließ sie ahnen, dass diese Ehe keinen großen Belastungen standhalten würde. Da allerdings bereits das zweite Kind im Anmarsch war, hielt sie durch. Zumal sie finanziell gut versorgt war und in der Nachbarschaft hoch angesehen. Und die Möglichkeit, jedes Jahr ihren Mann eine Zeitlang auf seinen Fahrten zu begleiten, wollte sie auch nicht aufgeben. An Bord hatten sie fast nie Streit, er war wie ausgewechselt und verwöhnte sie, wo es nur ging. Während ihrer Abwesenheit wurden Heiner und das Nesthäkchen Tina der Obhut einer Haushälterin anvertraut, die mit der Zeit eine wichtige Bezugsperson wurde.

Heiner

Außer auf der Beerdigung unseres Vaters habe ich meinen jüngeren Halbbruder nur wenige Male getroffen. Wie auch mit Christa, kam es zwischen uns nie zu einer geschwisterlichen Nähe. Zu unterschiedlich die Interessen, zu verschieden die Lebensplanung. Was ich über ihn weiß, haben mir seine Mutter, seine jüngere Schwester Tina und sein Schulfreund erzählt.

Heiner war von Anfang an anders als andere Kinder. Nicht nur, dass er eine schneeweiße Haarsträhne hatte, die ihm ein besonderes Aussehen gab. Er legte es bewusst darauf an, aus der Reihe zu tanzen und hatte Mühe, sich an Regeln zu halten. Irgendwie sogar verständlich. Der Vater versuchte in der wenigen Zeit, in der er zu Hause war, seinen Sohn zu erziehen. Was im Wesentlichen so aussah, dass er Heiner ständig maßregelte. Vielleicht wollte er ja nachholen, was er bei uns anderen drei Kindern versäumt hatte. Heiner jedenfalls bekam die volle Packung ab. Wann immer der Vater an Land war, brachen für ihn schwierige Zeiten an. Da wehte ein völlig anderer Wind im Haus. Der Kapitän benahm sich kaum anders als an Bord. Sein Wort galt, seine Wünsche mussten bedingungslos erfüllt werden. Vor allem hatte Disziplin zu herrschen. Waren die Haare der Kinder nicht gekämmt, mussten sie wieder vom Tisch aufstehen. Waren ihre Zimmer nicht aufgeräumt, gab es Hausarrest oder Fernsehverbot.

Irgendwann konnte Heiner seinem Vater gar nichts mehr recht machen, ging in die totale Verweigerungshaltung und war damit unten durch. Frust auf beiden Seiten: Er hatte ja der Stammhalter sein sollen, ein Bub, auf den der Vater stolz sein konnte. Umgekehrt erwartete der, dass Heiner zu ihm aufsah. Doch wie sollte das klappen? Das viele Hin und Her. Der Vater mal da, mal nicht. Die Mutter mal locker, mal streng und ebenfalls oft wochenlang abwesend. Die arme Haushälterin konnte schließlich nicht beide Rollen übernehmen, obwohl sie bestimmt ihr Bestes gab.

Daraus muss bei Heiner eine tiefe Unsicherheit und Orientierungslosigkeit entstanden sein. Den Wünschen des Vaters konnte und wollte er nicht entsprechen, doch gleichzeitig hatte er kein anderes Vorbild oder ein klares Ziel vor Augen. Auch wenn er später mit seinem guten Aussehen, seiner Redegewandtheit und seinem Charme vieles wettmachen konnte, geriet sein Leben immer wieder in Schräglage.

Um ihn auf Linie zu bekommen, schickten ihn seine Eltern mit zwölf auf das Maristenkolleg, eine strenge Klosterschule, auf die hauptsächlich Spießer und Kurheimsöhne aus dem nahe gelegenen Bad Wörishofen gingen. Nach Heiners Ansicht die vollen Spaßbremsen. Sie trugen Cordhosen, Pullunder und kurz geschnittene Haare; er mit seinen ausgerissenen Jeans, Clarks und Parker wirkte wie von einem anderen Stern. Statt mit Prüfungen und Hausaufgaben, beschäftigte er sich mit dem Basteln von Rauchbomben und fand immer wieder neue Möglichkeiten, den Unterricht wirkungsvoll zu stören. Mit dabei waren immer seine drei besten Freunde, die sich unter den Pullunderträgern ebenfalls nicht wohl fühlten. Einer davon war Andreas, der heutige Lebenspartner seiner jüngeren Schwester Tina.

Die vier Jungs verbrachten einen Großteil ihrer Tage schwänzend auf einer Bank vor der Bäckerei Fetscherle, wo es die besten Leberkäsesemmeln gab, und dachten sich immer wieder Neues aus, um Lehrern, Eltern und überhaupt der gesamten Erwachsenenwelt einen vor den Bug zu knallen. Am Ende war es nur eine Frage von Monaten, bis Schule und Schüler sich in gegenseitigem Einverständnis trennten. Zuhause war der Teufel los.

Heiner und Andreas blieben zusammen und wechselten auf den mathematischen Zweig der Realschule in Mindelheim. Dort lief zwar keiner in Cordhosen herum, dafür waren Schlägereien im Schulhof an der Tagesordnung. Die Lehrer waren ganz anders als die Jesuiten am Maristenkolleg. Ein Großteil stammte aus der 68er-Generation, für Heiner »coole freaks«. Der Chemielehrer kiffte und die Englischlehrerin fuhr in den großen Ferien mit dem VW-Bus nach Afghanistan. Hier fühlte sich Heiner wohl und stieg mit seiner großen Klappe schnell zum »Leader« der Klasse auf. Die Mitschüler standen geschlossen hinter ihm, wenn es darum ging, irgendeinen Blödsinn zu machen. Da scherte niemand aus, da wurde nicht gepetzt, wenn plötzlich der Vorhang im Klassenzimmer brannte oder der Leuchter in der Aula von einem Fußball heruntergeschossen wurde.

Hatte er da vielleicht doch etwas von seinem Kapitänsvater mitbekommen? Die Fähigkeit, seine Mannschaft zusammenzuhalten? Oder sich zumindest in der Rolle des »Leaders« wohlzufühlen? Obwohl die beiden nur Schwierigkeiten miteinander hatten, war Heiner insgeheim stolz auf das, was sein Vater darstellte. Er trug über seinen Jeans gerne Seemannspullis und manchmal auch eine der ausgemusterten Jacken mit den vier goldenen Streifen am Ärmel.

Natürlich schaffte er auch die mittlere Reife nicht, was damit zu tun hatte, dass er fast täglich im Jugendzentrum abhing und dort mit Drogen in Kontakt kam. Und natürlich war er auch hier ziemlich schnell derjenige, der den Ton angab und seine ersten Geschäfte machte.

Er lief immer mehr aus dem Ruder, kümmerte sich weder um die Ansagen seiner Mutter, noch um die seines Vaters. Zumal offensichtlich war, dass die Ehe ohnehin in die Brüche gehen würde. Denn Helga hatte sich nach 15 Jahren in einen anderen Mann verliebt und wollte sich lieber heute als morgen scheiden lassen.

High Speed

Mit Ach und Krach schloss Heiner im zweiten Anlauf die Realschule ab; auf der weiterführenden Fachoberschule hielt er es aber nur ein paar Monate aus. Lernen war einfach nicht sein Ding. Er wollte Kohle machen, allerdings ohne sich groß anstrengen zu müssen. Abgesehen von Drogen dealte er mit gefälschten Travellerschecks, er ließ Anzüge in Bangkok billig schneidern und verkaufte sie teuer weiter. Er brauchte ständig einen neuen Kick. Sein Leben verlief im High-Speed-Modus, Pausen gab es nicht für ihn. Er musste immer etwas Besonderes tun und besondere Leute um sich scharen. Er hatte eine Art, mit der er es schaffte, beinahe jeden um den Finger zu wickeln, keiner konnte ihm lange böse sein. Er lavierte sich bravourös um jedes Problem herum und war voll von sich überzeugt. Grenzen waren für ihn nicht vorhanden. Er lebte nur im Hier und Jetzt und immer über seine körperlichen Kräfte hinaus. Er wollte alles sofort, ein Morgen gab es nicht. Eine Kerze, die an zwei Enden brannte. Dessen war er sich sogar bewusst. Wenn ihn jemand aufforderte, langsamer zu machen, kam zur Antwort:»Lass mich doch, ich werde sowieso nicht alt.«

Die Hoffnung seiner Eltern, dass man ihm wenigstens beim Militär Disziplin beibringen würde, zerschlug sich. Heiner verletzte einen Vorgesetzten und wurde unehrenhaft entlassen. Danach konnte er sich zu Hause nicht mehr blicken lassen und wohnte bei verschiedenen Freunden, die es meist auch nicht lange mit ihm aushielten.

Seiner ersten großen Liebe gelang es, ihn zumindest vorübergehend aus seinem Drive herauszuholen. Sie war nicht eine der üblichen Szenebräute, sondern eine junge Frau, die mit beiden Beinen fest auf dem Boden stand und eine Malerlehre absolvierte. Ihr gelobte er nicht nur ewige Treue, sondern versprach sogar, mit dem Dealen aufzuhören. Das klappte allerdings nicht auf Dauer. Nach drei Jahren zog sie die Konsequenzen und verließ ihn.

Nach diesem Schock beschloss Heiner, nach Ägypten zu gehen und in Luxor, das er aus einem früheren Urlaub kannte, einen Motorradverleih aufzumachen. Helga war froh, dass er endlich etwas einigermaßen»Seriöses«vorhatte, und streckte ihm das Startkapital vor. Gemeinsam mit einem ägyptischen Partner brachte er das Geschäft tatsächlich zum Laufen und verdiente einen Sommer lang gutes und vor allem ehrliches Geld. Als er jedoch nach der Winterpause zurückkam, fand er nicht einmal mehr einen einzigen müden Reifen vor. Alles war verkauft; außer ein paar Ölflecken am Boden erinnerte nichts mehr an sein Geschäft. Von seinem Partner fehlte jede Spur.

Wie schon Christa, siedelte er mit Anfang zwanzig nach Berlin über. Nach mehreren oberflächlichen Beziehungen traf er dort seine große Liebe Daniela und zog schon bald mit ihr zusammen. Sie war bildhübsch, stammte aus einer guten Familie und war es gewohnt, nur mit dem Finger zu schnippen, um das zu bekommen, was sie wollte. Und das war vor allem Kokain. Klar, dass Heiner es ihr besorgte. Nichts leichter als das. Aber für sie hätte er auch den Mond vom Himmel geholt. Daniela war sein Ein und Alles. Mit ihr hatte er jemanden gefunden, für den er sorgen wollte, wodurch er vielleicht zum ersten Mal so etwas wie einen Sinn in seinem Leben sah.

Leider standen eines Morgens zwei Bullen vor der Tür und nahmen ihn mit. Ein Typ aus der Szene hatte ihn hingehängt. Er glaubte, Heiner habe ihm gestreckten, unsauberen Stoff angedreht, was ihn beinahe ins Jenseits befördert hätte. Dafür sollte er »bluten«. Nach einigen Tagen in einer Gemeinschaftszelle in Moabit verlegte man ihn in die JVA Kempten, wo er drei Monate in Untersuchungshaft saß. Zum ersten Mal nutzte ihm weder ein cooler Spruch noch ein Augenaufschlag. Er steckte fest zwischen dicken Mauern, im wahrsten Sinne des Wortes. Und konnte die Schuld nicht einmal jemand anderem in die Schuhe schieben. Diese Situation hatte er sich selbst eingebrockt.

Helga setzte natürlich alle Hebel in Bewegung, um ihren Sohn mit Hilfe eines guten Rechtsanwalts wieder auf freien Fuß zu bekommen. Am Ende gelang ihr das auch. Zwischen eine Mutter und ihr Kind passt eben doch kein Blatt Papier.

Kaum war er entlassen, zog es ihn wieder hinaus in die Welt. Ein Freund aus Kindertagen arbeitete in einer Tauchschule auf dem Sinai und lud Heiner und seine Freundin dorthin ein. Gesagt, getan. Ihm gefiel es dort so gut, dass er sich mit Daniela ein Häuschen mietete und den Tauchschein machte.

Die Welt unter Wasser war für ihn eine neue Dimension. Ich kann mir vorstellen, dass er dort die Stille fand, die er im normalen Leben nie erfahren hat. Vielleicht kam er sich dort endlich selbst näher. Vielleicht fühlte er sich unter Wasser sicherer als sonst nirgendwo.

Die Tauchschule bot ihm an, eine Saison dort als Lehrer zu arbeiten, Daniela konnte die Bar übernehmen. Eigentlich ein Traumleben. Jeden Tag blauer Himmel, Meer und Sonne. Sie wohnten nur wenige Meter vom Strand entfernt, hatten ein gutes Einkommen, und an Drogen heranzukommen, war auch kein Problem. Wenn sich nur nicht immer wieder fürchterliche Eifersuchtsdramen abgespielt hätten. Daniela ließ sich nur zu gerne von Männern umgarnen, was Heiner fast in den Wahnsinn trieb. Und dann verliebte sich auch noch Ulli, ein gemeinsamer Freund, in sie. Von diesem Moment an ließ Heiner sie kaum noch einen Schritt mehr alleine tun.

Trotz seiner nach außen hin lässigen Art hatte er die gleichen Verlustängste und Minderwertigkeitskomplexe wie wir anderen Halbgeschwister auch. Er war zutiefst liebesbedürftig und wollte die Kontrolle über das Objekt seiner Begierde unter keinen Umständen verlieren. Durch ihre Drogenabhängigkeit hatte er Daniela zwar in gewisser Weise an sich gebunden, aber trotzdem war er dauernd auf der Hut.

Um seinen potentiellen Konkurrenten Ulli auszustechen, machte er Daniela ein verlockendes Angebot. In der nächsten Saison könne er als Tauchlehrer in der Karibik arbeiten, Aussicht auf einen Vertrag habe er bereits, und sie solle ihn begleiten. Keine schlechten Aussichten für die beiden.

Auf dem Weg zu den Bahamas im folgenden Frühjahr machten sie einen Zwischenstopp auf dem Sinai, um sich von den Kollegen aus der Tauschschule zu verabschieden und noch ein paar Sachen abzuholen.

Durch Zufall trafen sie Ulli, der Heiner zu einem Ausflug einlud, der mal wieder einen richtigen Thrill versprach. Ein Tauchgang in ein faszinierendes Unterwasserhöhlengebiet, das sich allerdings in einem militärischen Sperrbezirk befand. Heiner war sofort dabei, wie immer, wenn etwas nach Abenteuer und Gefahr roch, wenn es darum ging, Grenzen zu überschreiten.

Doch diesmal ging er zu weit. Denn am Ende sollte nur Ulli wieder auftauchen. Der Kapitänssohn blieb in den Tiefen des Meeres zurück. Die Geschichte, die Ulli später erzählte, klang ziemlich dubios. Heiner sei zunächst im schmalen Ausgang einer Höhle steckengeblieben und dann plötzlich verschwunden gewesen. Er habe überall nach ihm gesucht, dann aber aufsteigen müssen, weil seine Sauerstoffflasche fast leer war. Die örtliche Polizei startete eine Suchaktion mit Tauchern und Booten, die jedoch auf Grund von gefährlichen Strömungen abgebrochen werden musste. Weder Heiners Leiche noch seine Ausrüstung wurden je gefunden. Die Familie war lange Zeit hin- und hergerissen zwischen Hoffnung und Trauer. Denn irgendwie hätte es zu Heiner gepasst, wenn er sich klammheimlich abgesetzt hätte, um irgendwo neu anzufangen.

Ich kann mir das nicht so recht vorstellen. Er hätte Daniela sicher nicht sitzen gelassen. Und außerdem hatte er immer wieder prophezeit, er würde keine Dreißig werden. Ich muss an eine Zeile aus dem Song »Talkin' 'bout my Generation« von The Who denken, den Heiner sehr mochte. Darin heißt es: »I hope I die before I get old.« Was immer unter Wasser passiert sein mochte, er hat dieses »Versprechen« eingehalten. Er starb mit 29. Es gab kein Grab, keine Beerdigung und keinen richtigen Abschied. Für seine Mutter und seine Schwester war das sicher das Schwerste. Im Schwimmbad seines Elternhauses erinnert noch ein Kachelornament in Form eines »Delfins« an ihn. »Delfin« war der Name, auf den er im Alter von zehn Jahren bei seiner ersten Äquatorüberquerung getauft wurde. Inzwischen ist das Haus samt Schwimmbad verkauft. Die neuen Besitzer wissen natürlich nicht, was es mit diesem Delfin auf sich hat. Seine Geschichte hat nur noch für uns eine Bedeutung.

Leben und Tod

Petra und ich sitzen an unserem Lieblingsplatz vorne am Bug im Windschatten der riesigen Ankerwinden und starren auf die weißen, brodelnden Schaumstreifen, die rechts und links der *May* aufgewirbelt werden. Der Sonnenuntergang steht kurz bevor. Gleich wird der rote Feuerball auf Backbordseite ins Meer tauchen. Es ist auf einmal kühl geworden, ein Zeichen, dass wir die tropischen Breitengrade verlassen haben und uns nördlicheren Gefilden nähern.

Ich denke laut nach, ob wir unserem Bruder wohl hätten helfen können, wenn der Kontakt enger gewesen wäre. Petra meint nein. Heiner habe sich großartig in seiner Rolle gefühlt und hätte niemanden an sich herangelassen, der ihm diese Maske hätte herunterreißen können. Wahrscheinlich sei er auch zu sehr in sich selbst verliebt gewesen, um Schwächen erkennen zu können oder gar an ihnen zu arbeiten. Wäre er länger am Leben geblieben, hätte sich vielleicht die eine oder andere Tür noch geöffnet. Aber wer weiß das schon? In diesem Punkt war Heiner unserem Vater nicht unähnlich. Selbstreflexion war nicht sein Ding, und er ist auf seine ganz eigene Weise davongerannt. Wer stehen bleibt, hat verloren. Ich habe mir inzwischen die Meinung zurechtgeschustert, dass es – egal wann und wo jemand stirbt – immer der richtige Zeitpunkt und der richtige Ort ist. Mein Bruder liebte im Gegensatz zu unserem Vater, der mehr als sein halbes Leben *auf* dem Wasser verbracht hat, die Welt *unter* Wasser. Dort in der absoluten Stille ist es ihm vielleicht am Ende doch gelungen, sich selbst näherzukommen und auf seine Weise Glück zu empfinden.

In einem meiner Lieblingsbücher »Die Brücke von San Luis Rey« von Thornton Wilder werden fünf Menschen beim Einsturz einer Hängebrücke in Peru in den Tod gerissen. Ein Franziskanermönch stellt Nachforschungen an, der Frage folgend, ob es nur ein Unfall oder Schicksal gewesen sei. Er will den Beweis erbringen, dass der Tod jedes einzelnen dieser Menschen genau zu dieser Zeit und genau an diesem Ort eintreten musste. Und tatsächlich hatten alle fünf einen entscheidenden Lebensabschnitt beendet, als sich das Unglück ereignete.

Nur ein Roman, in dem aber ein Konzept steckt, das einem zumindest ein wenig Frieden geben kann, wenn man mit dem Tod konfrontiert ist. Zumal mit dem eines jungen Menschen, dessen Zeit noch nicht gekommen scheint. Die Vorstellung, dass sich hier bereits etwas erfüllt hat, etwas abgeschlossen wurde, kann tröstlich sein. Das passt zu den Überzeugungen mancher Esoteriker, die glauben, dass unsere Seele ihren Lebensplan sozusagen schon vor der Zeugung fertig hat und sich sogar dementsprechend seine Eltern aussucht.

Wenn man sich auf diese Gedankenspiele einlässt, stellt sich die Frage, ob es in Heiners Seelenplan vorgesehen war, bestimmte Muster zu erkennen oder eben nicht. Denn spätestens hier ist zumindest für mich der Punkt erreicht, an dem man als Mensch

Verantwortung übernehmen muss. Nimmt man diese wahr, wird es sich immer positiv auswirken. Glaubt man wie im Hinduismus und Buddhismus an Karma, werden wir so lange wiedergeboren, bis wir verstanden haben, was unsere Seele will, was der ursprüngliche Plan für sie war.

Heiner hat die große Liebe gefunden und mit dem Tauchen seine wahre Leidenschaft. Mehr gab es möglicherweise für ihn nicht zu erledigen. Was ich mir noch vorstellen könnte, ist, dass sein Tod für ihm nahestehende Menschen möglicherweise eine Tür der Erkenntnis geöffnet hat. Vielleicht für seine Freundin, für seine Schwester oder seine Mutter. Doch das sind alles nur Vermutungen. Man muss nicht zwingend allem, was passiert, einen Sinn geben und letztlich ist es nicht wichtig herauszufinden, ob etwas Zufall oder göttliche Fügung ist.

Petra bringt es mal wieder auf den Punkt. Die einzige Brücke, die zwischen den Toten und den Lebenden bleibt. ist die Liebe. Und die Liebe wiederum ist der einzige Sinn.

Ich sitze in meiner Kabine, um meine Gedanken und das letzte Gespräch mit Petra aufzuschreiben. Der Wind rüttelt an den Ladeluken, irgendein Lüftungsschacht klappert im Takt dazu. Als Hintergrundchor rauschen die Wellen. Bordmusik. Obwohl ich mir diesen Highend-Subwoofer für meinen Computer gekauft habe, benutze ich ihn nur selten. Die Tonkunst der Natur genügt mir.

Plötzlich ungewohnte Klänge. Vogelgezwitscher? Merkwürdig, denn so weit das Auge reicht, ist kein Land in Sicht. Ich muss mich geirrt haben.

Als ich etwas später auf den Flur trete, höre ich es wieder, lauter als zuvor. Es kommt von nebenan, aus E.'s Kabine, genauer aus seinem Computer. Ich weiß inzwischen längst, dass er ein sehr naturverbundener Mensch ist, bin aber trotzdem überrascht.

Scheinbar fehlen ihm, trotz engster Verbundenheit mit dem Meer, die Geräusche des Festlands und zwar die leisen, die einen berühren und nicht nerven. Es freut mich, dass es tatsächlich noch »leise Männer« gibt, die gerne Vogelgezwitscher lauschen, selbst wenn es nur von der Festplatte kommt. Wer selber laut ist, hört die leisen Töne nicht.

Wir Aerneckes sind ja, wie schon erwähnt, alle ganz schön laut. Und ja, es hat mit Kontrolle zu tun, damit, beachtet werden zu wollen, sich durchzusetzen. Aber warum geht das bei uns nur mit Gebrüll? Vielleicht aus Unsicherheit, die Message könnte leise geäußert nicht rüberkommen? Oder weil die Nebengeräusche so laut sind?

Ich beschließe just in diesem Augenblick meines Lebens, etwas stiller zu werden, um in Zukunft leisere Töne besser wahrnehmen zu können. Meine eigene Stimme nicht mehr nur als diejenige zu sehen, die immer unbedingt den Ton angeben muss. Ich bin schließlich nicht mein Vater, der von der Brücke aus sogar in seinen Walkie-Talkie brüllte, um einem Matrosen vorne am Bug etwas mitzuteilen.

Als E. bemerkt, dass ich vor seiner angelehnten Kabinentür stehe, bittet er mich herein. Gemeinsam hören wir einfach nur den Vogelstimmen zu. Ein stiller Moment. Das Gesicht des Kapitäns ist entspannt, die Hände liegen ruhig auf seinen Knien. So habe ich ihn noch nie erlebt. Sonst ist er eigentlich immer in Habachtstellung, bereit, sofort für andere da zu sein. Jetzt tut er endlich mal etwas für sich und es freut mich zu sehen, wie sehr er einen solchen Augenblick genießen kann.

Es ist ihm auch überhaupt nicht peinlich, dass ich ihn bei so etwas vermeintlich Unmännlichem »ertappt« habe. Mein Vater oder die Haudegen-Kapitäne von früher hätten das sicher nicht gemacht. Oder doch? Keine Ahnung, ob Vogelstimmen auf Schallplatte damals überhaupt verfügbar waren.

242

Mir fällt ein, dass ich »One Life«, einen ungewöhnlichen Naturfilm der *BBC*, auf meinem Laptop habe, und schlage E. vor, dass wir uns den Film gemeinsam anschauen könnten. Gemütlicher Fernsehabend zu zweit. Warum nicht? Er stimmt sofort zu und kurz darauf machen wir es uns auf seiner chinesischen Eck-Couch gemütlich.

In dieser brillant gemachten Dokumentation mit Kameraeinstellungen, wie ich sie noch nie gesehen habe, geht es passenderweise um Paarung, Familiengründung und Aufzucht des Nachwuchses von Eisbären, Giraffen, Vögeln, Insekten, Fröschen und Walen. Der Kommentartext ist sehr berührend und ließe sich bestens auf einen Film über die menschliche Spezies übertragen. Natürlich nur, wenn darin Paare vorkommen, die instinktiv verantwortungsvoll mit sich und ihrer Brut umgehen.

Wir sind beide nicht wirklich auf den Film konzentriert, sondern hängen unseren eigenen Gedanken nach. Ich frage mich, ob Menschen, die sich nur unzureichend um ihre Kinder kümmern, diesen Grundinstinkt verloren haben? Aber Instinkt ist Instinkt, den kann man eigentlich nicht verlieren. Vielleicht ist er verschüttgegangen, wurde überlagert von Problemen und Umständen, die ursprünglich für die Menschheit gar nicht vorgesehen waren?

Der Abspann läuft bereits, als E. mir erzählt, dass er liebend gerne Vater geworden wäre und bestimmt auch ein guter. Doch hätte er das bei seinem Beruf nicht verantworten können. Ich bin baff, wie klar er in diesem Punkt ist. Diesen beiden Aufgaben gleichzeitig konnte man aus seiner Sicht nicht gerecht werden. Eine würde immer hintanstehen müssen. Wenn mein Vater auch so gedacht hätte, würde es mich nicht geben. Aber wir Kinder und seine Frauen gehörten eher zu der Rubrik »unerledigte Aufgaben«.

Ich möchte nicht ungerecht sein und rufe mir in Erinnerung, wie stark Entscheidungen von den Umständen und dem Zeitgeist

243

geprägt sind. In den frühen Fünfzigern und Sechzigern gab es noch keine Pille, vielen steckte der Krieg noch in den Knochen, es herrschte Nachholbedarf auf allen Ebenen. Eigentlich kein Wunder, dass gerade bei dieser Generation die Zeugungsfreude selbst unter ungünstigen Umständen groß war. Schlimmer als das, was man während des Kriegs erlebt hatte, konnte es schließlich kaum werden. Kinder waren auch ein Zeichen, dass es weiter- und voranging.

Heute dagegen, nach fast siebzig Jahren Frieden im Land und weitgehender Gleichberechtigung, haben wir viel mehr Freiheiten und Möglichkeiten, andere Wege einzuschlagen. Viele überlegen sich dreimal, ob ein Kind in ihr Leben passt oder nicht.

Uns Menschen mit Reiseberufen fällt es vielleicht noch ein wenig schwerer, eine solche Entscheidung zu treffen. Wer sein Leben lang – oder einen Großteil davon – unterwegs gewesen ist, egal ob auf dem Wasser, auf Schienen oder Rädern, in der Luft oder zu Fuß, für den bedeutet Sesshaftigkeit möglicherweise Stillstand. Auch wenn das nicht zwangsläufig so sein muss.

Die Kehrseite der Medaille: Immer wieder an neue Orte zu wollen, sich neuen Reizen und Erfahrungen auszusetzen, kann auch zur Sucht werden. Manche behaupten, dass man auf diese Weise vor sich selbst davonläuft. Ich glaube: Es gibt Menschen, die müssen einfach rennen, bis sie völlig außer Atem sind, und können erst dann stehen bleiben. Den einen geht die Puste früher aus, den anderen später. Auch ich bin lange gerannt, bis ich innehalten konnte. Aber ich werde nach dieser Phase des Nachdenkens sicher wieder Fahrt aufnehmen, wenn auch mit einer anderen Geschwindigkeit und Sichtweise.

Es ist weit nach Mitternacht, als ich mich von E. verabschiede. Dennoch fühle ich mich fit genug, noch ein paar Seiten zu schreiben. Durch die Zeitumstellung alle zwei Tage weiß mein Körper sowieso nicht mehr, was es geschlagen hat. Ich versuche, den Faden wieder aufzunehmen. Oder besser, die vielen Fäden, die alle einen gemeinsamen Anfang haben. Ihn. Meine jüngste Schwester Tina ist wahrscheinlich diejenige von uns, die ihn noch am ehesten als Vaterfigur erlebt hat.

11

TINA

Das Nesthäkchen erblickte das Licht der Welt am 21. September im Aufruhrjahr 1968. Petra hatte gerade ihr erstes Kind im Wettrennen mit der holländischen Königin Beatrix geboren, Christa war mitten in der Pubertät, ich soeben mit der Schultüte losmarschiert und Heiner vertickte wahrscheinlich schon Bonbons im Kindergarten.

Tina wurde im selben Krankenhaus geboren, in dem sie heute als Effizienzmanagerin arbeitet. Der ehemalige Kreißsaal ist jetzt ihr Büro. Auf der Babystation verbrachte sie die ersten acht Wochen ihres Lebens. Sie hatte sich bei der Geburt das Schlüsselbein gebrochen und konnte den rechten Arm nicht richtig bewegen. Die erste Verdachtsdiagnose, Kaiser-Wilhelm-Arm, bestätigte sich jedoch nicht. In demselben Krankenhaus bekam sie später den Blinddarm herausoperiert und wollte anschließend gar nicht mehr nach Hause. Sie muss hier ihre ersten Nestgefühle entwickelt haben, denn das früh prägende »Bonding« mit der Mutter war ja zunächst flachgefallen.

Glücklicherweise hatte das keine langfristigen Auswirkungen auf ihre Beziehung, die später sehr eng war. Mit dem Vater dagegen verknüpfte sie, wie wir alle, keine wirklich tiefen Gefühle, wenngleich sie letztlich noch am meisten seine Aufmerksamkeit genossen hatte. Im Gegensatz zu ihrem älteren Bruder Heiner stand sie nicht unter dem väterlichen Erfolgsdruck, etwas leisten und werden zu müssen. Sie war tatsächlich Vatis Sonnenschein.

Während seiner Heimaturlaube trug er Tina jeden Abend vor dem Schlafengehen in ihr Zimmer und erfand Geschichten vom »Hakelkasper«, einem Kobold, der aus der Wand kam und den Menschen lustige Streiche spielte. Das Schönste waren für Tina jedoch seine Mitbringsel. Immer wenn er vom Schiff kam, schleppte er als Erstes seinen hellblauen Samsonite-Koffer nach oben ins elterliche Schlafzimmer, öffnete ihn mit geheimnisvoller Mine und übergab dann feierlich seine Geschenke.

Einmal brachte er aus Brasilien sogar einen Pirol mit, der ihm zunächst an Bord Gesellschaft geleistet hatte und fortan die Familie fünfzehn Jahre lang begleiten sollte. Jakob saß immer auf irgendeiner Schulter. Er nahm an allen Mahlzeiten teil, sah mit fern und wenn Besuch kam, beobachtete er das Geschehen von der Gardinenstange aus. Der Vater teilte mit ihm sogar sein Frühstücksei und baute dem Vogel für den Sommer im Garten eine Voliere. Ging die ganze Familie aufs Schiff – was zwar selten, aber hin und wieder vorkam – musste Jakob natürlich mit.

Wenn Helga allein mit ihrem Mann auf Reisen ging, sprang die Haushälterin ein. Für Tina war das normal, sie kannte es nicht anders und fühlte sich in ihrer Obhut durchaus wohl. Sie meint, dass es ihr wegen dieser frühen Erfahrungen bis heute nicht schwerfällt, Abschied zu nehmen, Trennungen zu überwinden und Menschen gehen zu lassen. Nur bei ihren eigenen drei Kindern bekommt sie das nicht hin … Da ist sie überzeugt, dass totales Chaos vorprogrammiert ist, wenn sie die Brut nur für ein paar Tage allein lässt. Wahrscheinlich eine Art Projektion. Denn möglicherweise war es für sie damals doch härter, als sie sich heute eingesteht.

Ihre schulischen Leistungen jedenfalls wurden durch die häufigen Wechsel der Bezugsperson nicht beeinträchtigt. Sie war immer eine gute Schülerin. Aber da sich keiner so richtig darum kümmerte, ging sie nach vier Jahren Grundschule zunächst einfach

248

weiter auf die Hauptschule. Erst als sich eine aufmerksame Lehrerin einmischte und mit ihrer Mutter sprach, wechselte sie auf die Realschule.

Wenn der Vater zu Hause war, machte er manchmal mit Tina Hausaufgaben, was meist in einer mittleren Katastrophe endete. Für sie war er eigentlich nie ein richtiges Familienmitglied, sondern ein Besucher, der vier bis sechs Wochen blieb, auf den man aber nicht zählen konnte. Er wusste nicht, wer ihre Freundinnen waren, kam weder zu Schulaufführungen noch zum Elternsprechtag. Er war nicht da, wenn sie sich wehgetan hatte, sich allein fühlte oder wenn es etwas zu feiern gab, wie ihren Geburtstag oder eine gute Schulnote. Manchmal empfand sie ihn sogar als Störenfried, der den normalen Tagesablauf durcheinanderbrachte. Und oft kehrte im Haus der gewohnte Frieden erst wieder ein, wenn er zurück auf seinem Schiff war.

Die Rolle des klassischen Familienvaters übernahm er also auch diesmal nicht mit letzter Konsequenz, selbst wenn er sich im Grunde seines Herzens danach sehnte und es liebte, mit allen an einem großen Tisch zu sitzen. Doch nach kurzen Phasen des Idylls fiel er immer wieder in eine eher ablehnende Haltung zurück. Kleine Kinder zum Beispiel gingen ihm auf die Nerven; mehrmals verscheuchte er die Nachbarskinder vom Grundstück, mit dem Argument, der Rasen würde sonst nicht ordentlich wachsen. Auch wenn sich die Rasselbande Samstagnachmittag gemeinsam um den Fernseher scharen wollte, kannte er keine Gnade. Nicht in seinem Haus. Vielleicht lag es am Alter. Er war immerhin schon sechzig Jahre alt. Oder aber er konnte nicht damit umgehen, dass Kinder Aufmerksamkeit wollten und brauchten – etwas, das er gewohnt war zu bekommen und das er regelmäßig einforderte. Kinder als Konkurrenz.

Er ging wie auf dem Schiff ganz selbstverständlich davon aus, dass man ihn bediente. Kam das Essen mal nicht schnell genug auf den Tisch, vergaß er schon mal, dass er nicht auf dem Schiff war, und tastete unter der Tischkante nach der Klingel, um den Steward zu rufen. Er polterte die Treppen runter, raschelte beim Frühstück so geräuschvoll mit seiner Morgenzeitung, dass keiner mehr ein Wort verstand, pfiff immer laut durch die Gegend und hatte generell ein deutlich vernehmbares Organ. Fühlte er sich nicht ausreichend wahrgenommen, fand er sofort irgendetwas, wobei man ihm helfen oder wo man jetzt auf der Stelle mit ihm hingehen sollte.

Als wirklich großzügig konnte man ihn auch nicht bezeichnen, aber er hielt den Laden einigermaßen am Laufen – obwohl er ja für Petra, Christa und mich monatlich zahlen musste. Helga kam mit dem Haushaltsgeld gerade so aus. Wenn er die Familie in ein Restaurant ausführte, mussten die Kinder zuhause »vortrinken«, damit nicht unnötig Geld für Limo und Cola ausgegeben werden musste. Außerdem konnte ein »Wasserbauch« weniger verdrücken. Helga und meist auch die Kinder ertrugen es weitgehend mit Fassung, schließlich wussten alle: Bald ist er wieder weg.

Papa ante portas

Das alles änderte sich schlagartig, als er mit einer gerissenen Achillessehne wochenlang zu Hause herumsaß und alles durcheinanderbrachte. Nichts funktionierte mehr in den gewohnten Bahnen, Helga und er lieferten sich heftige Auseinandersetzungen. Und so war es nur eine logische Folge, dass sie sich in einen anderen Mann verliebte und dem Vater die fünfte Scheidung ins Haus stand. Als Tina davon erfuhr, fühlte sie sich, als hätte sie einen vor den Bug bekommen. Auch wenn der Vater schwierig war und sie keine enge Beziehung zu ihm aufgebaut hatte, gehörte er doch unabdingbar zu ihrem Bild von einer intakten Familie. Ein Scheidungskind zu sein, war nach wie vor – vor allem in ländlichen Gegenden – mit einem Makel behaftet. In der Schule erzählte sie vom häuslichen Fiasko erst, als es sowieso schon alle wussten. Zuerst einigte man sich noch darauf, dass Helga das obere Stockwerk und er das untere bewohnen würde, was jedoch nicht funktionierte. Also zog sie vorübergehend zu den Nachbarn und dann in eine kleine Wohnung. Für alle überraschend hatte Vattern nämlich darauf bestanden, mit Heiner und Tina im Haus zu bleiben. Er wolle sich schließlich nicht nachsagen lassen, er habe sich nicht um seine Kinder gekümmert. Hört, hört.

Natürlich lief es nicht rund. Er war weder in der Lage, den gewohnten Frühstücksbrei mit Banane richtig zuzubereiten, noch wusste er etwas über die täglichen Gewohnheiten. Er konnte sich nirgendwo einfügen und wollte trotzdem alles kontrollieren. Früher war dieses Verhalten von Helga aufgefangen worden, und für sechs Wochen Landurlaub hatte es sich auch ertragen lassen. Aber die Aussicht, dass es nun für immer so weitergehen sollte, rief bei den Kindern und sogar der Haushälterin heftigsten Widerstand hervor. Vor allem mit Heiner kam es fast täglich zu Streit. Und so warf der Vater bereits nach drei Wochen das Handtuch und zog laut schimpfend aus.

Es klopft. Petra. Sie hat noch Licht unter dem Türspalt gesehen. Auch sie kann nicht schlafen. Vollmond. Ich erzähle ihr, an welcher Stelle ich gerade bin. Sie kann sich noch gut an jene Zeit erinnern, als unser Vater ziemlich kleinlaut bei ihr auf der Matte stand und um Unterschlupf bat, den sie ihm auch vorübergehend gewährte. So hatte sie ihn noch nie erlebt. Er war auf Grund gelaufen. Auch diese fünfte Ehe, von der er geglaubt hatte, sie würde ewig halten, war gescheitert. Wieder hatte er keinen Hafen gefunden, in dem er dauerhaft festmachen konnte. Diese Sehnsucht, der er schon so lange hinterhergelaufen war, sie würde bleiben.

Fehlte ihm der klare Blick für sich selbst und damit auch für seine weiblichen Gegenüber?

Dazu passend erinnert sich Petra an lange Gespräche mit unserem Vater in ihrem Wohnzimmer. Auch im Fall der Trennung von Helga war er wenig einsichtig. Er habe diese Situation schließlich nicht herbeigeführt, im Gegenteil. Wahrscheinlich konnte er sich nur durch Schuldzuweisungen wieder zurechtschütteln und aufrichten, bis er wieder der Alte war. Was wirklich in ihm vorging, konnte auch Petra damals nicht ergründen. Er wollte Unterhaltung und Ablenkung, und das am besten 24 Stunden am Tag. Damit war meine Schwester als alleinerziehende Mutter natürlich vollends überfordert. Er bestand darauf, jeden Abend mit ihr auszugehen, und wenn sie nicht bis mindestens drei Uhr mit ihm in irgendwelchen Bars auf St. Pauli abhing, war das Geschrei groß. Da half es auch nichts, wenn er für ihre zwei Mädchen einen Babysitter besorgte; schließlich war sie berufstätig und musste früh raus.

Wenn Petras Freundinnen zu Besuch kamen, lief er zu Höchstform auf. Noch immer liebte er es, von Frauen umgeben zu sein, und unternahm alles Mögliche, sie am Heimgehen zu hindern.

Nach ein paar Tagen schlug er Petra vor, einen gemeinsamen Hausstand zu gründen. Doch sie roch den Braten zum Glück rechtzeitig und ließ sich auch nicht von der Aussicht verlocken, dass er ihr Leben finanzieren würde. Keinesfalls wollte sie die Ersatzpartnerin spielen, es blieb bei ihrem klaren »Nein«. Worauf er einen Wutanfall bekam, seine Sachen zusammenpackte und schrie: »Dieses ungastliche Haus betrete ich nie wieder!«

Zwei Tage später stand er erneut auf der Matte. Doch Petra blieb hart. Glücklicherweise bot ihm genau zu diesem Zeitpunkt Oldendorff eine Urlaubsvertretung auf der *Hille* an, so dass er wenigstens vorübergehend wieder sicheren Boden unter den Füßen hatte.

Und kurz darauf lernte ich ihn kennen. Vielleicht genau zum richtigen Zeitpunkt. Wir hatten gerade beide unsere Familien verloren und fanden uns dafür wieder. Irgendjemand muss da am Schicksalsrad gedreht haben ...

Around the World

Nach der Hochzeit und dem Einzug von Helgas neuem Mann änderte sich Tinas Leben auf ähnlich radikale Weise wie das von uns anderen Geschwistern. In ihrem Fall war der Neue jedoch kein schlechter Kerl und in vielem das genaue Gegenteil ihres Erzeugers. Er kam jeden Abend nach Hause und fühlte sich tief mit seiner Allgäuer Heimat verbunden. Als Buchhalter einer großen Käserei brachte er mittags das Kantinenessen von der Firma heim, um Helga das Kochen zu ersparen. Aber weder Heiner noch Tina waren gefragt worden, ob es ihnen recht sei, dass er jetzt mit im Haus wohnte. Sie fanden das keineswegs in Ordnung und ließen ihn das auch spüren.

Beide sprachen bloß das Nötigste mit ihm, kamen nur zum Essen aus ihren Zimmern und hatten keinen Respekt vor ihm oder seinen Sachen. Heiner trug mit Vorliebe seine Socken und hielt sich an nichts, was er sagte. Tina hatte vor allem Probleme mit dem ersten gemeinsamen Urlaub in Italien. Erstens kannte sie Ferien ja nur auf dem Schiff und zweitens hatte sie ihre Mutter so gut wie nie küssend und händchenhaltend erlebt.

Anfänglich suchte sie Halt bei ihrem älteren Bruder. Sie bewunderte ihn, auch wenn sie das meiste, was er »so arrangierte«, für viel zu gefährlich hielt. Im Gegensatz zu ihm war sie ein richtiger Spätentwickler. Sie spielte mit zwölf noch mit Puppen, hatte nur eine Freundin und war eher scheu im Umgang mit anderen. Auch später stand abends Weggehen lange nicht auf ihrem Stundenplan.

Erst Heiners Freunde lockten sie aus der Reserve, besonders Andreas. Sie lernte ihn bei einer der berühmt-berüchtigten Partys kennen, die ihr Bruder regelmäßig schmiss. Und verliebte sich auf den ersten Blick. Von da an trafen sie sich in der »Stechmücke«, einem Musikschuppen, der bei der Jugend von Mindelheim schwer angesagt war. Dort machte Heiner auch seine Geschäfte. Tina dagegen hatte, was Drogen betraf, null Interesse. Sie war genauso wie ich ein kleiner Kontrollfreak und wollte immer Herr beziehungsweise Frau der Situation bleiben.

Nach nur drei Monaten war Schluss mit Andreas, da sie glaubte, er wäre »nur« Automechaniker, was nicht einmal stimmte. Und irgendwie passte er nicht zu ihren Zukunftsplänen. Tina hatte sich an der Voss in Memmingen angemeldet und wollte nach bestandenem Fachabitur BWL und Tourismus studieren. Sie war schon immer ein Zahlenmensch und liebte logische Zusammenhänge, gleichzeitig zog es sie hinaus in die Welt.

Nachdem Heiner aus dem Haus war, lief es etwas besser mit ihrem Stiefvater. Sie teilten die Leidenschaft für Sport, gingen zusammen Joggen, Schwimmen und Radfahren. Und was das Wichtigste war: Er weckte ihre Liebe für das Bergsteigen und Klettern, was bis heute ihr liebster Ausgleich zum stressigen Berufs- und Familienleben ist. Im Gegensatz zu unserem Vater war er recht großzügig, und so gingen sowohl Tinas Kletterausrüstung, ihr erstes Rennrad und ihr erstes Auto auf seine Rechnung.

Während eines Praktikums, das sie im Rahmen ihres Studiums als Animateurin in Ägypten machte, besuchte sie Heiner in der Tauchschule, für die er arbeitete. Dort lernte sie jenen Mann kennen, mit dem sie die nächsten Jahre verbringen sollte. Eric war ein gut aussehender Australier, der einfach nur unterwegs war, um sich die Welt anzusehen. Das war so richtig nach Tinas Geschmack. Nach Ende des Praktikums beschloss sie spontan, gemeinsam mit ihm durch Afrika zu reisen. Schon als kleines Mädchen hatte

sie von diesem Kontinent geträumt, weil sie glaubte, ihr Vater füh-
re mit dem Schiff dorthin. Eines Tages, davon war sie überzeugt,
würde er sie mitnehmen, um ihr Löwen, Zebras und Giraffen in
freier Wildbahn zu zeigen. Wenn es mit ihm schon nicht geklappt
hatte, dann wenigstens mit diesem attraktiven Mann aus Down-
Under. Sie erstanden ein Zugticket in den Sudan und los ging's.
Von Khartum aus reisten sie weiter nach Nairobi, Uganda und
schließlich nach Tansania. Um ihre Reisekasse aufzustocken, jobb-
ten sie zwischendurch in Hotels, auf Farmen oder Unternehmen,
die Safaris organisierten. Für Tina hätte es ewig so weitergehen
können – noch heute sagt sie, dies sei die glücklichste Zeit ihres
Lebens gewesen.

Doch nach einem Jahr war Schluss. Eric musste nach London,
wo er sich für ein Jahr bei einer Landvermessungsfirma verpflich-
tet hatte. Tina kehrte nach Deutschland zurück, nahm ihr Studium wieder auf, besuchte ihn aber so oft es ging an den Wochenenden. Als er nach Ablauf des Jahres nach Australien zurückging,
folgte sie ihm und absolvierte ihr zweites Praktikum bei einem
Jugendreiseveranstalter in Sydney. Nun hatte sie das Reisefieber
vollends gepackt. Die Heimreise trat sie nicht direkt an, sondern
machte mit einem »Around-the-World-Ticket« Zwischenstopps
in Neuseeland und den USA.

Wie ich hatte auch sie das Reise-Gen unseres Vaters geerbt,
allerdings wünschte sie sich im Gegensatz zu mir trotzdem möglichst bald eine richtige Familie. Eric schien ihr dafür genau der
Richtige. Er war jemand, der wusste, was er wollte, und Verantwortung tragen konnte. Tina hatte immer, wenn sie mit ihm unterwegs war, ihre Geburtsurkunde im Gepäck, um allzeit bereit
zu sein, falls er irgendwo auf der Welt vor ihr auf die Knie fallen
und um ihre Hand anhalten sollte.

Doch zunächst hieß es erst einmal, die letzten Semester über
die Runden zu bringen und das Studium abzuschließen. Eric be-

suchte sie und jobbte im Winter in den nahegelegenen Skigebieten als Koch. Obwohl er schon damals immer wieder an starken Stimmungsschwankungen litt und oft tagelang nicht ansprechbar war, wollte sie mit ihm nach Australien auswandern. Die Pläne waren so weit gediehen, dass Helga und ihr Mann sich schon dort nach einem Häuschen umsahen, damit sie in der Nähe ihrer Tochter waren, wenn sich Enkelkinder ankündigten.

Bevor es endgültig ans Brüten ging, brachen Tina und ihr Eric zu einer längeren Südamerikareise auf. Meine Schwester wollte unbedingt nach Ecuador, um den knapp 6000 Meter hohen Cotopaxi zu besteigen. Dem armen Eric blieb nichts anderes übrig als mitzuziehen. Zum Ausgleich gönnte sie ihm einen längeren Aufenthalt am Strand von Guayaquil. Dort gab es angeblich die längsten Wellen der Welt, ein absolutes Muss für Eric, der, wie die meisten Australier, schon mit einem Surfbrett unter dem Arm geboren wurde.

Der Trip nahm eine überraschende Wendung, als Tina am Strand eine kanadische Krankenschwester kennenlernte. Sie arbeitete für eine Hilfsorganisation, die sich um Cholerapatienten kümmerte und nach Freiwilligen suchte. Spontan bot Tina ihre Hilfe an. Während der acht Wochen, die sie dort arbeitete, entdeckte sie ihre eigentliche Berufung. Kranken Menschen zu helfen. Das entsprach viel mehr ihrem Wesen, als irgendwelche Hotels zu bewerten oder neue Tourismusregionen zu erkunden. Sie hatte dieses Fach gewählt, weil sie gerne fremde Länder bereiste, aber das hier war etwas anderes, ein Ruf, der viel lauter war und dem sie in Zukunft folgen wollte.

Eric hatte in den vergangenen Wochen in Lima als Englischlehrer gearbeitet und die gemeinsame Reisekasse aufgebessert. Per Bus bereisten die beiden noch Brasilien, Paraguay, Uruguay und Peru. Dort stieß Tina schließlich auf ein Thema für ihre Diplomarbeit. Auch wenn ihr Studium nicht mehr oberste Priorität hatte, wollte sie es doch ordentlich zu Ende bringen. Sie erarbeitete ein Müllkonzept für den Machu Picchu, das einstige Inka-Heiligtum, durch dessen Ruinen tausende von Touristen jeden Tag durchgeschleust werden und ihren Abfall hinterlassen.

Zurück in Lima, endete ihre gemeinsame Zeit mit Eric. Nach einem Überfall auf das Hotel, bei dem auch ihr gemeinsames Zimmer ausgeraubt wurde, fiel er erneut in eine tiefe Depression. Er konnte sich über nichts mehr freuen, war total antriebslos, sah alles nur noch negativ und hatte kein Interesse mehr weiterzuziehen. Er wollte sich nur noch verkriechen.

Tina wurde klar, dass seine Stimmungsschwankungen nur bedingt mit der Unsicherheit des Reiselebens zu tun hatten. Sie sah eine graue Zukunft auf sich zukommen und konnte sich ihn plötzlich nicht mehr als zukünftigen Vater ihrer Kinder vorstellen. Nach gründlicher Überlegung zog sie die Reißleine, packte ihre Sachen und buchte den nächsten Flieger heim nach Deutschland. Nach immerhin fünf Jahren engster Beziehung legte sie den Schalter ohne Probleme um. Denn sie war ja von Kindesbeinen an gewöhnt, sich von geliebten Menschen zu verabschieden. Nicht dass da keine Gefühle mehr gewesen wären, aber sie hatte eine Entscheidung getroffen, die sie konsequent durchzog. Was zu Ende war, war eben zu Ende.

Das alles erinnert mich sehr an meine Südamerikareise mit »Indi«. Letztendlich war sie genauso spontan zustande gekommen wie Tinas Afrikatrip mit Eric. Und sie war auf ähnliche Weise zu Ende gegangen. Wir waren beide zu jung gewesen , um zu erkennen, welche Unsicherheiten in diesen Männern schlummerte. Eine Erfahrung, die wir Schwestern alle auf die eine oder andere Weise machten. Petra und Christa mit aggressiven Männern, Tina und ich mit depressiven.

Umwege

Als meine kleine Schwester um fünf Uhr Morgens in Mindelheim vor der Tür stand, fiel Helga aus allen Wolken. Hatte sie ihre Tochter doch schon unter der Haube gesehen und sich selbst als glückliche Oma und Teilzeitaustralierin. Es kommt eben oft anders, als man denkt.

Tina zog es erst einmal nach München, wo sie sofort einen Job in einem Reisebüro bekam. Sie träumte davon, Medizin zu studieren, was jedoch nicht zu finanzieren war. Für ein Zweitstudium gab es kein BAföG mehr, sie musste kleinere Brötchen backen und ihr Ziel eine Stufe herunterschrauben. Beim Roten Kreuz absolvierte sie eine dreijährige Ausbildung zur Krankenschwester, danach wollte sie in die Entwicklungshilfe. Doch wieder kam es anders.

An einem der Wochenenden, die sie in Mindelheim verbrachte, lernte sie bei einer Fete ihren zukünftigen Mann und Vater ihrer drei Kinder kennen. Er lud sie ein, am folgenden Tag mit ihm zum Bergsteigen zu gehen. Ein Angebot, das sie nicht ablehnen konnte. Stefan stellte sich als erfahrener Extrembergsteiger heraus, der schon den Cerro Torre in Argentinien bezwungen hatte, einen über 3000 Meter hohen Granitfels, der als einer der schwierigsten Kletterberge der Welt gilt. Klar, dass der Typ ihr imponierte.

Es folgten gemeinsame Jahre mit den aufregendsten Touren durch die Alpen, die sie je unternommen hat. Tina wusste, dass sie sich immer auf ihn verlassen konnte. Im Lechtalgebirge rettete er ihr sogar einmal das Leben. Bei einem riskanten Abstieg rutschte sie aus und wäre 200 Meter in die Tiefe gestürzt, hätte er sie nicht im letzten Moment an einem Zipfel ihrer Windjacke festgehalten.

Getreu der Liedzeile:»Mit Seil und Haken, den Tod im Nacken, hängen wir an der steilen Wand«, beschloss sie, ihm nicht nur an der Wand zu vertrauen, sondern auch im täglichen Leben.

Um ihm nah zu sein, setzte sie sogar ihre Krankenschwesterausbildung in Augsburg fort, wo Stefan Architektur studierte. Die erste herbe Enttäuschung erlebte sie, als ihr Bruder verunglückte. Ihr Zukünftiger hatte ganz andere Dinge im Kopf. Er war mit der schwerwiegenden Entscheidung beschäftigt, ob er nicht sein Studium aufgeben und stattdessen seinem Hobby Bergsteigen professionell nachgehen sollte. Für Tinas Trauer war da kein Platz. Diesmal kam auch sie nicht trockenen Auges davon. Da sie so viel Zeit wie nur möglich mit ihrer Mutter verbrachte, um ihr über den Verlust des Sohnes hinwegzuhelfen, musste sie ihr Leid mittragen. Die Abgrenzung fiel ihr nicht leicht, zudem es etwas anderes ist, für sich selbst die Reißleine zu ziehen und Abschied zu nehmen oder aus dem Blauen heraus mit einem Abschied für immer konfrontiert zu werden. Zu allem Überfluss wurde sie in dieser Zeit auch noch schwanger. Als sie ihre Ausbildung beendete, war sie im fünften Monat.

Stefan freute sich zwar darüber, Vater zu werden, kümmerte sich aber während der gesamten Schwangerschaft nur wenig um sie. Außerdem stellte sich heraus, dass er gänzlich andere, ziemlich unkonventionelle Vorstellungen davon hatte, wie sie das gemeinsame Kind aufziehen sollte: Keine Pampers, nur Stoffwindeln, kein Kinderwagen sondern Tragetuch, stillen, solange es geht, kein Zufüttern. Voll die Ökonummer.

Um sich darüber klar zu werden, ob dieser Naturbursche auch wirklich der Richtige war, zog Tina sich mit einer Freundin auf einen Einödhof zurück. Dort kam sie eigentlich prima ohne ihn zurecht, aber als er eines Tages mit Sack und Pack vor der Tür stand, waren die Hormone offenbar stärker. Die Freundin zog sauer aus und der werdende Kindsvater ein.

Statt in einer Krippe auf der Alm kam der kleine Kilian im Juli 1995 völlig unnatürlich per Kaiserschnitt im Krankenhaus zur Welt. Auch das mit den Stoffwindeln und dem Tragetuch war nach kurzer Zeit kein Thema mehr. Weder das eine noch das andere schien dem Baby zu gefallen, es brüllte ununterbrochen. Zwischen Tina und Stefan kam es zu einer gründlichen Entliebungsphase. Der Frust war perfekt, als durch einen defekten Ofen ein Schwelbrand ausbrach und bis auf ein rotes Sofa das gesamte Mobiliar verkohlte. Tina schleppte das Trumm nach draußen, setzte sich mit Baby im Arm darauf, blickte auf die Allgäuer Berge und fällte die Entscheidung, den Kindsvater zu verlassen.

Der drehte daraufhin vollständig durch und ließ sich vorübergehend in die geschlossen Psychiatrie einweisen. Er war plötzlich von dem obsessiven Gedanken verfolgt, er würde allen Menschen nur Unglück und sogar den Tod bringen. Erstaunlicherweise erholte er sich von diesem Trip relativ schnell und versprach Tina, von nun an die Sterne vom Himmel zu holen. Die blieb jedoch vorerst realistisch, besorgte sich eine Sozialwohnung in Kaufbeuren und vereinbarte mit ihm, dass er sein Kind dort regelmäßig besuchen könne. Klar, dass es ihm gelang, sich hier wieder reinzuschlängeln, und er schwuppdiwupp eingezogen war.

Als sie eines Tages nach Hause kam, steckte der Schlüssel von innen und das Kind schrie wie am Spieß. Selbst nach mehrmaligem Klingeln machte niemand auf. Ein Nachbar musste die Tür aufbrechen. Tina fand den kleinen Kilian in seiner Kotze stehend vor und den Kindsvater schnarchend im Bett. Nächster Rausschmiss!

Knapp ein Jahr später war sie erneut schwanger. Der Wunsch nach einer großen Familie und nach häuslicher Wärme war stärker als die rationale Erkenntnis, dass Stefan und sie eigentlich nicht zusammenpassten. Man musste sich eben arrangieren. Die Hoffnung, dass dies gelingen könnte, schien größer zu werden, als Stefans Vater ihnen sein Haus überließ und selbst in eine kleinere Wohnung zog. Jetzt hatten sie wenigstens genug Platz, auch wenn Tina sich in dem sehr bürgerlichen Umfeld alles andere als wohl fühlte.

Als vom Jugendamt ein Schrieb kam, der sie aufforderte, im Zusammenhang mit ihrer neuen Schwangerschaft ein mehrseitiges Formular mit komplizierten Fragen auszufüllen, beschloss man zu heiraten. Der Aerneckschen Familientradition folgend, erschien Tina mit dickem Bauch auf dem Standesamt.

Eine schrecklich glückliche Familie

Nachdem Stefan sich gegen eine Karriere als Profikletterer entschieden und einen regionalen Architekturwettbewerb gewonnen hatte, glaubte Tina, dass der Traum von der glücklichen Familie endlich in Erfüllung gehen würde.

Im Januar 1997 kam ihre Tochter Miriam, genannt Mia, zur Welt. Der Vater war dieses Mal sogar bei der Geburt anwesend. Doch ihre beste Freundin holte sie vom Krankenhaus ab und fuhr sie nach Hause. Stefan rutschte schnell wieder in sein altes Muster. Einerseits wünschte er sich nichts mehr, als seine Rolle als Vater zu erfüllen und die Verantwortung zu übernehmen, andererseits war er nicht fähig dazu. Genau wie unser Kapitänsvater. Genau wie der Vater von Petras Töchtern und von Christas Sohn. Hätte ich Kinder bekommen, wäre es mir bestimmt nicht anders ergangen.

Als Mia ein halbes Jahr alt war, erwischte Tina eine schwere Grippe, doch ihr Mann ließ sie mit beiden Kindern allein und fuhr zum Kajakfahren. Dritter Rausschmiss.

Um endlich stabile Verhältnisse herzustellen, kaufte ihr Stiefvater eine 2-Zimmer-Wohnung, in die sie mit den beiden Kleinen einzog. Ihre Brötchen verdiente sie als Krankenschwester in der Notaufnahme. Hatte sie Spätdienst, sprang Stefan ein. Wodurch sie sich wieder häufiger sahen und … und … und. Doch kaum war wieder ein gemeinsames Nest entstanden, forderte er eine Auszeit. Ihm schwebte ein sechsmonatiger Trip durch Mexiko vor, und zwar gemeinsam mit dem damals fünfjährigen Kilian. Tina war entsetzt und überlegte sogar, den Kinderpass zu verstecken, um die Reise zu sabotieren. Am Ende ließ sie die beiden ziehen. Stefan meldete sich zwar in regelmäßigen Abständen von unterwegs, trotzdem stand sie Höllenängste aus und verfluchte sich selbst und die ganze Situation mindestens einmal pro Tag.

Als Vater und Sohn dann jedoch braungebrannt und bester Laune zurückkamen, war in der Wiedersehensfreude schnell alles vergessen und verziehen. Und als er wenig später allein mit ihr zum Klettern an den Gardasee fuhr, entstand dort ihr drittes Kind. Mitten im Olivenhain.

Dieses »Versöhnungskind« ließ ihr keine andere Wahl, als mit Stefan zusammenzubleiben. Trotz mehrerer Trennungsversuche hatte sie noch immer den starken Wunsch, eine »heile Familie« auf die Reihe zu kriegen. Mit Unterstützung von Helgas zweitem Mann kauften sie ein großes Reihenhaus mit genügend Platz für alle.

Patricks Geburt kostete sie fast das Leben. Die erste Kaiserschnittnarbe platzte auf und eine Notsektion musste durchgeführt werden. Tina brauchte lange, um sich davon zu erholen – und wie nicht anders zu erwarten, war ihr Mann auch in dieser Phase keine große Hilfe. Im Gegenteil. Während ihrer Abwesenheit hatte er vorübergehend einen durchgeknallten Musiker einziehen lassen, der den ganzen Tag auf seiner Gitarre rumzupfte und nervte. Meine Schwester war zu schwach, um zu protestieren oder ihn rauszuwerfen. Sie hatte genug mit den drei Kindern zu tun, während Stefan meist nur auf der Couch herumlag und, mit Ohropax ausgerüstet, das Geschehen an sich vorüberziehen ließ.

Von Tinas Seite hagelte es nur noch Vorwürfe. Die Liebe hatte endgültig verloren. Als sie einmal mit den Kindern vorzeitig von einem Ausflug zurückkam, erwischte sie ihn im Bett mit einer anderen Frau. Der Klassiker! Aber so langsam konnte sie nichts mehr schocken. Sie wollte keine Energie mehr an diesen Typ verschwenden. Ihr Pensum, das sie jeden Tag zu erfüllen hatte, forderte sowieso schon ihre ganze Kraft.

Sie hatte von der Notaufnahme in den OP gewechselt, um etwas geregeltere Arbeitszeiten zu haben, was bedeutete, dass sie jeden Morgen in aller Herrgottsfrüh Skalpell, Klammern, Zangen und Tupfer vorbereiten musste. Bis mittags um 12 Uhr war dann mindestens ein künstlicher Darmausgang gelegt, ein gerissener Meniskus geflickt und ein Oberschenkelhalsbruch genagelt. Dann hieß es, mit fliegenden Fahnen die Kinder aus der Kita und der Schule einzusammeln und ab an den Herd. Am Nachmittag standen Hausaufgaben mit dem Großen und Beschäftigungsprogramm für die Kleinen an. Dann musste sie noch mit dem Hund raus, putzen und Wäsche waschen. Ihr Ehemann zog sein eigenes Ding durch und glänzte vornehmlich durch Abwesenheit.

Nur an den Wochenenden dachte sie manchmal auch an sich und fuhr mit ihren Freundinnen zum Mountainbiken, Snowboarden oder Klettern. In den Bergen und der Natur konnte sie ihre Batterien wenigstens einigermaßen aufladen, bevor am Montag die Tretmühle wieder von vorne losging.

Nach einer Affäre mit dem Sohn eines Bauunternehmers war die Ehe endgültig im Eimer, und Tina reichte die Scheidung ein. Sie war jetzt alleinerziehende Mutter von drei kleinen Kindern, hatte einen schlecht bezahlten Job und fühlte sich am Tiefpunkt ihres Lebens angelangt. Der Traum von der glücklichen Familie schien ein für alle Mal ausgeträumt.

Doch dann tauchte wie aus dem Nichts Andreas wieder auf, der Jugendfreund, den sie einst verschmäht hatte. Inzwischen arbeitete er für eine Solartechnikfirma in der Schweiz. Privat war er ebenfalls im Keller. Er lebte in Scheidung, rauchte Kette, hatte eine kleine Tochter und den Glauben an die Liebe verloren. Mit dieser pessimistischen Grundeinstellung war er natürlich bei Tina an der Richtigen. Gleich während ihres ersten gemeinsamen Abends gerieten sie sich in die Wolle. Trotz negativer Erfahrungen mit Männern würde sie nie bereit sein, die Suche nach dem größten aller Gefühle aufzugeben. Typisch Aernecke. Darin stehen wir alle unserem Vater in nichts nach.

Zwei Tage nach ihrem Treffen hörte sie im Krankenhaus von einem Snowboarder, der mit Verdacht auf angebrochenen Wirbel eingeliefert worden war, eine Zigarette nach der anderen geraucht habe und trotz diagnostizierter Impressionsfraktur auf eigene Verantwortung heimgegangen war. Andreas hatte erwähnt, dass er mit Freunden in die Berge wollte. Einer Ahnung folgend rief sie ihn zu Hause an, wo er leidend im Bett lag und versuchte, mit einer Mischung aus Whiskey-Cola und Tramal-Tropfen am Leben zu bleiben. Nach Dienstschluss fuhr sie sofort zu ihm und schleppte ihn zum Arzt. Der konnte jedoch nur die bereits im Krankenhaus gestellte Diagnose bestätigten und auch nichts anderes verordnen als Ruhe und Schmerzmittel. Also brachte sie ihn wieder nach Hause, bettete ihn so, dass er optimal lag und nahm ihm den Whiskey weg. Zum Abschied sagte er, das Letzte, was er übrigens jetzt brauche, sei eine neue Beziehung. Mit anderen Worten: Es hatte bereits ordentlich gefunkt.

Schon am frühen Abend rief er sie an und fragte, ob sie nicht um 20:15 Uhr den Fernsehsender Tele 5 anschalten könne; dort laufe »O Brother, Where Art Thou?« mit George Clooney. Es wäre schön, wenn er nachher jemanden hätte, mit dem er über seinen Lieblingsfilm sprechen könne. Tina bekam den Sender nicht rein. Also sahen sie sich den Streifen zusammen bei ihm an und lagen sich schon vor dem Ende in den Armen. Aber, noch einmal: Keine feste Beziehung.

Tina ließ nicht locker und brachte ihm ein paar Tage später ein Buch von Sartre vorbei, mit dem passenden Titel »Die letzte Chance«. Und diesen Wink mit dem Zaunpfahl schien er dann verstanden zu haben. Zuerst simste er ihr seine Meinung über das Buch, doch es dauerte nicht lange, dann pfiff er auf seine Liebesverweigerungstaktik. Nach dem Motto: »Was kümmert mich mein dummes Geschwätz von gestern«, stand er eines Nachts vor der Tür. Das Eis war gebrochen.

Eine kleine Hürde war allerdings noch zu nehmen. Andreas musste beruflich für fünf Wochen nach Taiwan. Täglich rief er an, danach war alles klar. Er zog bei ihr ein, allerdings nur mit »Motorradgepäck«, damit er sich im Notfall auch schnell wieder verdünnisieren konnte. Tina machte das nichts aus. Hauptsache, es gab endlich wieder ein Familienoberhaupt. Auch wenn dieses neue Oberhaupt seine Rolle nicht so ganz ausfüllen wollte. Andreas übernahm ganz bewusst keine Verantwortung, weder finanziell noch für die Kinder oder ein gemeinsames Leben. Er hockte am liebsten in seinem Keller und tüftelte à la Daniel Düsentrieb an Verbesserungen für Heizungs- und Solaranlagen. Doch der Mensch ist ein Gewohnheitstier und Tina war es gewöhnt, dass alles an ihr hängenblieb. Auch wenn sie es inzwischen mit viel Hartnäckigkeit und Zuwendung geschafft hat, dass ihr Liebster sich zumindest für einige Dinge im Haus verantwortlich fühlt. Die beiden haben auch eine große Vertrautheit im Umgang miteinander erreicht, doch eine Ehe im herkömmlichen Sinn würde ich es nicht nennen.

Wir Aernecke-Schwestern kennen durch unseren Vater diesen Typ Mann gut, der sich aufgrund seiner eigenen Geschichte nie zu hundert Prozent auf eine Frau einlassen wird, und können damit vielleicht besser umgehen als andere. Selbst wenn der Partner von einem Tag auf den anderen weg wäre, würde unser Leben nicht komplett aus den Fugen geraten, weil wir es gewohnt sind, für uns selbst zu sorgen.

Möglicherweise würden wir den »Versorgertyp« oder dessen Extremform, »den Frauenretter und -versteher«, auf Dauer gar nicht aushalten. Obwohl letztlich jede von uns sich nach jemandem sehnt, der bleibt. Aber wahrscheinlich würde ein solcher Mann sich von uns gar nicht erst angezogen fühlen. Ein Teufelskreis, der – wenn überhaupt – nur dann zu durchbrechen ist, wenn man erkennt, dass man mittendrin steckt und mit viel Mühe und Selbstreflexion daran arbeitet auszusteigen.

Im Unterschied zu mir hatten meine Schwestern einen viel schwereren Rucksack zu tragen, auch wenn die »Muttertiere« das nie so bezeichnen würden. Sie tragen nämlich die Verantwortung ihren Kindern gegenüber!

Um mehr zu verdienen und ihren Kids eine gute Ausbildung zu ermöglichen, beschloss Tina vor einigen Jahren, dem »morgendlichen blutigen Schlachten« im OP den Rücken zu kehren und noch einmal die Schulbank zu drücken. Sie schrieb sich in Kempten an der Uni für Sozial- und Medizinmanagement ein. Dabei kam ihr die jahrelange Fronterfahrung zugute und sie bestand ihr Diplom mit Auszeichnung.

Trotzdem brachte sie die Dreifachbelastung durch Haushalt, Job und Studium manchmal an ihre Grenzen, auch wenn Mutter und Schwiegermutter meist auf Standby waren. Wir alle haben sie in dieser Zeit sehr bewundert, wenn auch manchmal mit angehaltenem Atem. Denn Tina wollte selbst jetzt noch immer allen um sich herum gerecht werden. Vielleicht aufgrund der eigenen Kindheitserfahrungen, vielleicht aber auch, weil sie einfach so ist. Das Wohl der anderen geht ihr immer über das eigene.

Wie sehr, fiel mir immer auf, wenn ich ihre Familie hin und wieder in ein Restaurant einlud. Dann bestellten nur die Kinder und Andreas etwas, Tina nie. Sie aß, was übrig blieb. Inzwischen ist es etwas besser geworden und sie bestellt sich sogar schon mal einen eigenen Salat. Wie weit kann man diesen Bogen spannen? Dieses Sich-selbst-keinen-Raum-Geben? Bei Petra war es damals der Körper, der auf den Alarmknopf drückte.

Obwohl sie wirklich alles gibt, fühlt sich Tina noch oft genug als schlechte Mutter, vor allem, wenn den lieben Kleinen irgendetwas nicht passt. Um dieses Gefühl zu unterdrücken, versucht sie ständig flügelschlagend ihnen jeden Wunsch zu erfüllen: Klavierstunden, Tauchunterricht, Akrobatik, Cheerleader-Kurs, Eishockey, Skaten, Reiten, Snowboard, nicht zu vergessen die jeweilige Ausrüstung. Auf Urlaubsfahrten mit dem Wohnmobil nach Italien oder Kroatien wird alles eingepackt, was auch nur eventuell zum Einsatz kommen könnte. Mountainbike, die komplette Wassersport- und Treckingausrüstung, Slacklines, Walking-Stöcke, Luftmatratzen, Schlafsäcke, Stirnlampen usw. Dass das Klavier nicht noch aufs Dach geschnallt wird, grenzt an ein Wunder!

Gedankt werden ihr ihre Bemühungen nur selten. Die pubertierende Tochter Mia findet, wie die meisten in diesem Alter, ihre Mutter nur peinlich, schlecht angezogen, alt und uncool. Anlass genug für Tina, sich nur noch mehr zu zerreißen.

Petra kennt dieses Programm von ihren eigenen Töchtern nur zu gut. Auch sie hat versucht, das, was ihr selbst früher versagt geblieben ist, ihren Töchtern mit allem, was ihr zur Verfügung stand zu geben. Wahrscheinlich in noch ausgeprägterer Form als Tina. Christa war genauso und ich wäre, hätte ich Kinder gehabt, auch nicht anders damit umgegangen.

Trotzdem hat Tina noch die besten Voraussetzungen, ihren Kindern einen guten Start ins Leben zu ermöglichen und die Familie zusammenhalten. Vielleicht, weil sie als Einzige so etwas wie gute Erfahrungen mit Familie gemacht hat. Weil sie zumindest später durch den zweiten Mann ihrer Mutter, der die »Papa-Rolle« viel besser ausfüllte als unser Vater, familiäre Sicherheit und Unterstützung erfahren hat. Er war für sie da, wenn sie ihn brauchte, immer guter Laune, zuverlässig und großzügig. Für Tinas Kinder gab er ganz selbstverständlich den Opa. Und selbst mir hat er mehrere Jahre lang bei der verhassten Steuererklärung geholfen. Dieses Gefühl, sich zwischen geliebten Menschen gut aufgehoben zu fühlen, ist durch nichts zu ersetzen. Tina hat das erkannt und wird alles daran setzen, es innerhalb ihrer Familie zu bewahren.

Ostersonntag

Auf dem Frühstückstisch steht ein Korb mit dunkelbraunen Eiern. Da Muchta Muslim ist, hat er mit Ostern nichts am Hut und natürlich in den Tiefen seiner Vorratskammer auch keine Eierfarbe gelagert. Irgendjemand, wahrscheinlich E., muss ihm den Tipp gegeben haben, es mit lilafarbenen Zwiebelschalen zu versuchen. Dumm, das dass nur mit weißen Eiern funktioniert. Braune, wie wir sie hier an Bord haben, werden einfach nur dunkelbraun.

Wir freuen uns trotzdem und verspeisen gleich zwei Stück. Muchta erzählt uns, dass inzwischen auch in Indonesien an Ostern Eier versteckt werden. Allerdings keine gekochten, sondern welche aus Plastik zum Aufklappen, mit kleineren und größeren Geldscheinen darin. Nicht nur die Kinder würden sich auf die Suche danach machen, sondern die ganze Familie, denn in Indonesien kann eigentlich jeder eine kleine Finanzspritze gebrauchen.

Hätten wir das nur vorher gewusst. Es wäre eine nette Geste gewesen, der Crew auf diese Weise etwas Trinkgeld zukommen zu lassen. Next time.

Den traditionellen Osterspaziergang machen wir auf der altbekannten Rennstrecke an Deck. Und dabei erleben wir doch noch eine Überraschung. Wir sehen zum ersten Mal fliegende Fische. Was für ein Schauspiel! Die kleinen silberfarbenen Körper mit Flossen, die sie wie Flügel ausbreiten, katapultieren sich mit einem Sprung aus dem Wasser und schießen wie Pfeile in rasender Geschwindigkeit mindestens 200 Meter über die Wasseroberfläche. Petra weiß auch nicht, ob sie das wie Delfine aus reinem Spaß an der Freude machen, oder möglicherweise auf der Flucht vor irgendwelchen Fressfeinden, denen sie auf diese Weise entkommen können. Leider haben es manche von ihnen übertrieben, denn an Deck liegen einige abgestürzte Exemplare. Einer zuckt noch und ich werfe ihn zurück ins Meer. An seinen toten Kollegen werden sich wohl die Möwen gütlich tun.

Delfine oder Wale haben wir während unserer Reise bisher leider nicht zu sehen bekommen. Vielleicht auch gut so. Das laute Dröhnen der Schiffsmotoren soll extrem schädlich für Meeressäuger sein, ihr Sonarsystem stören und im Extremfall sogar zerstören können. Also Flipper, keep distance!

Unter dem »Forecastle« – so nennt man den etwas höher gelegenen Aufbau auf dem Vorschiff, zu dem links und rechts zwei Treppen hinaufführen – befindet sich ein großes Materiallager. Ich war schon die ganze Zeit über neugierig gewesen, was sich darin befindet, und bin hocherfreut, dass es heute zum ersten Mal nicht abgesperrt ist. Da müssen wir da natürlich rein. Zu unserem Erstaunen stoßen wir auf gigantische Rollen von Stacheldraht. Für was bitte sollen die denn gut sein?

»Piraten!«, erklärt uns einer der Deckarbeiter mit ernstem Gesichtsausdruck. Im ersten Moment denke ich, er will uns veräppeln. Doch es stimmt. In gefährlichen Gewässern, wie etwa vor der Küste von Somalia, umwickelt man damit die gesamte Reling, um es den Piraten unmöglich zu machen, das Schiff zu entern.

Mir kommen sofort die Bilder aus dem Film »Captain Phillips«

mit Tom Hanks in den Sinn, der die wahre Geschichte eines Piratenangriffs in dieser Region erzählt. Der Vorfall lag Jahre zurück. Und auch der Deckarbeiter beruhigt uns. Seit multinationale Marineverbände die Handelsflotten in gefährlichen Regionen beschützen und auch Kriegsschiffe und Kampfhubschrauber eingesetzt würden, die gezielt Camps, Boote und Ausrüstung der Piraten zerstören, seien die Angriffe größtenteils zurückgegangen.

Moderne Handelsschiffe wie die *May* sind inzwischen tatsächlich gut auf eventuelle Angriffe vorbereitet. Neben dem Stacheldraht befinden sich auch Waffen an Bord, außerdem gibt es einen kugelsicheren Raum mit Essensvorräten und Kommunikationsgeräten, in dem sich die Crew im Ernstfall verschanzen kann, bis Hilfe kommt.

Reedereien, die es sich leisten können, lassen sich in gefährlichen Gewässern von Patrouillenbooten meist britischer Sicherheitsfirmen begleiten. Und damit schließt sich wieder ein Kreis zu früher – Master und Commander.

Als ich später mit E. darüber rede, reagiert er skeptisch. Er hält es für möglich, dass die Sicherheitsfirmen mit den Piraten zusammenarbeiten, um die Risikosituation aufrecht zu erhalten und damit ihre lukrativen Aufträge nicht zu verlieren. Ein Geschäft auf Gegenseitigkeit. Die Somalis würden möglicherweise dafür bezahlt, weiter Angst und Schrecken zu verbreiten, damit die Sicherheitsfirmen Aufträge von den Reedereien bekämen.

Schon möglich. Doch Verschwörungstheorien, wenn auch immer wieder spannend, sind hier nicht unser Thema.

Immer im Kreis

Nur noch drei Tage, dann gehen wir in Rotterdam wieder von Bord. Die Essensvorräte sind fast aufgebraucht. Die letzte Packung Cracker, die ich gestern noch in den Tiefen der Vorratskammer entdeckte und unvorsichtigerweise im Salon liegen ließ, ist heute morgen verschwunden. Auch in der letzten Vollkornbrot-Packung wölbt sich nur noch eine vertrocknete Scheibe.

Dann wird es wohl Pfannkuchen zum Frühstück geben müssen. Als ich Muchta in der Küche aufsuche, grinst er mich durch seine Zahnlücke an und meint, ich sei selbst schuld. Er hätte mir mehrmals gesagt, ich solle die Sachen entweder mit in die Kabine nehmen oder bei ihm in der Küche lassen. Auf diesem Schiff sei es wie in Asien. Die Männer hätten gute Nasen wie Hunde und würden riechen, wo etwas Essbares zu finden sei. Vor allem, wenn sie nachts Dienst und morgens um drei Hunger hätten. Während er uns all das erklärt, schnüffelt er wie ein Hund in allen Schrankecken herum, dass wir vor Lachen schier auf dem Boden liegen. Seeleute sind also nachtaktiv.

Die Pfannkuchen schmecken aber auch nicht schlecht, vor allem kriegt Muchta sie inzwischen so dünn hin, dass er jedem französischen Crêpesbäcker Konkurrenz machen könnte.

Ich drücke gerade die letzten Reste des Ahornsirups aus der Flasche, als ich merke, irgendetwas stimmt nicht.

Es ist, als würden wir uns im Kreis drehen. Die Maschine stampft mehr als sonst und die chinesischen Stickbilder an der Wand vibrieren. Es ist Vormittag und die Sonne müsste eigentlich backbords stehen. Tut sie aber nicht. Wir haben sie im Rücken und ein paar Minuten später ist sie merkwürdigerweise wieder auf der Steuerbordseite. Was ist da los?

Wir müssten eigentlich längst unseren Ankerplatz auf offener See vor dem Hafen von Rotterdam erreicht haben. Wie schon in Brasilien sind wir angehalten, dort zu warten, bis ein passender Liegeplatz frei ist. Ein Blick aus dem Fenster bestätigt mir auch, dass vorne am Bug die Männer schon an der Ankerwinde bereitstehen. Aber wir fahren immer noch, und zwar mit ordentlicher

271

Geschwindigkeit. Irgendwas ist hier faul. Oberfaul. Ich beschließe, auf die Brücke hochzugehen und ein paar dumme Fragen zu stellen.

Doch die bleiben mir, kaum dass ich oben angekommen bin, im Hals stecken. Aus der Funkleitung zum Maschinenraum tönt laut die Stimme des Chief Engineers: »I cannot stop the engine! Will be best, we go back to Brasil.«

Zurück nach Brasilien? Das konnte nur ein Scherz sein. Drehten wir uns deshalb im Kreis, weil die Maschine sich nicht stoppen ließ? Trotz des offensichtlichen Ernstes der Situation verzieht E. das Gesicht zu einem Grinsen. Der Mann scheint wirklich in jeder Situation die Ruhe zu bewahren.

Er erklärt mir, wir hätten verdammtes Glück, dass uns dieses Malheur hier draußen auf offener See passierte. Hier hätten wir genug Platz und könnten Karussell fahren, bis uns schwindelig würde. Wären wir bereits im Hafenareal, würden wir mit unserer Ladung von über 200.000 Kubiktonnen Eisen durchrauschen bis zum Hauptbahnhof von Rotterdam. Kein schöner Gedanke.

Während die Leute aus dem Maschinenraum uns versichern, dass sie alles tun würden, um das Schiff in den Griff zu kriegen, habe ich das Gefühl, dass wir eher schneller als langsamer werden. Wie lange sollte das denn so weitergehen? Etwa bis alle Tanks leer waren? Das würde noch Tage dauern. Könnte bitte mal jemand den Hauptstecker ziehen, die Sicherungen rausdrehen oder was auch immer …

Von einem Moment auf den anderen ist es plötzlich still. Nur noch das Rauschen der Klimaanlage ist zu hören. Große Erleichterung auf allen Gesichtern. Nicht, dass der Pott wirklich zum Stehen gekommen wäre; aber jetzt driftet er nur noch von seinem eigenen Gewicht getrieben in eine Richtung. Erst nach einer guten Viertelstunde steht er still und schaukelt sanft in der Dünung, als ob nie etwas gewesen wäre.

Jetzt endlich können die Männer, die seit Stunden vorne am Bug stehen und inzwischen halb erfroren sind, den Anker herunterlassen. Es ist Mittag, bis die *May* wie ein Hund an der Kette liegt, mit wenig Spielraum, irgendwo vor der holländischen Küste bei 10 Grad Celsius.

Welcome back. Mein Handy zeigt immerhin zwei Balken. Doch mehr als einen SMS-Willkommensgruß von o2, die mir mitteilen, wie viel mich eine Gesprächsminute von hier aus kosten würde, und einer Benachrichtigung, dass meine Kreditkartenabrechnung bereitläge, hat es nichts zu bieten. Kein Internetzugang. Weder auf der Brücke, noch vorne am Bug, selbst wenn ich es hoch in den Himmel halte.

Vielleicht auch gut so. Nichts, was mich schon jetzt gedanklich zurückholt in mein normales Leben. Schließlich sind wir mit der Lebensgeschichte unseres Vaters noch nicht am Ende angelangt.

12

DIE SECHSTE FRAU

Nach der Scheidung von Helga und noch von Bord der *Hille* aus »reaktivierte« unser Vater seine alte Freundin »Mücke«. Er sei wieder frei, und wer weiß, vielleicht könne man sich von nun an wieder häufiger sehen. Es wäre schön, wenn sie dafür eine kleine Wohnung anmieten könne.

Mücke lebte mit ihrem Mann und zwei Kindern in Flensburg, war allerdings seit vielen Jahren dem Charme des Kapitäns verfallen. In alter Verbundenheit organisierte sie ihm im fünf Kilometer entfernten Glücksburg eine einfache Bleibe und sorgte auch dafür, dass seine persönlichen Sachen dort hingeschafft wurden.

Nomen est Omen. Ich weiß es nicht genau, aber vielleicht fand er zu guter Letzt in diesem kleinen Ort an der Ostsee tatsächlich sein Glück und seinen Frieden. Jedenfalls lernte er dort seine sechste Frau kennen: Friedgund, die Altenpflegerin. Für den Lebensabend genau die Richtige. Pragmatismus oder doch Liebe? Ich wollte es genau wissen und habe sie Anfang des Jahres besucht.

Von Flensburg fährt man zehn Minuten mit dem Bus über Land zu diesem schmucken Ostseebad mit seinen liebevoll gepflegten Häuschen, einem Wasserschloss und langen Stränden. Ehefrau Nummer sechs holte mich mit dem Wagen an der Endbushaltestelle ab. Ich erkannte sie sofort wieder, auch wenn ich sie seit der Beerdigung vor dreißig Jahren nicht mehr gesehen hatte. Aus der sportlichen Frau mit dem langen dunklen Haar war eine resolute ältere Dame geworden, mit praktischem Kurzhaarschnitt.

Als ich sie anrief, um ein Treffen mit ihr zu vereinbaren, reagierte sie zunächst skeptisch und sehr zurückhaltend. Vielleicht glaubte sie, ich wolle Geld von ihr, denn schließlich war sie am Ende die Haupterbin gewesen. Doch als sie erfuhr, dass es um ein Buch über meinen Vater und seine Familie ging, stimmte sie sofort zu.

Vorsichtshalber hatte ich am Bahnhof einen Blumenstrauß erworben, um ihr meine friedliche Absicht zu signalisieren. Sie empfing mich jedoch herzlich, musterte mich von allen Seiten und meinte dann, ich sei unverkennbar die Tochter meines Vaters. Und so, wie sie es sagte, nahm ich es als Kompliment.

Bevor wir zu ihr fuhren, machte sie einen kleinen Umweg zu dem Haus, in das mein Vater damals eingezogen war und wo ich ihn nach unserer gemeinsamen Reise auch noch einmal besucht habe. Lange hat er es dort nicht ausgehalten, denn erstens genügte die Wohnung seinen Ansprüchen nicht und zweitens war er kein Mensch, der alleine sein konnte. Schon bald siedelte er zu Freunden über, die um die Ecke von Friedgund wohnten. Und so kam es, dass er sie jeden Morgen vom Küchenfenster aus beobachtete, wenn sie sich in frisch gestärkter Schwesterntracht auf den Weg zu ihrer Arbeit beim DRK machte.

Sie war dreißig Jahre jünger als er, sprich genau im richtigen Alter. Er kramte noch einmal seinen ganzen Charme hervor und verabredete sich mit ihr. Man ging miteinander essen, nach Holnis an den Strand oder traf sich abends auf einen Drink. Und es dauerte nicht lange, bis Friedgund sich in den Kapitän verliebte. Sie hatte bereits zwei erwachsene Kinder und eine gescheiterte Ehe mit einem Bauern hinter sich, in der es wenig liebevoll zugegangen war. Unser Vater war für sie eine Offenbarung, ein Mann, dem man auf den ersten Blick nur schwer widerstehen konnte.

Kaum hatte sie Vertrauen gefasst, nahm sie ihn mit zum Chorsingen und stellte ihn stolz ihren Freunden vor. In diesem Umfeld blühte er wieder richtig auf. Endlich war er nicht mehr allein und hatte einen neuen Bekanntenkreis, den er mit seinen vielen Geschichten unterhalten konnte. Endlich war er wieder jemand und kein gehörnter Ehemann mehr, der zum Gespött der Leute geworden war. Er lebte jetzt wieder am Meer, wo er sich wohl fühlte und wo die Mentalität der Menschen eher seiner eigenen entsprach.

Beim Faschingsball der Marinekameradschaft setzte der alte Schwerenöter seine neue Beziehung allerdings noch einmal leichtfertig aufs Spiel. Er war mit Friedgund gekommen und mit Mücke abgezogen, die dort unvermutet aufgetaucht war. Als er sich dann auch noch von seiner alten Freundin nach Hamburg fahren ließ, um eine weitere Urlaubsvertretung auf einem der Oldendorff-Schiffe zu übernehmen, war für Friedgund der Ofen erst einmal aus.

Doch mein Vater ließ so schnell nicht locker. Auf seiner alten Schreibmaschine tippte er wieder seine berühmten Liebesbriefe. Aus der Ferne verabredete er sich mit ihr unter dem Sternenhimmel und gewann sie zurück. Als er sechs Wochen später braungebrannt, mit silbernem Haar und roten Rosen vor ihrer Tür stand, schaffte sie es nicht, ihm diese vor der Nase zuzuschlagen. Kurz darauf zog er bei ihr ein.

Wir waren inzwischen im ersten Stock eines Wohnhauses aus den Sechzigerjahren angekommen. Im Treppenhaus roch es nach Essen. Friedgunds Domizil war schlicht eingerichtet: Teppichboden, Bücherwand, graublaue Eckcouch, eine praktische Plastiktischdecke über dem Esstisch, die Jalousie halb heruntergelassen. Dominiert wurde das Wohnzimmer von einem gerahmten Portrait meines Vaters in Kapitänsuniform, das an der Wand hing.

Die kurze Zeit mit ihm sei die schönste ihres Lebens gewesen, gestand Friedgund mir beinahe verschämt, während sie ein Kaffeeservice aus dem Schrank holte. Sie deckte den Tisch und verteilte zwei mitgebrachte Stück Erdbeerkuchen auf den Tellern. Während in der Küche der Kaffee durch die Maschine lief, zeigte sie mir ein Fotoalbum, das sie für mich herausgelegt hatte. Fast alle Bilder waren am Strand gemacht. Ein verliebtes Paar, immer strahlend, immer lachend. Es wurde mir warm ums Herz, meinen Vater so zu sehen. Hatte er tatsächlich noch die Kurve gekriegt und im letzten Moment die große Liebe gefunden?

Auf Friedgund jedenfalls traf genau das zu. Mein Vater war ihre große Lebensliebe. Deshalb ist sie bis heute keine neue Partnerschaft eingegangen. Sie fühlt sich noch immer tief mit ihm verbunden. Er habe auch ihre Kinder sehr gemocht und viel Zeit mit ihnen verbracht. Dieser kleine Nebensatz versetzte mir zugegebenermaßen einen Stich. Ich konnte nicht anders, als sie zu fragen, ob er ihr gegenüber jemals bedauert hat, sich so wenig um seine eigenen Kinder gekümmert zu haben.

Sie schüttelte den Kopf und sah mich dabei mitfühlend an. Sie war sicher, es war kein böser Wille, kein bewusstes Entziehen. Er wäre dazu einfach nicht fähig gewesen. Ich schätze, damit hatte sie recht. Vielleicht in einem nächsten Leben, Papa.

Im März 1983 hielt er bei Friedgunds Mutter um die Hand seiner letzten Auserwählten an. Doch der Hochzeitstermin wurde immer wieder verschoben, auch weil mein Vater häufiger kränkelte. Er litt an Übelkeit und bleierner Müdigkeit. Erst als er sich kaum noch auf den Beinen halten konnte, gelang es Friedgund, ihn zum Arzt zu schleppen. Als sie dem ein paar Tage später im Treppenhaus des Altenstifts begegnete, wo er Patienten besuchte, musste er gar nicht mehr viel sagen. Sie sah es an seinem Blick. Ihre Knie zitterten so stark, dass sie sich am Geländer festhalten musste. Mein

Vater hatte Nierenkrebs im Endstadium. Weder ihr noch sonst irgendjemandem gegenüber hatte er je ein Wort darüber verloren. Die beiden heirateten zwei Wochen bevor er für immer die Augen schloss. Als es so weit war, hielt sie seine Hand. Er war nicht allein.

Petra erinnert sich noch gut an die letzten Wochen vor dem Tod unseres Vaters. Gespräche über Krankheit und Tod waren ihm immer schon ein Gräuel gewesen. Am schlimmsten war für ihn die Abhängigkeit von anderen, in die man in einem solchen Zustand der Schwäche geriet. Er wollte »seinen Mann« stehen, zumindest, solange er konnte.

Erst ganz am Schluss des Lebens spielt es plötzlich keine Rolle mehr. Dann wird selbst »Mann« authentisch und weich, fügt sich in sein Schicksal und kann es auch annehmen. Ich weiß noch genau, wie verändert unser Vater war, als ich ihn kurz vor seinem Tod besuchte. Die Getriebenheit, die sein Leben und sein Wesen immer bestimmt hatte, war gänzlich von ihm abgefallen. Mit schwindender Kraft war auch seine Stimme leiser geworden. Seinen Gesten wie auch seinen Worten fehlte jede Großspurigkeit. Aus dem einst so fordernden Befehlston war ein liebevolles Bitten geworden. Egal, ob er mitten in der Nacht Schokoladenpudding wollte, oder ihm einfiel, dass Petra unbedingt sein Silberbesteck mitnehmen sollte. Er hatte seinen Zustand akzeptiert, konnte endlich loslassen und wirkte dadurch so sympathisch wie selten zuvor in seinem Leben.

Ich frage mich, ob man erst kurz vor dem Ende sein muss, um in diesen Zustand zu geraten. Alles loszulassen, weil sowieso schon alles egal ist.

Eigentlich liefert das Leben doch genug Krisen, die einem die Chance zum Innehalten geben, die Chance, die eigenen Schwachstellen zu erkennen und damit demütiger und verständnisvoller mit anderen umgehen zu können.

Am Schluss hatte er nur noch einen einzigen Wunsch: Alle seine Frauen und Kinder um sich zu haben. Jetzt auf einmal!

Farewell

Grauer Himmel. Graues Meer. Die *May* liegt immer noch an der Kette. Der Tag will und will nicht vergehen. Wir sind schon fünf Mal das Deck entlang nach vorne getrabt und wieder zurück. Zum ersten Mal auf dieser Reise sind wir beide für unsere Verhältnisse ungewöhnlich schweigsam. Abschiedsschmerz. Petra legt den Arm um meine Schultern und drückt mich an sich. Das tut gut. Es war großartig, sie auf dieser Reise bei mir zu haben. Die große Schwester, die mich versteht. Auch wenn wir in verschiedenen Zeiten mit unterschiedlichen Müttern aufgewachsen sind, haben wir oft Ähnliches erlebt und mit ähnlichen Gefühlen gekämpft. Und da sie 15 Jahre älter ist und somit entsprechend früher durch all diese Geschichten gegangen ist, brachte sie mir so viel Liebe und Fürsorge entgegen, dass ich manchmal hätte heulen können vor Dankbarkeit.

Es war ein großes Abenteuer, auf das wir uns eingelassen haben, wenn nicht im klassischen Sinne. Wir sind weder in Seenot geraten noch standen zwanzig wilde Kerle mit Augenklappe, Piratentuch und Messer quer im Mund nachts vor unserer Kabinentür. Wir mussten kein brackiges Wasser trinken und hatten auch nicht die Pest an Bord. Dafür haben wir uns auf innere Abenteuer eingelassen, die nicht weniger aufregend und aufwühlend waren.

Nun neigt sich all das dem Ende zu. Wir kehren zurück in die normale Welt. Ich habe inzwischen sogar wieder Internet und 212 E-Mails geben mir schon mal einen ersten Vorgeschmack. Aber merkwürdigerweise bin ich weder besonders neugierig noch mache ich mir Sorgen, dass eventuell auch schlechte Nachrichten auf mich warten könnten.

Bin ich tatsächlich in den letzten Wochen friedvoller, versöhnlicher mit mir und meinem Leben geworden? Ruhe ich mehr in mir? Habe ich, wie man so schön sagt, meinen inneren Frieden gefunden? Und wenn ja, kann ich den auch mit an Land nehmen? Hoffentlich. Obwohl ich mir vorstellen könnte, noch eine Weile an Bord zu bleiben, egal wohin die nächste Reise geht. Darüber herrscht an Bord nach wie vor großes Rätselraten. Das Headquarter in Lübeck hat vor ein paar Tagen mehrere Optionen geschickt. E. und der Chief Engineer brüten daraufhin stundenlang über verschiedenen Kalkulationen, um zu errechnen, mit wie viel Sprit man bei soundsovielen Knoten auskommt, um von Rotterdam nach Abu Dhabi, nach Kanada oder nach Südafrika zu kommen. Wer weiß, vielleicht würde die Reederei sie auch noch einmal nach Brasilien oder ganz woandershin schicken. Dann würde die ganze Rechnerei wieder von vorne losgehen. Für die Mannschaft ist das Reiseziel letztlich egal. Hauptsache, eine Handbreit Wasser unter dem Kiel, wie Petra immer sagt. Inzwischen verstehe ich genau, was sie damit meint.

Und dann ist es so weit. Die Koffer sind gepackt und stehen schon draußen auf dem Gang. Seit einer Stunde sind wir fest am Pier 9880 vertäut, demselben wie bei unserer Abreise. Seitdem sind sieben Wochen vergangen. Ich kann es noch gar nicht glauben. Erst schien mir diese Reise unendlich lang, jetzt kommt es mir vor, als sei es nur ein Wochenendausflug gewesen.

Was für ein Unterschied, plötzlich wieder Landgeräusche zu hören – Möwen, Autos, fremde Stimmen und vor allem das dumpfe Grollen der Baggerschaufeln, die sich sofort wieder gierig in die geöffneten Ladeluken stürzen.

Petra und ich drehen eine letzte Runde durch das Schiff, um uns von allen zu verabschieden. Von Muchta, dem Koch, von Rommel, den Maschinenleuten, den Ingenieuren und Offizieren. Dem Dritten hatte ich meine Lautsprecher plus Subwoofer versprochen, die er schon in seine Kabine geschleppt hat. Ich habe den Eindruck, alle werden uns ein wenig vermissen. E. fordert mich sogar auf, mir zu überlegen, ob ich die nächste Tour nicht doch mitmachen wolle. Henning habe bestimmt nichts dagegen.

Doch so gut es mir an Bord gefallen hat und so schwer mir der Abschied fällt, freue ich mich darauf, wieder an Land zu sein, mein Haus, meinen Garten, meine Freunde wiederzusehen und natürlich meinen Hund. Darauf, wieder längere Spaziergänge durch die Natur zu machen, mich in ein Café zu setzen und Leute zu beobachten, vielleicht sogar durch Läden zu schlendern und ein paar Schuhe zu kaufen, die ich eigentlich nicht brauche.

Als dann der unwiderrufliche Moment des Abschieds kommt und wir mit E. und zwei Offizieren an Deck stehen, bringe ich kaum ein Wort heraus. Tränen laufen mir über die Wange. Petra geht es nicht viel anders. Aber es hilft nichts. Alles ist einmal zu Ende, und jedes Ende macht Platz für einen neuen Anfang.

Um das Ganze nicht ausufern zu lassen, greifen E. und zwei der Deckarbeiter schnell nach unserem Gepäck und bringen es die Gangway hinunter zu einem Taxi, das bereits auf uns wartet.

»Have always a smile on your face and peace in your soul« (Habe immer ein Lächeln auf den Lippen und Frieden in deiner Seele), sind die letzten Worte, die E. mir mitgibt, bevor er die Wagentür zuschlägt und unsere Wege sich trennen. Sie hallen in mir noch lange nach, als wir durch das riesige Areal an Ladekränen und Raffinerien vorbei Richtung Hafenbehörde fahren, um offiziell abzuheuern.

Genau das ist es. So banal es auch klingen mag. Ich spüre tatsächlich etwas Frieden in meiner Seele, und das fühlt sich unglaublich gut an. Das mit dem Lächeln werde ich auf alle Fälle beherzigen und mitnehmen auf alle Reisen, die mir noch bevorstehen. Dann kann eigentlich nichts mehr schiefgehen.

Zurück auf der Insel

Ich sitze an meinem Schreibtisch und sehe über das Meer auf den unendlichen Horizont. Vor mir erstreckt sich nicht mehr das dreihundert Meter lange, orangefarbene Deck der *May* mit ihren neun Ladeluken, sondern die mit Drachenbäumen bewachsene Steilküste von La Palma.

Heimat! Nach dieser Reise fühle ich mich hier stärker verwurzelt als jemals zuvor. Ich empfinde mich als vollständigerer Mensch, nicht mehr so ruhelos, so süchtig nach neuen Reizen und Erfahrungen. Vielleicht, weil ich die letzten Wochen erst noch verdauen muss, aber vielleicht auch, weil sich in mir ein Schalter umgelegt hat.

Eine Auszeit auf offener See verändert die Seele. Ein Freund von mir, der viel von der Welt gesehen hat, sagte einmal zu mir, er habe nach jeder Reise ein wenig mehr von seiner Unschuld verloren. Erst heute verstehe ich, was er damit gemeint hat. Weg zu sein, raus aus seinem gewohnten Umfeld, ist die Voraussetzung dafür, den Vorhang beiseite schieben und in sich hineinschauen zu können. Wenn man damit erst einmal begonnen hat, hören die Gedanken oft gar nicht mehr auf zu kreisen. Sie nutzen die Gelegenheit zum Fliegen, da sie nicht mehr eingesperrt sind hinter den Gitterstäben des täglichen Strebens. Sie dürfen sich frei bewegen, und wir haben die Chance, sie bewusst in unser Leben einzuordnen. Es dadurch runder und vollständiger werden zu lassen. Bestimmt ein heilsamer Weg, den jeder irgendwann in seinem Leben beschreiten sollte. Manche machen eine Therapie, andere gehen nach Indien in den Aschram, in ein Kloster oder barfuß über die Alpen. Für mich war diese Reise auf einem Frachter genau der richtige Ort, um besser verstehen zu können, wer ich eigentlich bin. Welchen Einfluss mein Vater, den ich nur wenige Monate tatsächlich erlebt habe, auf mein Leben und das meiner Halbgeschwister hatte.

Ich habe die seltsamen Auswüchse von Unsicherheit, die ich aus meiner Kindheit mitgenommen habe, etwas genauer unter die Lupe genommen. Damit haben sich die Illusionen von intakter Familie, die Erwartungen und Schuldzuweisungen aufgelöst wie ein Stück Würfelzucker im Kaffee. Ich musste nur lange genug rühren.

Unsere Aufgabe ist es nicht, auf Väter und Mütter zu schimpfen und sie verantwortlich dafür zu machen, was alles schiefgelaufen ist. Damit machen wir es uns viel zu einfach. Damit kommt man keinen Schritt weiter, außer dass sich das negative Grundgefühl immer mehr verstärkt. Das Einzige, was hilft, ist, die gemeinsame Zeit genauer unter die Lupe zu nehmen: Was hat wann, warum und wie zu was geführt. Das Wissen um die Lebensumstände der Eltern, vor allem in schwierigen Zeiten, erklärt zwar nicht immer ihre positiven oder negativen Handlungsweisen. Aber es macht ein Verstehen möglich und somit auch ein Verzeihen. Und in der Auseinandersetzung damit können wir erkennen, warum wir uns immer wieder in ähnliche Situationen hineinbegeben, die uns selbst und anderen Kummer bereiten.

Allerdings reicht es nicht aus, sich auf diesen Erkenntnissen auszuruhen. Man muss sie auch praktisch umsetzen. Sich bemühen, Konflikte bewusst anders zu lösen. Zum Beispiel, indem man versucht, seine Gefühle mitzuteilen, ohne Angst zu haben, der andere rennt gleich weg. Oder umgekehrt selbst nicht sofort die Flucht zu ergreifen, wenn der andere mit Erwartungen daherkommt, die man glaubt, nicht erfüllen zu können. Alte Gefühle von neuen trennen und dadurch die uns nahestehenden Menschen weniger zu irritieren. Vor allem in Beziehungen. Egal ob beruflich oder privat.

Kinder aus unsicheren Familienverhältnissen suchen später unbewusst immer nach einem Partner, der ihnen emotionale Sicherheit vermittelt. Aber gerade sie ziehen meist Menschen an, die gerade das überhaupt nicht leisten können, sich schnell damit überfordert fühlen. Meine Geschwister und ich folgten genau diesem Beuteschema. Petra und Christa hielten vertraute Freunde aus ihrer Jugend für »safe«, Tina einen toughen Bergsteiger. Ich stand auf Produzenten, Regisseure und Schriftsteller, von denen ich hoffte, sie würden mir nicht nur berufliche, sondern auch emotionale Sicherheit geben. Und später, als ich beruflich fest im Sattel saß, gefielen mir die körperlich starken Beschützertypen. Doch weder ein intellektueller Geist noch muskulöse Oberarme ließen mich meine Unsicherheit auf dem emotionalen Parkett überwinden.

Erst jetzt habe ich verstanden, woher diese merkwürdige Mischung aus Sicherheitsverlangen und hoher Erwartungshaltung kommt, die ich manchmal mit Liebe verwechselt habe. Ob ich diesen »alten Stiefel« tatsächlich über Bord geworfen habe, wird die Zukunft zeigen. Durch die Menschen, die in diesem Buch vorkommen, konnte ich diese Schemata überhaupt erst erkennen. Mein Vater, dessen Frauen, ihre Kinder, deren Partner und deren Kinder. Gewisse Muster haben sich über Generationen hinweg gehalten und wie ein roter Faden durch unsere Leben gezogen. Erst wenn man diese Muster erkannt und verstanden hat, den Faden durchschneidet, hört es auf. Erst dann kehrt Frieden ein. Erst dann ist der Platz frei für die Liebe.

Ich habe vor kurzem einen Mann kennengelernt, der eine ähnliche Familiengeschichte hat wie ich. Auch er ist ohne den leiblichen

Vater aufgewachsen, und auch dieser Vater hat während mehrerer Ehen sechs Kinder in die Welt gesetzt. Wir umkreisen einander elliptisch, kommen uns nahe und gehen wieder auf Abstand. Beide um die hohe Verletzungsgefahr wissend, beide erfahren genug, um die Folgen einer erneuten Enttäuschung abschätzen und deshalb auch gut darauf verzichten zu können. Ich weiß nicht, was und ob überhaupt etwas aus uns wird. Aber vielleicht ist es eine einmalige Chance, sich im anderen zu erkennen und dadurch verständnisvoller miteinander umzugehen.

Es ist sicher kein Zufall, dass ich gerade jetzt dieses Buch schreibe. Es wurde Zeit, eine »Ist-Situation« herzustellen, und dafür musste ich mich auf den Weg in die Vergangenheit machen und gemeinsame Wurzeln aufspüren. Ich bin meinen Geschwistern dabei näher gekommen, als ich es je für möglich gehalten habe.

Zwei Revoluzzer, zwei Muttertiere, tja und was bin ich eigentlich? Zumindest eine, die dem Begriff Familie wieder positiver gegenübersteht, darin eine Aufgabe sieht, zu der sie ihren Teil beitragen kann und will. Wir drei Schwestern, dir wir uns noch haben, sollten ein Miteinander und Füreinander leben. Denn es ist einfach gut zu wissen, dass man nicht allein dasteht, wenn es richtig eng wird. Wenn man krank ist, der Partner ausfällt oder finanzielle Probleme auftauchen. Dann schnell den Hörer in die Hand nehmen und eine Schwester anrufen zu können – das hat schon was.

NACHWORT

Das meiste in diesem Buch entspricht der Wahrheit. Es wurde nur ein klein wenig Seemannsgarn gesponnen. Die Seebestattung am Anfang war eigentlich eine ganz normale Beerdigung, obwohl mein Vater sich eigentlich gewünscht hatte, dass seine Urne im Meer versenkt würde. Aus heute nicht mehr nachvollziehbaren Gründen ist es dazu nicht gekommen. Deshalb dachte ich, es würde ihm vielleicht gefallen, wenigstens in diesem Buch seine letzte Reise auf diese Weise anzutreten.

Manche Namen wurden geändert, da die Beteiligten es wünschten. Und möglicherweise entsprechen nicht alle Erinnerungen ganz exakt den Tatsachen, was man mir bitte nachsehen möge. Ich habe die Familiengeschichten, die ich aus zweiter oder dritter Hand erfahren habe, nach bestem Wissen und Gewissen aufgeschrieben. Die Folgerungen, die ich daraus gezogen habe, spiegeln meine persönliche Sichtweise wieder und stimmen nicht zwangsläufig mit denen der Beteiligten überein. Doch jede Wahrnehmung ist anders und jeder kann letztlich nur aus seinem eigenen Erfahrungsschatz schöpfen. So gesehen ist dieses Buch mein »Schatz«.

Ich hoffe, Sie hatten Freude daran, in diesem Schatz zu blättern, haben sich gut unterhalten und gefühlt und konnten auch etwas von meiner Reise für Ihre eigene gebrauchen. Es würde mich freuen.

Susanne Aernecke, im Januar 2015

DANKSAGUNG

Höchster Dank gebührt meiner Schwester Petra, die, ohne wirklich zu wissen, auf was sie sich da einlässt, mit mir an Bord gegangen ist, um gemeinsam unsere Familiengeschichte nicht nur aufzuschreiben, sondern auch genauer zu analysieren.

Ein dickes Dankeschön an meinen Neffen Vincenz und an Andreas, ohne deren Erinnerungsvermögen viele weiße Flecken geblieben wären.

An Helga und Tina, die mir das große unbekannte Wesen »Vater« nahegebracht haben.

Viel Wertvolles über das Seelenleben eines Kapitäns habe ich auch von E., dem Kapitän der *May Oldendorff*, erfahren, dessen Umsicht und liebevolle Betreuung diese Reise erst zu einem wirklich außergewöhnlichen Erlebnis gemacht haben.

Ein weiteres dickes Dankeschön geht an meine Agentin Lisbeth Körbelin, ebenfalls eine Kapitänstochter, an Tanja Rauch und Angela Tsakiris von DuMont sowie an meine Lektorin Heike Gronemeier.

Und last but not least vielen Dank an Henning Oldendorff, der mich vom ersten Moment an bei meinem Vorhaben unterstützt und dafür gesorgt hat, dass es für Petra und mich heißen konnte: »Leinen los!«